多元化视角下的互联网金融

——2014 年全国金融系统青年联合会
"金青智库"调研文集

全国金融系统青年联合会　编

中国金融出版社

责任编辑：任　娟
责任校对：刘　明
责任印制：陈晓川

图书在版编目（CIP）数据

多元化视角下的互联网金融：2014年全国金融系统青年联合会"金青智库"调研文集（Duoyuanhua Shijiaoxia de Hulianwang Jinrong：2014nian Quanguo Jinrong Xitong Qingnian Lianhehui "Jinqing Zhiku" Diaoyan Wenji）/全国金融系统青年联合会编. —北京：中国金融出版社，2015.4
ISBN 978 - 7 - 5049 - 7743 - 4

Ⅰ.①多… Ⅱ.①全… Ⅲ.①互联网络—应用—金融—调查研究—中国—2014—文集 Ⅳ.①F832.2 - 53

中国版本图书馆CIP数据核字（2014）第295414号

出版
发行　　**中国金融出版社**
社址　北京市丰台区益泽路2号
市场开发部　（010）63266347，63805472，63439533（传真）
网上书店　http：//www.chinafph.com
　　　　　　（010）63286832，63365686（传真）
读者服务部　（010）66070833，62568380
邮编　100071
经销　新华书店
印刷　北京市松源印刷有限公司
尺寸　169毫米×239毫米
印张　19
字数　288千
版次　2015年4月第1版
印次　2015年4月第1次印刷
定价　36.00元
ISBN 978 - 7 - 5049 - 7743 - 4/F.7303
如出现印装错误本社负责调换　联系电话（010）63263947

"金青智库"系列丛书编委会

序　言

　　习近平总书记指出，为实现中华民族伟大复兴的中国梦而奋斗是中国青年运动的时代主题。距离实现中华民族伟大复兴的目标越近，越要动员广大青年为之奋斗。青联是党领导的青年爱国统一战线组织，要牢牢把握时代主题，充分发挥桥梁纽带作用，汇聚实现中国梦的青春正能量。

　　随着我国经济发展及金融业改革转型加速，金融业态不断丰富并呈多元化发展，金融总量和从业人员爆炸式增长，金融机构类型及民营等新兴金融单位大量增加。全国金融青联牢抓新机遇、适应新形势、研究新变化、采取新方法，着力于金融实践特色，将服务中心、服务青年、服务社会作为根本出发点和落脚点，践行青联组织价值，实现全国金融青联换届以来各项工作良好开局和显著突破。

　　目前全国金融青联分为银行、证券、保险、民营金融、外资金融、金融媒体、金融高校、金融管理、综合等九类界别、十个跨界别工作组。委员普遍具有学历高、业务精、创新精神强、特征多元等特点，是促进金融业深化改革发展的骨干力量。引导青联委员跟踪了解金融发展新趋势和金融需求新特点，组织青联委员围绕金融业重大战略问题深入研究、建言献策，形成有价值的成果，服务中心工作发展，始终是青联的一项重要工作。

　　2012 年，国内掀起金融创新热潮，2013 年成为互联网金融的兴起之年，2014 年则是互联网金融的爆发之年。互联网金融以互联网等高新技术为支撑，将开放、分享、协作的互联网精神融入金融创新之中，更加关注客户体验，让融资、交易、理财变得高效便捷，实现了存款理财化、融资多元化、支付电子化、需求多元化，在提升金融服务效率、提高金融服务普惠程度等方面发挥了积极作用。

针对该金融改革发展中的热点问题，全国金融青联秉承开放、包容、多元、独立的研究视角，组织委员献计献策，开展系列调研活动。在调研过程中，委员们积极响应、主动担当，十个跨界别工作组全程参与，集中赴北京、杭州等地实地调研，与发改委、腾讯、阿里、浙大、北大等政府、企业、高校合作主办互联网金融论坛或研讨，同人民银行、银监会、证监会、保监会等掌管互联网金融监管顶层设计部门举办闭门研讨会。系列活动为委员搭建了与监管部门、互联网企业、金融机构、学术研究机构、政府政策研究部门等渠道多层次的沟通交流平台。十个跨界别工作组围绕互联网金融的基础性问题、互联网金融的功能与作用、互联网金融中的政策和法律问题、互联网金融的发展趋势、互联网金融中安全和风险问题五大类别四十二项子课题进行甄别研判，产生并提报了一批高质量、有价值的调研报告。

在各跨界别工作组调研成果的基础上，我们择优汇编成书，书内所包括的十篇报告：《大数据技术与传统金融的演变》、《互联网金融趋势下的保险创新发展研究》、《大数据时代的金融征信业》、《互联网金融支持实体经济融资的路径与绩效》、《商业银行如何适应互联网时代的变革》、《网络信贷发展的若干问题与政策研究》、《金融大数据挖掘与互联网征信体系设计》、《变革与转型：互联网金融未来发展的重点和趋势》、《各类新型互联网金融服务的风险和监管重点》、《互联网金融与国家金融安全》分别由十个跨界别工作组内部的课题研究组完成，同时也反映了委员在相关问题研究中不完全代表其所在单位立场的学术观点。

全国金融青联通过组织开展"金青智库"互联网金融主题调研活动，依托矩阵式的跨界别工作组的工作模式，创造了不同金融业态青年观点撮合、交流、碰撞的机会。作为本次活动的成果之一，《多元化视角下的互联网金融》一书，让我们看到务实、开放、客观、包容的多元化视角下的"互联网金融"。此亦是青联组织充分发挥其人才智力及专业优势，为国家治理体系和治理能力现代化建言献策的体现。

全国金融青联主席　郭　鸿

目 录

Contents

大数据技术与传统金融的演变

全国金融青联第一跨界别课题组[①]

一、引言

（一）研究背景

20 世纪以来，信息技术在金融业中的大量广泛使用，使其累积了体量庞大的数据和信息，金融机构当中存储着数亿万计的数据，这种情况迫使金融机构必须要考虑如何将这些数据转换为可以创造实际价值的内容，为企业尽可能多地创造利润。然而，这些数据并不是为了分析目的而专门生产的，仅仅是随商业活动产生的，尽管数量庞大，难以直接产生价值，需要深度挖掘和分析。大数据技术与数据挖掘使之成为可能。随着数据收集能力逐步提高，金融企业将形成时间连续、动态变化的面板数据，其中不仅包括用户的交易数据，也包括用户的行为数据。简单的数据搜集和归并对金融企业来说不足以有效利用这些数据，只有对其进行深度挖掘，才可以发现其中的隐性信息并利用其为客户提供更加优质的金融产品和服务并洞察其中的金融商机。如何对多源数据实现快速高效的海量数据处理；如何应对互联网金融产生的碎片化数据，快速响应需求引发的风险问题；如何充分利用数据分析、挖掘来获取更大的经济效益是金融企业在进行大数据分析时面对的几大挑战。

[①] 课题组组长：黄金老，全国金融青联常委，华夏银行副行长。课题组主要执笔人及联系人：钟楼鹤，华夏银行电子银行部副总经理；李虹含，华夏银行发展战略部博士后。

互联网的发展催生了大数据技术，21 世纪初，全球网页内容大规模增长，网页内容每日增长速度超百万，截至 2001 年末全世界网页个数达 50 亿个①，互联网用户检索有用信息的难度越来越大。谷歌等拥有较高搜索引擎技术的公司开始建立搜索系统，其内容覆盖数十亿网页，提高了人们对互联网内容的使用效率，大数据技术从此诞生。由于网页内容当中需要处理的数据包含大量的非结构化内容，传统的搜索技术无法完成检索，谷歌公司提出了以"分布式"为基础的存储和检索系统，包括分布式文件、分布式并行计算和分布式数据库等系统，实现了非结构化数据的检索，并奠定了大数据技术的基础。伴随着互联网产业的崛起，这种创新的海量数据处理技术在电子商务、定向广告、智能推荐、社交网络等方面得到应用，取得了巨大的商业成功。这启发全社会开始重新审视数据的巨大价值，于是金融、电信等拥有大量数据的行业开始尝试利用这种新的理念和技术，并取得初步成效。与此同时，业界也在不断对谷歌提出的技术体系进行扩展，使其能在更多的场景下使用。2011 年，麦肯锡、世界经济论坛等知名机构对这种数据驱动的创新进行了研究总结，随即在全世界兴起了一股大数据热潮。虽然大数据已经成为全社会热议的话题，但到目前为止，大数据尚无公认的统一定义。我们认为，认识大数据，要把握资源、技术、应用三个层次。大数据是具有体量大、结构多样、时效强等特征的数据；处理大数据需采用新型计算架构和智能算法等新技术；大数据的应用强调以新的理念应用于辅助决策、发现新的知识，更强调在线闭环的业务流程优化。因此说，大数据不仅"大"，而且"新"，是新资源、新工具和新应用的综合体。

数据资产成为现代金融机构区别于传统金融机构的最大生产要素之一。对于数据资产的管理、运用、挖掘，成为现代银行业加快创新、增强管理能力等业务的最重要的工作。

银行业监管机构对于数据管理和监测的要求也在不断提高。《中国金融业"十二五"信息化建设规划》明确要求"加快银行信息资源的集中，实现数据视图在全行范围的共享，充分利用数据仓库和数据挖掘技术，实

---

① http：//webmarketingtoday.com/articles/ad－anorexia/.

现资产负债管理、财务绩效管理、风险管理和客户关系管理等主题应用，建立面向主题、面向市场、面向决策、满足内部管理及外部政策要求的银行管理信息系统建设"。《中国银行业信息科技"十二五"发展规划监管指导意见》中又进一步指出"大中型银行要把数据治理作为重要的制度性建设与基础性工作，加强组织保障、制度保障与流程保障，有序推进、重点强化；统一数据标准，提高数据质量，深化数据应用，有效支撑银行业务发展，有效提升银行管理水平"。

"十二五"期间国内银行的数据管理工作主要在于数据仓库的建设，15 家上市银行基本实现了企业数据的集中管理，并解决了内部数据报表生成和数据报送的问题，但仍有部分数据使用手工报送并且信息质量较差。所以，"十一五"末期，大部分银行均开始着力解决数据质量较差的问题，开始加强数据管理、管控，提高数据信息质量，采用数据挖掘和大数据技术深层利用、提炼数据以提升经营管控效能。

大数据技术的产生本身就有其强烈的应用需求背景，它从一开始就是面向应用的。数据挖掘技术在决策支持方面有着广泛的市场前景，并可用于业务管理方应用，是实现客户关系管理（CRM）和商业智能（BI）的重要技术手段之一。具体涉及商业化应用的有数据挖掘技术中的数据库营销（Database Marketing）、客户群体划分（Customer Segmentation & Classification）、背景分析（Profile Analysis）、交叉销售（Cross – selling）等市场分析行为，以及客户流失分析（Churn Analysis）、客户信用评分（Credit Scoring）、甄别（Fraud Detection）等应用手段。

目前，在诸多商业领域（银行、保险、证券、超级市场、电信等）当中，大数据技术均有了成功的应用案例，而且在交通、零售等客户增多、商业欺诈案件不断增多及金融机构竞争日趋激烈的大背景下，大数据技术和人工智能被认为是 3 ~ 5 年内对工业产生最深远影响的技术之一。

在诸多与客户交易频繁的行业（银行、证券、保险、电信、航空、医疗等）中，大数据的应用侧重点和应用深度迥然不同。由于大部分金融机构除储蓄、投资和信用卡业务之外，保险、股票、基金投资等也是其重要业务。因此，金融机构当中的数据大部分较为规整，提炼利用简便，可以

3

大大方便系统化的大数据技术应用。大数据技术和数据挖掘技术在金融业中的主要运用有：（1）数据分析和设计构造的数据仓库；（2）特征数据变量选择、关联属性相关数据用于预测客户信用状况；（3）聚类、分类分析识别目标客户和市场；（4）数据可视化过程及归并、聚类分析甄别洗钱等金融犯罪行为。

将大数据技术应用于金融业不仅是技术发展的需要，也是金融业提高自身盈利能力的需要。在当前"以客户为中心，以市场为导向"的激烈竞争时代，在各大金融机构准备二次转型的改革进程中，要想提高核心竞争能力，防范业务风险，提高业务分析数据的时效性及准确性，就必须懂得如何利用现代管理信息系统进行综合分析，挖掘客户的潜在价值，利用有价值的信息改进服务手段，运用数据挖掘技术实现职能化的决策支持功能管理。一直以来，金融行业对数据的重视程度非常高。随着移动互联网的发展，各种金融业务和服务多样化，金融市场的整体规模扩大。对于大数据带来的主要业务价值，参加调研的金融企业表示，大数据的价值使它们可以根据商业分析实现更加智能的业务决策，让决策的制定更加理性化和有依据。依靠有前瞻性的决策，实现生产过程中资源更优化的分配，能够根据市场变化迅速作出调整，提高用户体验以及资金周转率，从而获取更高的利润。

（二）研究目的和意义

数据分析本身已有多年的应用实践，但用于分析和挖掘仅局限于自然科学领域。目前，各行业的业务基本实现自动化，大部分数据不是为了分析而主动生产收集的，而是金融机构在主动提供了一系列服务之后，通过分析各金融机构的冗余信息以期得到更多的利润增长路径。

大部分金融机构都面临着一个难以解决的问题：金融机构的数据数量庞大，从中提炼出有用的数据就像从矿石中不断经过深层分离提纯矿石一样困难。随着金融机构改革的推进，从中获得有效的信息与数据，正如淘金一样需要不断提纯。我国金融机构的发展从粗放到精细化是必然趋势，金融机构通过市场化改革，不再长期依赖存贷利差将是一种必然趋势，利率一旦市场化，商业银行的经营状况会变得比较艰难。因此，必须提前思考金融机构经营绩效改革的主要方式。金融机构在长期的经营过程中积累了大量的数据，一方面，根据历史的数据来指导金融机构未来的发展具有重大的意义；另一方面，金融机构掌握了各类经济实体的储蓄及信贷数据，对于金融机构的产品开发和客户服务也具有重大的意义。

金融机构及市场的进一步放开势必加剧中国金融机构的竞争，金融创新、资本市场发展和外资金融机构的建立会使中国金融的竞争日趋激烈。在金融机构本身差异越来越小的情况下，谁有先进的信息技术、科学的经营管理方式、独具特色的企业文化、超值的优质服务，谁就会在竞争中立于不败之地，否则就会在竞争中被淘汰。

目前，金融机构所有核心业务基本实现信息化，各类信息系统的架构已逐步完善。只有利用先进的信息技术，实现差异化竞争，提高企业决策质量和市场核心竞争力，才能在激烈的市场环境中生存，而大数据技术正是现在各金融机构信息技术工作的新亮点，在金融机构实务中应用大数据技术获得更多有价值的信息，不但能够提高工作效率，发掘潜在客户、消费群体的金融特点和商业兴趣，还能预测金融市场的发展趋势，辅助高层管理者作出正确决策。

金融机构将大数据技术应用于客户关系管理系统、风险管理系统和财务分析运营管理系统，同时包括了信贷管理、绩效评估、监管合规等方面，但应用的深度和侧重的方面各有特点。例如，通过聚类分析算法将客户细分，准确把握市场需求，针对不同客户采用不同的营销手段，提供不同的产品和服务，从而维持好客户关系；通过关联算法分析交易内在规律，进行交叉营销，为金融机构经营活动和信息规划工作提供更加有效、可信、新颖的决策参考依据；通过回归算法预测未来交易负荷，使金融机构利用最小的成本达到最高效的服务水平，并规避信息系统容量问题；通过决策树算法提高信贷业务质量，规避风险，从而为金融机构贷款业务制定最佳的指导策略。

本课题研究大数据技术在金融机构信息系统中的应用，具有非常重要的意义。

1. 增强技术手段，实现差异化竞争。随着金融机构自身发展的不断深入，在取得不断发展的同时，金融机构的创设体系不完善、组织架构有缺陷、同质化竞争加剧等问题也不断出现。我国金融机构需要立足自身优势，努力实现差异化竞争。技术层面，引进先进信息科技技术，广泛应用于业务实践，提升行内信息化管理水平；业务层面，突破传统业务局限，提升核心竞争力；服务层面，利用差异化竞争稳定客户资源，赢得市场；监管层面，努力完善监管理念，创造金融机构新格局，促进有序、有效竞争。大数据技术的"金字塔"形结构体系，有助于风险规避并提高金融系统稳定性。

2. 改进工作模式，实现集约化经营。现代化的金融机构体系需要实现集约化经营以提高资源利用效率，使用科学的管理手段和最新技术提高资源的使用效率，走集约化经营道路，在经营实践中坚持以效益为中心，以客户为中心，从"产品驱动"模式向"客户需求驱动"模式转变。应用大数据技术可以为金融机构提供必要的服务手段和有力的技术支撑，使金融机构及时、准确、全面地掌握自己的资产数量及其分布、头寸调度情况、信贷资产分布情况等，随时调用与自己有业务往来的客户的历史和现实业务数据，并能据此推断出客户信用情况，有助于金融机构防范风险；还可以根据挖掘出来的客户资料数据，开发新产品，拓展新市场，规范服务流程，提高客户满意度，获得"深度效益"。

3. 提高决策能力，实现智能化管理。管理依托于信息，信息决定管理的质量和效率。可充分利用当前成熟的大数据技术，建立起自己的数据集市，并基于业务发展实际，对分散的银行同类型数据业务来源进行有效整合，按主题概念进行梳理和规范，实现差异化管理和不同类型业务的同一数据技术支持。

大数据技术和研究工作已经成为金融机构数据利用中的一个重要组成部分，在经营管理与分析决策中起着举足轻重的作用。我们也在不断思考如何利用好大数据迅速的发展趋势，并且意识到，金融机构或信息技术产业单纯依靠技术手段实现本质改变尚需时间，应当逐步升级，转换核心竞争力，靠近并了解数据挖掘产业、大数据技术，借助自身的技术、业务和数据资源，达到提高竞争力的目的。

（三）国内外研究现状

1. 国外研究现状

在国外，大数据技术相关的研究起步比较早，并且在很多商业领域都取得了成功。信息技术的迅速发展及其在金融业的广泛应用、各大商业银行之间的激烈竞争、与日俱增的海量数据和管理信息，促使以美国为代表的西方国家的银行业经营管理发生了巨大的变化，银行开始引入全新的管理模式。囿于主题，文献综述中，大数据暂同数据挖掘，不予区别。

如今，为了提高信息管理的智能化，逐步实现金融产品和金融服务的交叉营销，发掘潜在客户，保持优质客户，西方商业银行普遍采用人口地理统计理论、数据挖掘技术（Data Mining）及商业智能等技术来处理跨区域、跨业务、跨产品、跨平台的银行数据集成分析问题。商业智能的应用是决策支持技术在商业银行应用的进一步发展和完善，在这个过程中，数据仓库是商业智能的核心。国外商业银行非常重视信息资源的深度开发和综合利用，采用大数据技术来实现客户关系管理和风险管理。全球前100家大银行中，目前几乎全部建有自己的数据仓库，并且基于数据仓库的应用也呈加速增长的趋势。国外先进银行在数据仓库和商务智能的运用上拥有30年的积累，最主要的发展是信息技术进步上的业务创新和管理创新，走过了一条营销机制和管理技术逐渐变革之路，从4P①到4C②再到4R③理论，其组织构架、业务流程、管理模型以及营销理念都发生了重大的变革。

国外在大数据技术和知识发现方面形成了热门的研究方向，发表论文比较集中的期刊主要有《数据挖掘和知识发现》（*Data Mining and Knowledge Discovery*）、《人工智能评论》（*Artificial Intelligence Review*）等。1989年8月在美国底特律召开的第11届国际人工智能联合会议的专题讨论会上首次出现与大数据技术相似的术语——"KDD"一词。1993年以后，

---

① 4P：产品（Product）、渠道（Place）、价格（Price）、促销（Promotion）。
② 4C：顾客（Consumer）、成本（Cost）、便利（Convenience）、沟通（Communication）。
③ 4R：关联（Relevance）、反应（Reaction）、关系（Relationship）、回报（Reward）。

美国计算机协会（ACM）每年都举行专门的会议探讨大数据技术，会议名称为国际知识发现与数据挖掘会议（SIGKDD International Conference on Knowledge Discovery and Data Mining）。会议的规模由原来的专题讨论会发展到国际学术大会，研究重点也逐渐从发现方法转向系统应用，并且注重多种发现策略和技术的集成，以及多种学科之间的相互渗透。

国外许多研究者认为大数据技术在银行信息系统中的应用是银行生存的关键。诺贝尔经济学奖得主、著名金融学家 Pan－sies 认为，对于具有庞大客户资料的银行而言，基于大数据技术的客户管理信息技术日益重要，以至于聪明的银行不会丢弃与此有关的任何工作，因为谁掌握了最先进的客户信息技术，谁就赢得了市场①。很多著名银行如摩根银行、花旗银行、FCC 国家银行、汇丰银行、瑞士银行等都采用了基于大数据技术的最先进的客户管理系统，并从中获得了大量收益。据悉，花旗银行进入我国后，通过充分运用基于大数据技术的管理信息系统，已成功高效地挖掘出 10 余万高质量的黄金客户，并对这些客户展开了至善至美的营销服务。国外先进银行把这个系统与计算机技术相结合，在繁杂的数据里细分出银行的客户级别，进而决策客户的获取与保留，并针对不同客户进行最合适的战略营销，优化高端服务水平，最大限度地提高效率和收益。

大数据技术在国外金融领域的应用按照业务领域特点不同主要分为金融领域的行情分析、客户价值分析、券商经营分析和风险分析等，按照模型不同主要分为关联分析、时间序列分析、聚类分析、偏差异常分析和进化遗传模拟等。Agrawal 等人于 1993 年提出了挖掘客户交易数据库中项集间的关联规则问题，此后诸多研究人员对关联规则的挖掘问题进行了大量的研究，主要是对原有算法进行优化，如引入随机采样、并行的思想等等，以提高算法挖掘的效率，对关联规则的应用进行了推广。Assylbek 使用对比分析法、文献研究法、定性和定量相结合等方法对大数据技术在金融领域中的应用进行了具体研究，并对算法进行了改进，对大数据实际应

---

① 武魏巍，王如燕，丁日佳．基于数据挖掘的银行客户管理信息系统的应用 [J]．金融理论与实践，2006（10）．

用和决策支持具有重要意义①。Widmer 等人提出了 FLORA 算法，这种算法是一种发现变化趋势并动态挖掘关联规则的技术手段。

大数据技术在国外金融领域已得到了相对成熟、广泛的应用，成为银行业预测行业趋势和获得比较优势的支柱方法和技术。现实中的例子如蒙特利尔银行（Bank of Montreal）通过分析需要抵押的客户在储蓄、信用卡、支票和其他账户上的历史交易记录来得出客户拖欠费用的风险，Corestates 银行利用 RCRIS② 帮助银行准确分析客户和信用业务以减少信用风险，并同时监督高风险的账户。在中国银行业全面开放的时期，这些国外商业银行在大数据技术方面的应用将是我国商业银行借鉴、学习和今后努力的方向。

2. 国内研究现状

我国对大数据技术的研究相对较晚，目前很多科研单位和高校已经开展了大数据技术的基础理论和应用研究，并取得了一些成就，但总体上与发达国家的银行系统的水平还有很大的差距。系统的建立缺乏总体规划、数据采集的规范性差、数据的真实性无有效保障、滞后的科学分析方法和手段，使商业银行信息系统对海量数据还只能实现数据的录入、查询、统计等较低层次的功能，无法发现深层次的信息，缺乏对这些数据进行分析并发现其模式及特征的能力。我国商业银行基于大数据技术，应用大数据技术工具进行金融业务的创新，建设具有一定智能化分析处理能力的银行业务管理信息系统方面仍处于起步阶段。

国内学者也对大数据技术的理论和应用进行了许多研究。国内期刊中正式被收录于 SCI 数据库，并能够检索到的关于大数据技术的文章最早发布在 1993 年，1997 年的某文章探讨了大数据技术在国内和国外发展的差距。

早期有研究学者王艳萍认为，随着信息技术的发展，银行开发应用了储蓄、信贷、国际结算、会计、资金清算、电子商务以及办公自动化等一系列业务操作型信息系统，并积累了丰富的信息资源。利用计算机技术建

---

① 阿斯力别克. 流数据挖掘算法在金融领域的应用研究［D］. 华南理工大学，2012.

② RCRIS 即 Retail Credit Information System，是指零售信用信息系统。

立集中的数据仓库已成为各大银行加强经营管理和决策支持、开发新产品、提供差异化服务的重要手段。对外经济贸易大学信息学院周洋指出，目前银行业实施的大多数数据库只能实现较低层次的功能和进行简单的统计工作，无法进行深层次的挖掘分析、找出数据间关系、观察金融市场的变化趋势等，最终决策还需要部门工作人员手工操作，很难将大数据技术真正运用到管理辅助决策系统中①。

国内大多数银行在 2001 年末已经完成了数据中心的设立，目前这些银行已经开始着手以数据中心为基础进行数据仓库的设计。中国建设银行信息技术管理部上海数据中心的钱炜雯认为，商业银行的业务活动正沿着精细化的方向发展，将营销学中的数据库营销与管理科学体系的大数据技术进行跨界整合应用，对于拓展现代商业银行自身的经营活动具有重要的意义。一旦实现利率市场化，银行仅通过存贷利差来实现经济效益会变得十分困难，需要提前改变商业银行在新形势和新环境下的经营管理方式。商业银行在长期的经营过程中掌握了各类经济实体的储蓄和信贷数据，这些数据直接反映了国家的经济状况，根据这些数据指导商业银行未来的发展、产品设计和客户服务具有非同寻常的意义②。大连银行博士后工作站的吕梁提出，我国商业银行业务量的增加导致业务数据大量增加，但由于缺乏有效的方法和手段对数据背后隐藏的规律和知识进行挖掘，银行工作人员无法利用这些数据对银行相关业务所包含的规律和未来发展趋势进行分析。对大数据相关理论和技术进行分析和应用，对于商业银行而言可以获得巨大的信息收益③。中国工商银行甘肃省分行的马千里认为，我国商业银行在数据集中处理、信息化体系建设、金融信息化创新、信息安全保障等方面都有了长足的发展，金融信息化改变了银行业传统的工作方式，实现了业务处理自动化、服务电子化、管理信息化和决策科学化，为客户提供了更快捷、更高端的服务，银行业的创新能力、服务质量和核心竞争力均得到显著提升。从目前来看，我国大型商业银行对于大数据技术的运

---

① 周洋．数据挖掘在银行信用卡管理中的应用［J］．计算机工程与应用，2006．

② 钱炜雯．数据挖掘技术在商业银行数据库营销中的价值研究［J］．时代金融，2012（3）．

③ 吕梁，金淳．数据仓库和数据挖掘在我国中小商业银行中的应用初探［J］．工作实践，2013（1）．

用主要集中在客户关系管理、风险管理、财务分析和运营管理等领域，在应用的深度和广度上与先进银行存在较大差距，可以从前台业务系统整合、多渠道整合管理及精准营销三个方面着手进行创新运用①。工商银行董事长姜建清曾说过："未来信息技术将从根本上改变银行竞争的业态，信息技术与经营管理的高度结合，将成为银行不可复制的核心竞争力。"

在大数据技术算法的研究和发展方面，宁夏医科大学理学院的周涛对五类传统的聚类算法研究现状和进展进行了较为全面的总结，同时对一些新的聚类算法进行了梳理，根据样本数据预处理、样本的相似性度量、样本的归属关系、样本的高维性等方面总结出了许多新算法，如量子聚类、核聚类、概念聚类、粒度聚类、球壳聚类、聚类集成等②。电子科技大学的李志坚提出一种改进的基于局部信息的全局概念格的大数据技术算法，将全局大数据技术与局部大数据技术相结合，并将挖掘过程分解为ETL③动作，结合ETL处理工作流，实现并行分布式海量数据的时序挖掘，以解决多维数据模型与关系数据模型之间的双向数据系统查询、数据清洗、数据转换、实现集中和分发数据的准确性与一致性等问题④。还有一些技术如可视化大数据技术的初步实现探讨等，各种新的大数据技术算法应运而生，都给大数据技术在商业银行的应用提供了理论基础和新的研究方向。

随着我国银行业开放力度的加大和国际性的提高，各家商业银行从以前提供单一的柜面渠道逐渐转变成为多样化的综合渠道，如自助终端、网上银行、电话银行、手机银行等；从办理简单的存取款业务逐渐转变为办理复杂的综合理财服务，如证券基金买卖、国际外汇、黄金投资等。因此，基于大数据技术的商业银行信息系统将会在我国银行业日渐得到重视和运用，帮助银行实现信息化建设与经营管理的融会贯通，更好地利用资

---

① 马千里，辛浩田. 数据仓库在商业银行信息化建设中的应用与创新［J］. 甘肃金融，2012（11）.

② 周涛，陆惠玲. 数据挖掘中聚类算法研究进展［J］. 计算机工程与应用，2012，48（12）.

③ ETL 即 Extraction - Transformation - Loading，将分散的、异构数据源中的数据如关系数据、平面数据文件等抽取到临时中间层后进行清洗、转换、集成，最后加载到数据仓库或数据集市中，成为联机分析处理、数据挖掘的基础.

④ 李志坚，莫建麟. 一种改进的基于概念格的数据挖掘算法［J］. 重庆师范大学学报（自然科学版），2013（20）.

源并提高服务质量，并将给我国商业银行带来丰厚的回报。当前，大数据技术在商业银行的应用主要有客户群体细分、大客户特征识别、客户信用风险预测与控制、客户交易行为变化分析与预测以及后台服务水平评估等，但面临的问题主要有以下几个方面：

（1）在使用数据仓库时为企业提供决策支持所起的作用不够。数据分析现在变得越来越重要，业内工作人员的知识水平还停留在比较浅显的层面，应用水平和业务管理水平均有待提高，需要加强在该领域的教育，才能更有效地实现大数据技术的深度应用。

（2）大数据技术产品主要面向大型企业的数据分析员，而对大部分应用程序开发人员和系统维护人员来说，大数据技术被认为很复杂、难以理解，仍然是一种高端的应用功能，很少有商业应用程序包含大数据技术的功能。因此，要让开发和维护人员以一种通俗的方式来使用大数据技术还有一定的难度。

（3）大数据技术的算法种类很多，但每一种的功能还是有限的。大多数算法非常通用，利用这些算法容易产生数百条规则，而大多数规则却只是常识。因此，需要将实际的问题实际分析，将该领域的知识与算法相结合，不断改进，选择最优的、最合适的算法，采用更贴合的技术来提高大数据技术应用的准确性和有效性。

（四）研究思路和组织结构

本课题的总体思路是：对国内外的研究成果进行分析，根据现代金融机构的信息系统构架，建设数据仓库，构建金融机构信息系统数据平台，设计数据挖掘应用系统的层次和流程，对数据进行多维挖掘分析，通过应用关联规则、聚类算法、回归算法、决策树分析等数据挖掘算法，在金融机构领域进行深入研究，最后以具体实例分析数据挖掘技术在金融机构信息系统中的应用及实现。

本文的组织结构安排如下：

第一部分即引言首先介绍了课题的研究背景、金融机构信息系统与数据挖掘相关领域的研究与应用现状，然后介绍了研究的目的、意义以及本课题的研究内容和组织结构。

第二部分对大数据和数据挖掘进行了概括描述，全面系统地阐述了数据挖掘的基础理论，使读者对数据挖掘的原理、技术和模型有了全面的了解。

第三部分概述了金融机构信息系统的总体构架，分析了其子系统的构成，并进行数据平台建设，逐步构建金融机构决策支持系统模型，给出银行总体信息系统的详细规划与设计。

第四部分分析了大数据技术和数据挖掘在传统金融机构中的应用，并分别描述了大数据技术在几种典型的金融机构——银行、证券、保险中的应用。

第五部分分析了大数据在金融业的应用前景和环境分析，对大数据在银行、券商、保险中的应用难点进行了描述，探讨了大数据技术的四种应用前景。

最后，总结概括了大数据在银行、证券和保险行业当中的应用对策与建议，分析了大数据技术未来的发展趋势。

二、大数据与数据挖掘技术概述

（一）"大数据"的界定

EMC（易安信）公司在 2011 年 5 月提出了"大数据"（Big Data）的概念，"云计算相遇大数据"是该公司提出的主要概念与主题。2011 年 6 月末，IBM 和麦肯锡公司接连进行了"大数据"研究。在此之后，中国的互联网企业和知名金融机构均开始对大数据进行探讨，但系统研究大数据和传统金融行业演变的文献仍不多见。

1. 大数据的概念和特征

大数据是科技和互联网信息领域正在发生、发展的一种变化，这种变化为探讨和解决这个世界中存在的许多新问题和现象提供了重要的方法。大数据并非其字面意义上的数据体量庞大，而是指软件捕获、处理和可容忍的时间短，数据量大。根据麦肯锡的界定，大数据主要是使用传统软件和方法在有限时间里无法进行完整捕获、抓取和管理的数据集。数据特征方面，大数据有"5V＋1C"的特点，主要包括 Variety（多样化）、Volume

（海量）、Velocity（快速）、Vitality（灵活）、Value（价值性）、Complexity（复杂）。大数据之"大"，主要指其应用价值丰富，数据分析人员可以使用和挖掘的数据不断增多，通过数据整合，可以发现新的知识和应用，带来"大利润"和"大发展"，并且对原有的技术、工具、人才提出了更加严峻和富有意义的挑战。

2. 大数据时代出现的背景

第一，新的科学领域和研究方法的出现以及人类的好奇心是大数据技术产生的最根本的原因，特别是地理科学、太空科学和气候科学等交叉科学的出现催化了它的出现。第二，通信和信息技术的拓展为数据体量的急速增长提供了土壤，如物联网和云计算、分布式存储的出现为其奠定了基础。第三，社会需求的日益增加加速了大数据技术的应用，并反过来提高了大数据的应用和管理水平，供应和需求互相促进。第四，社交网络的兴起诞生了极富价值的海量信息，比如 Facebook、微博、微信等社交网络工具每月都有数百亿条新的消息被转载和分享。第五，商业经济的大规模发展促进了大数据技术的应用。大数据技术使很多传统行业焕发新的生机，例如航空和公共交通运输业等。

3. 大数据时代带来的影响及发展趋势

《华尔街日报》早在 2012 年初就创造性地指出人类社会即将展开三场巨大的技术革命：一是大数据，二是智能制造，三是无线网络革命。关于大数据技术对于时代和科技的影响，学界、业界均存在争议，但却有一个共识：大数据技术使世界出现了一个和现实世界平行相对的世界体系。现实与虚拟相对应并动态发展，两个世界共同作用于我们的生活，影响和支配着世界的发展和改变。同时，促使政治、经济、文化等各个领域出现划时代的变革。例如，美国使用大数据技术洞察地球的方方面面，而生物学和精神分析学则使用大数据洞悉事物未来的发展。在经济金融领域，大数据也催生出一系列的产业。本文便重点探讨大数据与传统金融的演变格局。

（二）大数据关键技术

1. 大数据与传统数据处理技术体系

大数据的关键技术体系包括互联网、通信、企业资源计划（ERP）和物联网等系统，通过数据处理集散中心的分类挖掘能够产生新的知识、规则以支持业务和决策的智能化运行。大数据的获得需要经过五个主要步骤：（1）数据准备；（2）存储管理；（3）计算处理；（4）数据分析；（5）知识展现。整个技术体系流程如图1所示，其中每个环节都存在着不同程度的技术难题和挑战①。

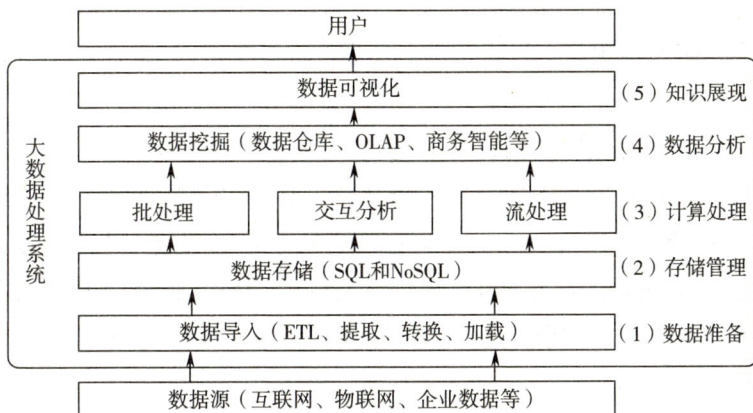

```
                         用户

        ┌──────────────────────────────────┐
        │         数据可视化               │  （5）知识展现
  大    │   数据挖掘（数据仓库、OLAP、商务智能等）  │  （4）数据分析
  数    │  ┌──────┐  ┌──────┐  ┌──────┐  │
  据    │  │ 批处理 │  │交互分析│  │ 流处理 │  │  （3）计算处理
  处    │  └──────┘  └──────┘  └──────┘  │
  理    │      数据存储（SQL和NoSQL）       │  （2）存储管理
  系    │                                  │
  统    │    数据导入（ETL、提取、转换、加载）  │  （1）数据准备
        └──────────────────────────────────┘

         数据源（互联网、物联网、企业数据等）
```

资料来源：工业和信息化部电信研究院；魏凯. 大数据的技术挑战及发展趋势 ［J］. 信息通信技术，2013（12）.

图1　大数据技术框架

从图1中可以看出，第一、第五个环节仅仅是数量上的变化，没有从根本上改变数据本质特征，但是第二、第三、第四个环节属于根本性改变的环节，也是大数据技术在未来需要着力攻克的焦点内容。下面简要对上述三个环节的趋势和内容进行概括分析。

2. 大数据存储、计算和分析技术

（1）大数据存储管理技术

数据的海量化和快增长特征是大数据对存储技术提出的首要挑战。存储层面的硬件结构要求比传统数据技术的要求要高，并需要存储系统具备充分的扩展性。无论是网络附着存储系统（NAS）或存储区域网络（SAN）都无法实现数据的密集存储，这是由于它们的存储体和物理设备

---

① 魏凯. 大数据的技术挑战及发展趋势 ［J］. 信息通信技术，2013（12）.

是相分离的，并且需要使用网络端口进行交互。传统的单机存储系统（FAT32 或 NTFS）以及网络文件系统（NFS）都要求文件系统的所有数据附着于同一物理设施之上，并且不具备可扩展性，容错和并发能力能满足大数据技术的要求。

谷歌文件系统（GFS）和 Hadoop 的分布式文件系统 HDFS（Hadoop Distributed File System）奠定了大数据存储技术的基础。与传统的文件存储系统相比，GFS/HDFS 可以将存储与计算的内存结合起来，避免了密集存储计算过程当中发生的 I/O 吞吐量制约的问题，所以分布式存储文件系统也使用了分布式的底层架构，可以达到较高的并发状态。分布式存储架构如图 2 所示。随着当前应用范围不断扩展，GFS 和 HDFS 也面临瓶颈。尽管 GFS 和 HDFS 在写入和读取文件追加（Append）的过程当中可以获得较高的性能，但是随机访问、海量文件读写的能力较低，所以其适用范围和层面较窄，业界未来的研究重点集中于 SSD 新型存储介质的研发，以提高随机访问、海量小文件存取等性能。

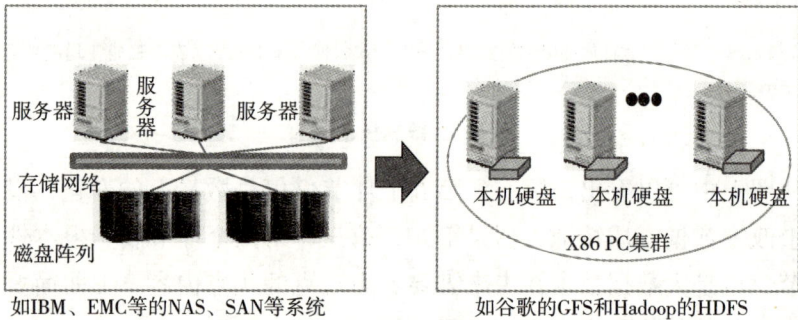

资料来源：工业和信息化部电信研究院；魏凯．大数据的技术挑战及发展趋势［J］．信息通信技术，2013（12）．

图 2　大数据存储架构的变化

大数据的其中一个特征是数据格式的多样化，包括大量的非结构化数据。这对于存储和计算大数据的硬件系统提出了新的挑战，其存储和计算系统需要适用于各种非结构化的数据。数据库使用过程当中的一致性（Consistency）、可用性（Availability）和分区容错性（Partition‐Tolerance）需要在系统设计过程当中兼或考虑，并作出有效的权衡。关系型数据库（RDBMS）以事务处理为主，主要处理结构化的数据，如表、树、链表等内容，为了满足一致性而牺牲可用性。

谷歌的 BigTable 和 Hadoop Hbase 均为专门针对大数据重新设计的新型数据库管理技术，其中非关系型数据库（NoSQL，Not only SQL）主要通过"键—值（Key – Value）"对非二维表等数据格式进行分析，对数据的一致性要求不断降低，仅要求最终一致性，给提升开发性能创造了较大空间。谷歌在 2012 年新设的 Spanner 数据库在全球任一角落进行部署，规模可达100 万 ~ 1 000 万台服务器，可同时进行并发式存储。整体上看，把关系型数据库和非关系型数据库结合起来共同使用是大数据存储管理系统的重要特点。

（2）大数据并行计算技术

可进行并行计算是大数据技术的另外一个重要要求，由于数据挖掘是密集型的计算过程，传统数据简单便捷的算法活动不适用于大数据技术。大数据技术对计算单元和存储单元的吞吐率要求程度较高，对性价比和扩展性的要求也非常高。传统依赖大型机和小型机的并行计算系统不仅成本高，数据吞吐量也难以满足大数据要求，单纯依赖 CPU 性能提升、扩展计算内存和磁盘空间等方法无法实现扩容和存储。

谷歌在 2004 年发布的 MapReduce 分布式并行计算是新型分布式计算的代表性技术。MapReduce 系统通常由较为廉价的服务器构成，添加各服务器节点可以扩展系统的处理能力（Scale Out），其在成本和扩展性上均具有较大优势。之后，谷歌又推出了 Apache Hadoop MapReduce 系统，该系统属于 MapReduce 的开源化实现，业已成为全球应用最广泛的数据存储操作平台。

（3）大数据分析技术

人类社会的全部数字化内容当中，1% 的数据得到了深入挖掘和分析，占比较少，大量的其他数据没有得到利用，特别是非结构化数据（语音、图片、视频等内容）仍有待进一步的提炼和利用。大数据技术需要在两个方面取得新的突破：一是对数量规模庞大的结构化和非结构化数据进行深度有效的利用和挖掘；二是对非结构化数据进行有效的分析和利用，将海量复杂的语音、图像、视频转化为计算机可以明确识别的信息，从中提取出有效的信息内容。

大数据技术的分析可以通过两个方面来进行：一是利用经验数据进行建模以获得数据分析结果；二是建立人工智能分析系统，通过大量的数据内容进行不断的提纯和数据训练，令机器习得数据当中包含的隐性知识。因为占数据体量大头的部分主要是非结构化数据，模式多样而且变化众多，靠人工去建模并分析其中隐性的知识比较困难。运用人工智能和机器练习的方法分析大数据，具有良好的前景。

3. 大数据技术创新与"原创—开源—产品化"

国际上，大数据技术创新形成了互联网公司原创、开源扩散、IT 厂商制造和其他企业使用等一系列特点。

根据国际互联网公司和大型企业在大数据技术应用方面的经验，关于大数据技术的应用主要有如下几个方面需要特别关注：第一，大数据技术应用的前提是体量庞大和丰富的数据。第二，大数据技术应用的效益并非突飞猛进，而是不断累积进步的，需要依靠长久的积累。第三，累积效益的不断获取需要依赖长久的技术迭代更新。互联网企业一直奉行"快速开发、快速更替"等理念，在一两周内就可以完成规划、开发的生产周期。第四，大数据技术和应用是一体化的，也是快速发展的必要保障。谷歌、百度等互联网企业研发人员所占比重均超过 50%，高于同类别的其他公司，为技术开发提供了强大的后援。第五，大数据技术与开源活动的结合也是大数据技术中一个富有特色的创新。

尤其是开源 Apache Hadoop 的大范围应用，大大加速了大数据应用进程，一大批互联网公司和传统 IT 企业都从这种技术扩散体系中受益。在此背景下，国内大数据技术研发也应该把自主创新和开源结合起来，以更加开放的心态融入到国际大数据技术创新潮流中去[①]。

（三）数据库技术的发展

近年来，全球信息化的速度进一步加快，数据体量以惊人的速度不断增加，每 20 个月数据数量便增加 1 倍有余，特别是许多金融机构和 IT 机

---

① 工业和信息化部电信研究院. 大数据白皮书（2014）[R]. 2014 (5).

构当中都存储了大量的信息数据。数据挖掘的重点研究领域转向对数据信息的有效运用并发现多种策略和技术的集合，形成多个学科之间的互相交叉渗透。

数据库技术被应用到特定的领域中，使数据库领域中新的技术内容层出不穷。数据仓库、OLAP 和数据挖掘是作为三种技术出现的。数据仓库技术用于数据的存储和组织，OLAP 集中于数据的分析，数据挖掘技术用于信息的自动发掘与提取。它们可以将信息系统的设计和数据挖掘、分析结合在一起，以提高数据的分析处理能力。但是，由于这三种技术的内在联系性，将它们结合起来就是 DSS 构架。这一构架以大量的数据为基础，作为数据驱动型系统。其特点是：

（1）在底层的事务级数中保存了大量数据。这些数据是 DSS 系统的数据来源。

（2）数底底层仓库对事务性数据进行组合集成、转换，变成新的数据平面，为 DSS 提供数据存储和组织。

（3）OLAP 从数据仓库底层数据出发，构建面向分层的数据仓库和比较数据模型，再使用不同维度，从多个层面构建数据驱动。这种方法使分析方法和数据结构的内容实现了完全分离。

（4）以数据仓库和多维数据为基础的数据仓库保存了大量的数据，自动地发掘原有数据中积累下来的数据模式，并且可以通过并不复杂的计算作出较为准确的预测。数据挖掘表明数据和算法当中拥有大量的隐性知识，并且为人工智能技术的发展指出了一条新的道路。

数据库技术的发展脉络如图 3 所示。

（四）数据挖掘简介

1. 数据挖掘的定义

数据挖掘是 20 世纪 80 年代投资人工智能研究项目失败后，人工智能转入实际应用时提出的。它是一个新兴的、面向商业应用的人工智能研究。1989 年 8 月，在美国召开的第 11 届国际人工智能联合会首先应用了这一术语，而后美国在 1991 年、1993 年都使用了"知识发现"（Knowl-edge Discover）这一词汇对该问题进行了探讨。1994 年在京都举行的 KDD

```
┌─────────────────────────┐
│ 数据收集和数据库创建       │
│ （20世纪60年代和早期）     │
│ ——原始文件处理           │
└─────────────────────────┘
            │
            ▼
┌─────────────────────────────────────┐
│ 数据库管理系统                         │
│ （70年代）                            │
│ ——层次和网状数据库系统                 │
│ ——关系数据库系统                      │
│ ——数据建模工具：实体—联系模型等        │
│ ——索引和数据组织技术：B—树，散列等      │
│ ——查询语言：SQL等                     │
│ ——用户界面：表单、报告等               │
│ ——查询处理和查询优化                   │
│ ——事务管理：恢复和并发控制等           │
│ ——联机事务处理（OLTP）                │
└─────────────────────────────────────┘
        ╱                         ╲
┌──────────────────────┐    ┌──────────────────────┐
│ 先进的数据库系统        │    │ 基于Web的数据库系统     │
│ （80年代中期至今）      │    │ （90年代至今）         │
│ ——高级数据模型：       │    │ ——基于XML的数据库系统   │
│   扩充关系、面向对象、   │    │ ——Web挖掘             │
│   关系—对象           │    └──────────────────────┘
│ ——面向应用：          │
│   空间的、时间的、多媒体的、│
│   主动的、科学的、知识库  │
└──────────────────────┘
              ╲
        ┌──────────────────────┐
        │ 数据仓库和数据挖掘       │
        │ （80年代后期至今）      │
        │ ——数据仓库和OLAP技术    │
        │ ——数据挖掘和知识发现     │
        └──────────────────────┘
              ╲                 ╱
        ┌──────────────────────┐
        │ 新一代信息系统          │
        │ （2000年以后）         │
        └──────────────────────┘
```

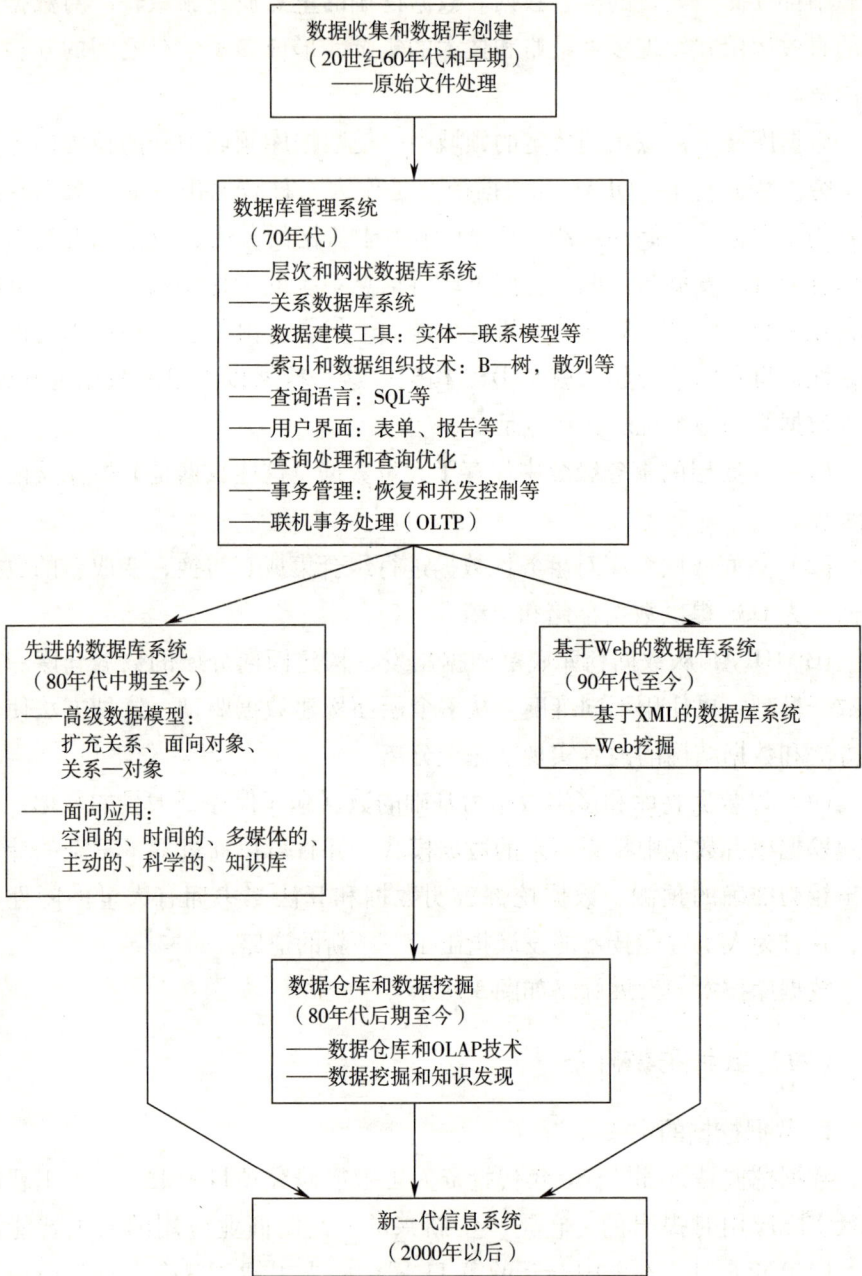

图 3　数据库技术的发展

专业会议中各研究人员开始探讨使用哪个词汇来描述"数据挖掘和知识发现"这一过程更加合理。研究人员均表示使用数据统计、海量数据分析算法、运用等词均不足以表达该过程。

而后"数据挖掘"是作为 KDD 中的某一步骤，作为该过程的全部代表，其后逐渐演变成与 KDD 不加区别地使用两者，KDD 常常被称为挖掘（Data Mining，DM），一般将 KDD 中知识学习部分与数据挖掘部分进行分离，数据挖掘是 KDD 中一个非常重要的处理步骤，作为其代名词进行描述。数据挖掘是近年来客户关系管理、商业智能等热点领域的核心技术之一。

从技术角度来看，数据挖掘是从体量众多、信息不完全、噪声众多的数据库当中找出隐性信息和潜在数据价值的过程。它是与决策、推理均有重要联系的一种方法和手段，主要是基于人工智能、机器分析的企业信息开发过程，帮助企业作出决策，减少损失。

从商业角度来看，数据挖掘是一种新的商业信息处理技术，从中抽取、转换和分离出大量的业务信息数据，从商业决策的关键节点当中提出目标并进行深层分析，可以描述成根据企业已有的模式进行梳理、探索和分析，并将其模型化为有效方法，以商业为中心的数据挖掘过程，如图4所示。

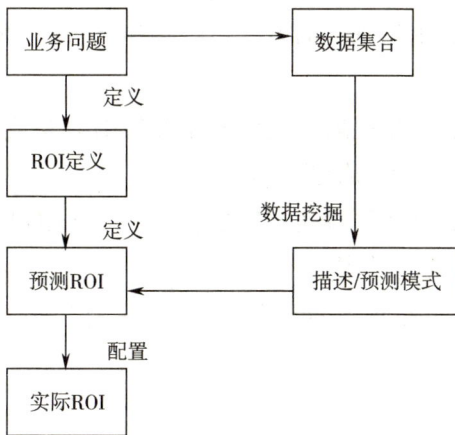

图 4 以商业为中心的数据挖掘过程

数据挖掘处理过程如图5所示。各步骤之间互相影响、反复调整，形成一种螺旋式上升过程。

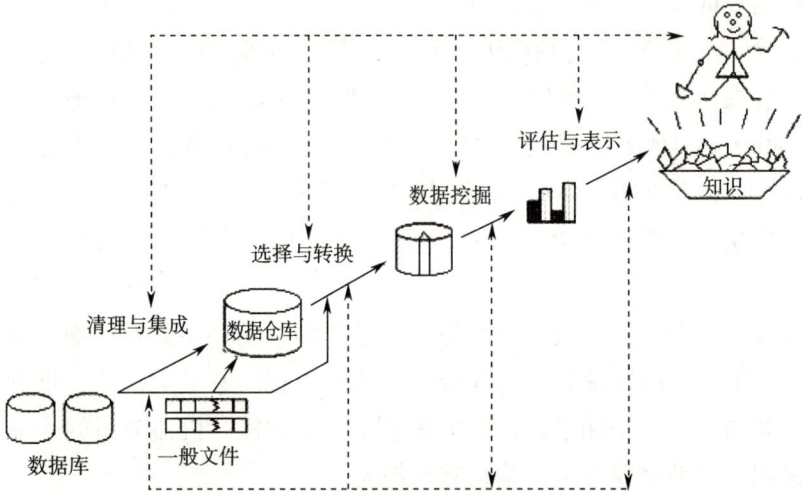

图5　数据挖掘处理过程

（1）数据清理：清除不一致的噪音数据；

（2）数据集成：以数组方式将多种源数据结合在一起[①]；

（3）数据选择：从源数据和数据库中抽取任务相关数据；

（4）数据变换：将数据挖掘的形式进行变换[②]；

（5）数据挖掘：根据基本的方式、步骤和方法进行智能化的规则、模式和数据提取；

（6）模式评估：根据提取数据的质量和规则测度某种数据的质量，识别真正有意义的规则与数据挖掘方法；

（7）知识表示：使用可视化或智能化技术，向用户以视图方式表示并告知其挖掘的规则、知识与内容。

基于这种观点，典型的数据挖掘系统具有以下主要成分，如图6所示。

---

① 信息产业界的一个流行趋势是将数据清理和数据集成作为预处理步骤执行，结果数据存放在数据仓库中。

② 有时，数据变换和数据统一在数据选择过程之前进行，特别是在数据仓库情况下。

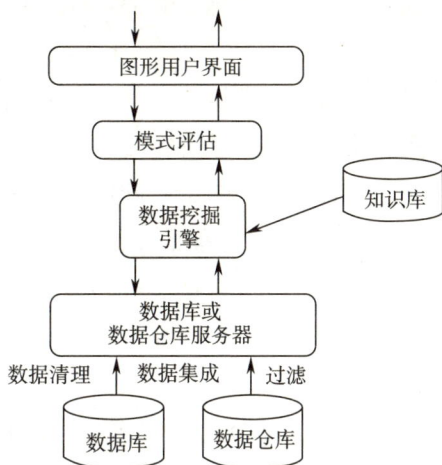

图6 典型的数据挖掘系统结构

（1）数据库、数据仓库或其他信息库：这是一个或一组数据上构建的数据仓库、展开的表或其他类型的信息库，可以在数据清理和集成的基础上构建。

（2）数据库或数据仓库服务器：根据数据挖掘用户的请求，数据库或数据仓库服务器负责相关数据的提取。

（3）知识库：这种搜索系统用于已有知识的搜集、评估，这些规则已经被建立并被用于各种搜索知识库当中。

（4）数据挖掘系统：这是数据库的组成部分，使用搜索引擎对数据的特征、关联、聚类分析功能进行模块化、分类、偏差演变和依据分析。

（5）模式评估模块：通常该部分与数据挖掘模块交互，使用户的搜索聚集在现在模式上，并将感兴趣的内容通过过滤的方法过滤。模式评估模块需要与数据挖掘结合在一起，并依赖数据挖掘而实现。对于新产生的数据挖掘需求，建议尽可能地使用过去已经使用过的数据挖掘模式进行评估，以便将挖掘搜索集中在有益的搜索模式之上。

（6）图形通讯界面：允许用户与数据挖掘模块之间进行交互。

从数据仓库的观点来做联机分析看，数据理（OLAP）的挖掘可以看作是数据挖掘的高级阶段。通过结合并理解数据挖掘的各种技术，汇总各个级别的数据库比单独的数据分析更加有益。一个系统在大数据量的系统处理分析，包括大型翻译查询和信息提取时，可以更有效地使用数据仓库。

数据挖掘作为一门新兴的交叉学科，它将人们对数据的应用从最低层次的查找上升到了较高层次的挖掘，提取信息和知识，同时与模式识别、信号处理、空间数据分析、概率论、图论和归纳逻辑等领域关系密切。数据挖掘可以从数据库中提取出更加有趣的知识，用于信息管理、过程控制、查询处理规律和决策等等，并可以从不同角度观察。因此，数据挖掘被信息产业界认为是数据库系统最重要的前沿之一。

2. 数据挖掘和数据仓库的联系

数据挖掘中非常重要的一个环节是访问正确、完整和集成化的数据，这也是对数据仓库的重要要求，数据仓库不仅是集成数据的形式，所有的数据仓库解决方案也都依赖于数据源的质量，即数据仓库中的抽取、转换和装载等工具。数据挖掘所需要的数据，能够直接从数据仓库获得（见图7），但是获得后还需要进行转换；如果没有数据仓库，就需要直接从操作型数据源中获取，并且要进行抽取、清洗、转换、装载的操作。数据挖掘需要利用好数据仓库的准备与集成性能。

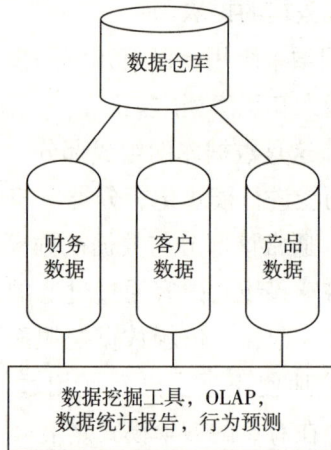

图7 数据挖掘与数据仓库

数据挖掘对于提高数据仓库的管理能力和策略具有重要作用，并可从中发现具有创新意义的关联化模式和流程，大数据技术最吸引人的地方是它能建立预测型而不是回顾型的模型。

3. 数据挖掘的主要步骤

数据挖掘一般可以通过如下几步实现：

（1）数据收集

体量庞大、全面的数据是数据挖掘技术实现的前提。数据可以来自于现有数据系统，也可以来自于数据仓库。

（2）数据整理

数据整理是数据挖掘过程当中的必备环节，由于在搜集整理过程中存在一定的错误，所以数据本身可能存在不一致性或者缺失，因此数据整理是必须要做的工作。通过整理，可以在原始数据之上得到更多丰富的数据，从而探讨下一步的挖掘活动。

（3）建立模型

根据各种挖掘分析方法进行数据挖掘和分析，建立数学模型，例如假设 β、Φ、μ 分别记作利率、信用量、债务，则

R（收入）= F（X_1, X_2, $\cdots$, Xn, β, Φ, μ）

L（损失）= F'（X_1, X_2, $\cdots$, Xn, β, Φ, μ）

C（费用）= F''（X_1, X_2, $\cdots$, Xn, β, Φ, μ）

最大利润 = R（收入）max（β, Φ, μ）− L（损失）min（β, Φ, μ）− C（费用）min（β, Φ, μ）

（4）数据挖掘结果的评估

数据挖掘结果产生之后，某些结果是存在疏漏和不成熟的，或是与实际情况相悖的，需要重新进行评估。根据用户经验可以使用实际数据进行验证，从而调整模型，不断改进挖掘效果。

（5）分析决策

对决策的辅助作用是数据挖掘活动的终极目标，决策者根据挖掘活动的结果可以对实际情况进行调整，并对结论进行掌握。

- 分析决策的过程（见图8）。
- 内在理解分析（Exploratory Analysis/KDD）：模块识别和相关性分析。
- 决策建模（Decision Modeling）：通过图论方法建立模型，对于给定

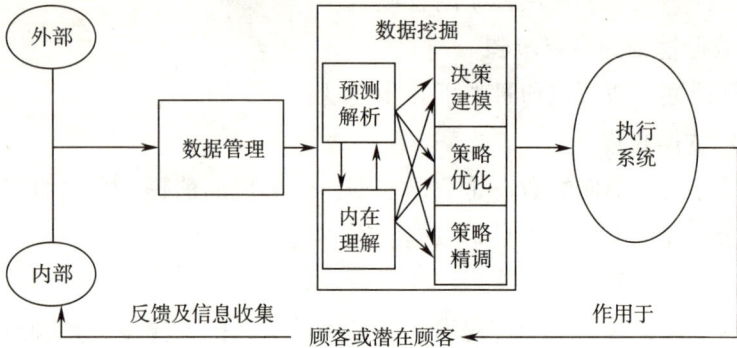

图8 分析决策的过程

的一个或多个决策建立数学关系。

● 策略优化（Strategy Optimization）：在给定的一些限制条件下，寻找改进利润的最优策略解。

● 策略精调（Strategy Refinement）：精调最优策略解，使其稳定可靠，易理解、易执行。

总之，需要"数据清理/整合—数据仓库—数据选择—数据挖掘—模式评价—知识"多次的循环往复，才有可能达到预期的效果。

三、金融机构信息系统总体构架

金融机构的系统设置一般为业务部、财务部、人力资源部、营业部和信息科技部、法律事务部等。业务部和营业部共同构成业务管理部门，信息科技部为各层级部门提供信息技术支持，营业部将金融消费者的信息传递给业务部，业务部将各组人员调配信息传递给人力资源部，而营业部每天的信息又会汇总到财务部进行整理，所有部门的信息均将传递到财务部进行归并（见图9）。

金融机构各部门、组织间的信息传递通过各种票据实现，容易出现错漏，这种错误会造成整个组织机构当中不必要的损失。比如，业务部的业务数据因为人为原因没法及时上报信息科技部和财务部将会使整个业务信息造成遗漏，严重时可能会给用户造成损失。因此，需要有效衔接各个部门的职能、职责，用好业务信息传递系统，降低人为原因造成的损失。

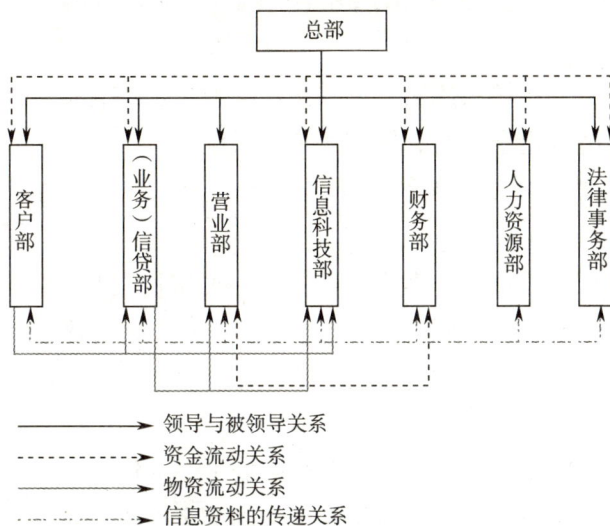

图9　金融机构总体信息系统框架

（一）金融机构信息系统的结构分析

根据 R. N. Anthory 的三级管理理论①和国外机构的成功信息化管理经验，金融机构信息系统呈"金字塔"形，其分层结构如图 10 所示。

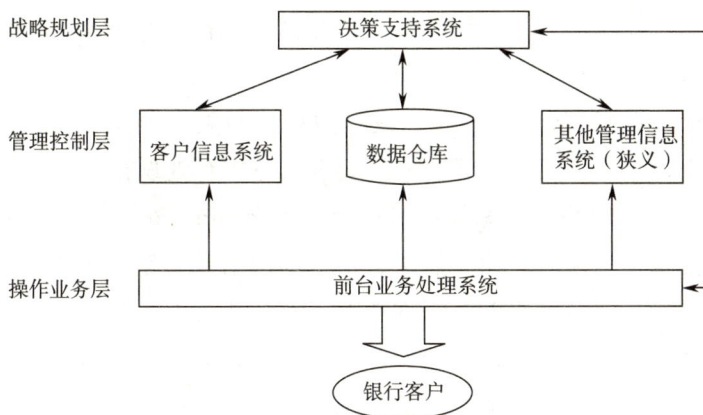

图10　金融机构信息系统"金字塔"形结构

---

① 朱宁. 商业银行管理信息系统研究 [D]. 西南财经大学, 2006.

1. 塔底——电子数据处理系统（Electronic Data Process System，EDPS）

前台业务处理系统隶属第一个层次，分别包括综合业务系统、财务系统、信用卡系统和电子银行、信贷业务子系统等。截至目前，大部分金融机构的业务处理已全部挪至统一平台之上，金融机构信息管理系统初步建立。

业务处理层级主要是对客户信息进行搜集控制，也是经营活动过程当中不可或缺的信息系统，同时也是信息采集的起点。金融机构用该层系统进行金融服务，提供最基本的投资、信息咨询服务，是金融机构与客户交往的第一窗口。

金融机构 EDPS 系统目前为止主要由电子商务销售核心系统构成。另外，还有银行卡清算系统、出纳子系统、网上金融机构联网系统、国际结算信息系统、会计核算业务集成系统、行业客户清算系统、终端业务运营系统等。目前，中国金融机构的计算机信息业务处理系统平台已初步搭建。

一般而言，两类信息从低层级的 EDPS 系统中产生：一是各类业务交换数据，包括每日各种类别的业务数据和汇总上报数据，主要记录账务发生、交易地点和时间、交易情况。交易日志产生的数据有各种类别，主要是客户交易数据。二是行内记录的反馈数据，包括上级授权、差错更正及会计管理和成本处理。

EDPS 系统对这些业务不保存或仅做短暂归集和整理，保留时间一般在一年以内，且不留备份，只有系统处理人员才有处理权限。

2. 塔身——管理信息系统（Management Information System，MIS）

管理信息系统隶属于第二层次，包括客户信息系统、人力资源系统和风控系统。从目前金融机构的管理情况来看，尽管业务处理比较完善和先进，但内部缺少统一的沟通和协调，利用效率有限。

该层面属于信息系统的第二对应层。它是在 EDPS 的基础上建立起来的面向管理的数据收集、信息系统控制、存储和处理过程，是用户共享的系统。此处的整个信息管理系统进行风险控制、人力资源控制，并且直接对各底层系统的概况进行整理总结。

3. 塔顶——决策支持系统（Decision Support System，DSS）

决策支持系统属于金融机构信息系统的第三个层次，主要包括综合统计、商务智能和决策。此系统可以整合金融机构内外部所有资源，通过数理建模，进行全机构范围客户、产品的综合解析，实现机构内资源的有效、优化配置。目前，大部分金融机构还未形成完整的智能决策支持平台。各业务处理系统和管理信息系统只反映了决策支持系统中可以结构化的一部分，反映了全机构经营情况的某一侧面，真正意义上的决策系统还没有建立起来。这个层面的信息系统建设是金融机构信息系统的未来发展方向。一套完整的智能决策自动化系统、业务综合系统、决策支持系统和优化信息系统仍需进一步设计和构建。

（二）金融机构信息系统框架设计

1. 系统设计的原则和目标

（1）设计原则

对于一个大型的复杂项目来说，尤其要涉及系统框架设计。系统框架可以看成是：一方面，通过细分，将复杂的大型系统划分成简单的子系统，避免重复，保证系统的高效率开发建设，确保整体系统的灵活和应用集成；另一方面，从金融机构业务需求、系统开发实施计划与建设成本的角度出发，开发出能够满足金融机构业务需求，并能高效解决问题的信息系统。一个良好的系统框架设计是要遵循一定的设计原则的，概括起来可以分为以下几点：

①可重用性。系统框架是整个系统的总体架构，因为涉及多个子系统，为了避免重复开发，降低开发成本和其他成本，需要考虑代码和设计的可重用性。

②可扩展性。框架设计需要有一定的延展性，以适应系统将来的变化和扩展，可以通过添加新功能或修改完善现有功能来考虑软件的未来成长，可扩展性是软件拓展系统的能力。

③透明性。良好的框架设计具有高透明性，为了提高系统的效率，有时可以将系统功能的实现细节隐藏起来，仅把客户需求部分的接口呈现在用户面前，这样系统功能的实现对客户来说是透明的。

④高效简洁性。任何系统的设计都要考虑系统运行的高效性，在满足系统功能的基础上提高系统性能。同时，考虑到系统测试和维护的困难以及业务未来发展的需要，要尽可能设计得简单明了。

⑤安全性。系统框架设计要考虑到系统的安全防范体系，其中包括物理层、系统层、网络层、应用层和管理层等各层的安全。系统安全是一个庞大的工程，涉及人员、技术和操作等各个方面，需要综合考虑才能充分保障系统的安全性。

（2）设计目标

金融机构信息系统的总体目标是通过采用信息技术为金融机构的运行提供决策支持，及时防范和化解金融机构的金融风险，实现金融机构系统的智能高效运行，保障金融系统稳健运行，具体来说要实现以下几个目标：

①提高业务运行工作的效率。金融机构信息系统可以为金融机构内部业务运行部门和业务运行人员提供一个高效的电子化业务运行平台，以集中统一的全面业务运行方式改变过去分散业务运行的局面，为业务运行部门自身以及上级监管部门提供及时有效的全面信息。

②有利于建立系统化、规范化的电子业务运行工作流程。信息系统通过收集分散的信息，共享信息数据库，可以对信息进行高效的分类分析和整理，促使业务运行工作向统一化、标准化方向转变，使业务运行理念随手段而变化，有助于解决业务运行的系统化、规范化和科学性问题。

③通过信息系统，金融机构内部业务运行部门可以通过金融互联网和内部网络采集数据，实现数据的统一存储管理，并可以从共享数据库中获得所需数据，同时可以协助监管部门将机构准入和退出的相关文件进行规范化管理，将其存入数据库中，方便查阅。

④可以为业务运行人员提供辅助支持。金融机构业务运行人员可以通过信息系统对银行进行非现场业务操作。

⑤金融机构业务运行部门通过信息系统采集到的数据信息，利用系统提供的分析工具，对银行的业务和经营状况进行分析，评估银行的经营风险并进行风险预警，为管理层提供决策依据，还可以方便统计部门分析银行业的风险状况。

⑥通过信息系统可以了解银行部门高级管理人员的基本情况、工作业绩以及任职调动情况，方便银行业务运行人员查询下载金融业务运行的法律法规以及有关典型案例，向社会公众披露相关信息。

2. 金融机构信息系统的流程

依据上文对我国金融机构业务运行存在问题的阐述，可知加速推进金融机构业务运行的信息化进程迫在眉睫，银监部门急需建立一个统一的业务运行系统平台，对我国各金融机构进行统一监督和管理，保证各金融机构业务活动的畅通、安全、稳定运行。金融机构信息系统总体流程如图11所示。

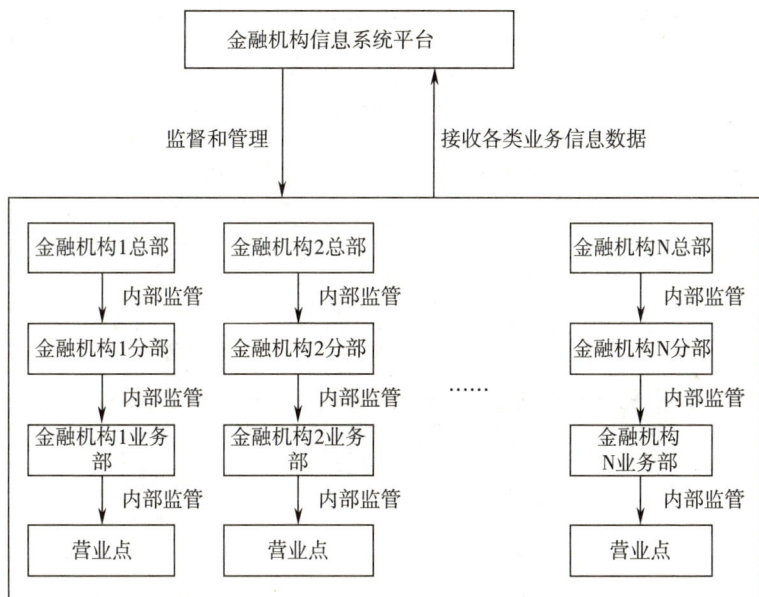

图11　金融机构信息系统的总体流程

该流程图显示出金融机构信息系统平台与各子金融机构内部业务运行之间的关系，该系统平台通过接收各子金融机构各级内部业务运行的数据信息，在平台中进行分析和处理，然后将信息反馈到各子金融机构，对其进行统一的监督和管理，保证各子金融机构稳定、安全发展。

3. 信息系统总体架构设计

根据金融机构的业务基本需求和监管部门的监管要求，结合我国金融机构当前的实际情况，采用企业级分层架构思想，构建出如图 12 所示的金融机构信息系统体系架构。

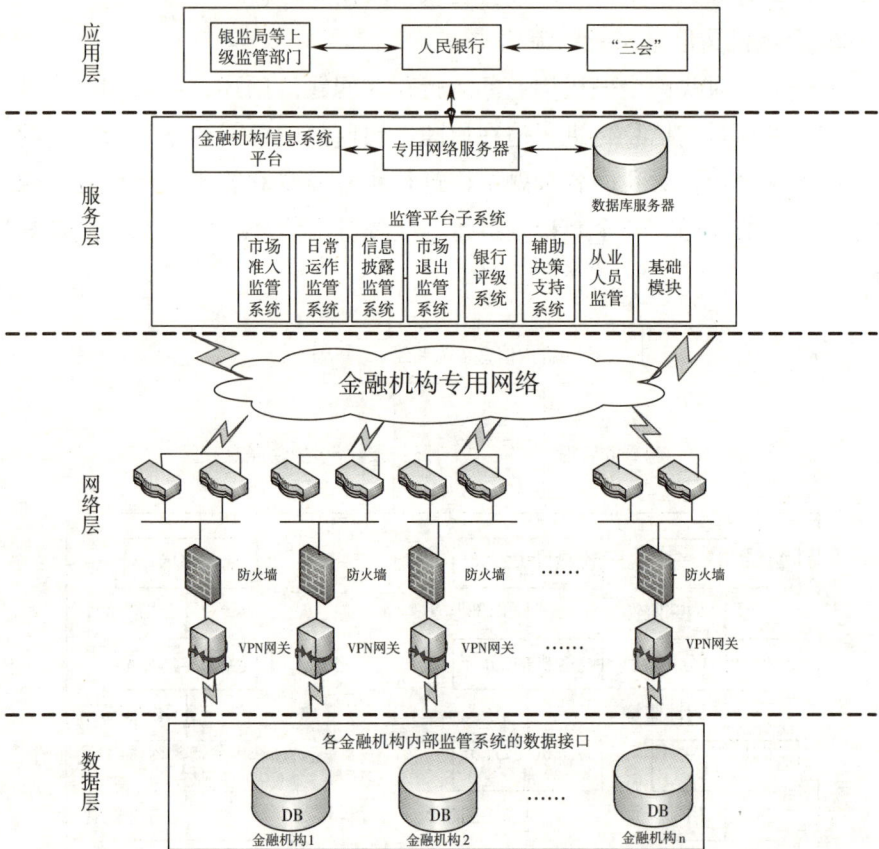

图12　金融机构信息系统体系架构

该系统体系结构的特点包括：（1）层次化清晰。系统共分为应用层、服务层、网络层和数据层。在系统体系结构中，每层将具有相同服务功能的部分封装在一起，相邻层之间调用服务。（2）在传统三层网络体系结构的基础上，该体系结构加入了网络层，通过金融机构专用网络将服务层和数据层相连接，并设置了防火墙，充分保证金融机构业务数据的安全性。（3）各金融机构可以通过金融机构专用网络共享数据库信息，同时监管部门可以实时查看金融机构的经营业务数据，提高了监管效率。

32

四、大数据在传统金融业中的应用

（一）大数据与传统银行业

1. 大数据与银行业的创新

麦肯锡公司在 2011 年对大数据时代的到来进行了界定，麦肯锡认为："数据资产已经运用到当今社会生活的方方面面，成为极为重要的生产因素。利用好并对数据当中隐藏的信息进行挖掘处理是当今每一个行业必备的任务。"大数据技术已经开始运用于天文、气象、人口、遗传学。由于金融机构独特的数据优势，其对大数据技术的应用更是如鱼得水。在计算机和信息系统的支持下，企业的信息储存能力和隐性信息挖掘能力不断提高，金融机构在大数据技术的帮助之下有机会完成精准营销、精细化和低成本管理等多种传统金融机构难以完成的任务。

（1）大数据时代下银行的精准营销

按照单个客户个性化的营销方案和服务体系，金融机构依照信息化技术手段可以形成精确的营销方案以实现对个人客户的精准营销，这种建立在精准定位基础之上的营销活动可以最大限度地摊平企业的成本，包含对个体的关注和差异化的认同。精准营销对于每一位金融客户的兴趣、爱好、购买能力均可以作出预测和判断，根据综合化的评分向顾客推荐金融服务及产品，以保障推荐产品在其财力范围和兴趣半径之内。精准营销的基本理念如图 13 所示。

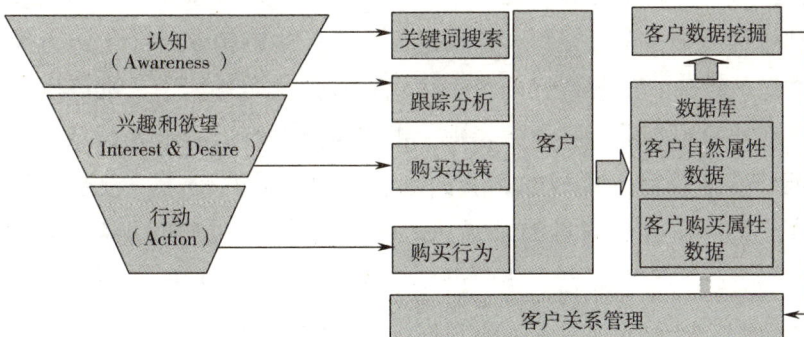

资料来源：工商银行：《大数据研究报告》。

图 13　大数据时代下的精准营销理念

传统银行业当中，认识产品、产生兴趣、付款购买三个环节是金融消费者在购买过程当中必然出现的环节。由于在认知产品的过程当中，消费者会通过网络、私人渠道进行检索，对产品信息、类别进行了解以确定是否购买，通过在这一过程当中产生的搜索数据便可以定位消费者的收入水平、兴趣和爱好，从而对其进行针对性的营销。每天都有大量客户了解到产品信息并确定购买内容，企业便会产生一系列关于该类消费者的信息，从而可以设计出各种序列的营销方案推送给各个消费者，进行精准化的营销和定位。通过分布式存储和云计算支持下的数据挖掘技术，企业可以形成完整的客户关系系统，实现精准化营销①。

(2) 大数据时代下银行的精细化管理

大宗交易数据是传统银行最为重视的业务内容，在该模式之下，受限于银行的数据处理能力，体量庞大、细节更多的精细化交易数据无法得到有效处理。例如，传统的银行经营模式下，商业银行仅能记录每次的银行卡消费信息，却无法实现实时的消费信息反馈和归集整理；在存款、贷款风险管控过程当中，银行也对小额贷款实施有效的风险管控。商业银行在记录了客户消费和挑选产品的数据后，没有利用好这些并不是由商业银行经营活动（风控、催收）而产生的数据。顾客的每笔投资和消费都被记录分析之后，运用数据挖掘技术将产生信息化决策，有助于提升用户体验，精细化管理水平将不断提高。

(3) 大数据时代下银行的低成本管理

传统银行业的信息数据是手工化产生的，容易产生错误。特别是在信贷活动过程当中，对于银行客户信息的记录产生的错误将会给银行经营的有效性造成损失，这种传统的手工信息处理方式效率低下、准确度差、成本高。在商业银行的贷款业务当中，银行需要对客户的个人信息、财务状况和抵押品等内容进行尽职调查，信息获取的成本较高。但在大数据时代，商业银行对客户信息的采录过程完全是自动的，通过客户自填、自报，收录客户的个人信息，从而更加精确地了解到客户的实际情况，降低

---

① 中国工商银行. 大数据时代下的三流融合——基于商业银行的视角 [R]. 银行业研究, 2013 (8).

人工处理成本，提高办事效率。对于个体、小微层面的关注将有效解决长期以来困扰中国企业的"小微融资难"问题。

（4）大数据时代下银行的集中化管理

商业银行的传统业务模式当中，跨地区、跨国经营的成本极高，商业银行不仅要承担开设实体机构的成本，还要承担与代理行之间产生的摩擦经营成本。在大数据技术的帮助下，商业银行总部机构将可以更加便捷地获取更多有价值的信息，不仅局限于当地的分支机构，打破了地域、时空限制。对各个条线的集约化管理，使得银行总部的经营权力更加集中，分支行的执行功能将被强化，银行管理职责、风控策略将被集中于总行层面，有助于进一步提高机构总体执行力，避免上传下达过程当中的摩擦成本①。

2. 大数据在银行业中的应用实例：以××银行信用卡营销为例

实施背景：××银行是中国国内不多的在分行级设立信用卡中心和专营机构的银行之一，其信用卡中心在国内颇具竞争力。特别是近年来，××银行信用卡的发卡量急剧上升，2008 年向消费者发卡约 520 万张，该数字在 2012 年突破 1 400 万张。随着其业务量的大规模增长，信用卡业务数据也急剧膨胀。

拟解决问题：随着数据量的急剧膨胀，××银行信用卡中心在数据存储、系统维护、数据分析等方面均出现了瓶颈，而且随之而来的是在客户数据的利用层面，××银行信用卡中心面临着极大压力：如何利用现有数据维护好客户资源，开发高性能、可扩展的数据仓库，提升业务发展的敏感性、拓展性？另外，如何建立以数据仓库为核心的交易平台、业务数据搜集平台，支持多品种的数据处理，包括卡、账户的业务数据集中统一和 OLAP（联机分析处理）多维度分析；通过数据仓库快捷有效地提取数据，推动数据营销等问题已成为××银行信用卡中心亟待解决的问题。

技术方案：从 2012 年 4 月到 2013 年 5 月，××银行信用卡中心开展

---

① 薛冬辉. 大数据时代下的物流、信息流、资金流融合——基于商业银行视角 [J]. 物流技术，2014（1）.

了 EMC Greenplum 数据仓储解决对策。在实施了 EMC Greenplum 解决方案之后，××银行信用卡中心实现了近似实时化管理的商业智能系统和秒级营销运营系统，其运行效率得到了大规模的提升（见图14）。

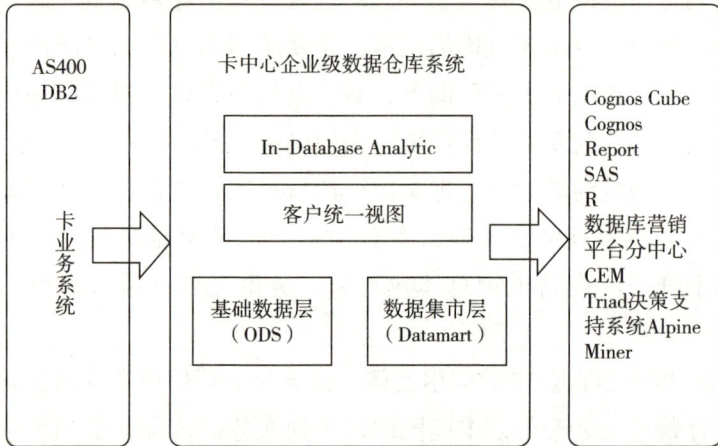

图14　××银行大数据应用技术架构

Greenplum 大数据技术解决方案的核心功能是使用了"无共享"开放式的 MPP 构架，该系统构建是专门为商业智能和海量数据挖掘分析设计的。当前，被业界使用最频繁的数据库管理系统（如 Oracle 或 Microsoft SQL Server）均在利用"共享磁盘"构架实现数据分析挖掘处理，但与前文对数据库特性的分析一致，易于存储的数据架构将会牺牲优越的查询性能和并发存储性能。使用了 Greenplum 数据库构建的 MPP 仓储架构之后，数据会在多个服务器的区间内进行自动划分，而且每个区间都拥有管理所有区间数据的分区部分；全部层级间的通信通过实体网络连接构成，没有磁盘级共享或者连接，也就是说不存在"共享存储"的部分，形成"无共享架构"。Greenplum 数据库提供的 MPP 架构为磁盘工作的每一个环节提供了专门、独立的高速带宽，便于信息的沟通交流，每一层级的服务器可以形成一个全部并发的查询系统，根据查询计划有效地移动各层级的数据，相比传统数据库，Greenplum 系统提供了更高的扩展性。

效益提升：2013年全年当中，××银行信用卡中心通过该系统及其数据库营销平台总共进行了 1 300 余个宣传活动，每个营销活动的空间配置时间从 2 周缩短到 2～3 天，并且在每次活动当中都承诺客户在满足了一定的刷卡次数和金额之后，立即就可以获得奖金或奖品，通过该系统实现了实时兑现奖品承诺的功能，达到了"秒级营销"的效果，而不必像以往需要等待若干工作日，加强了用户的消费体验快感。2013 年的信用卡营销大战当中，××银行信用卡中心的交易量增加了 70%，比股份制银行的平均水平高 15%，高于中国所有银行平均值 4%。

另外，××银行利用该系统为客户进行了 4 000 万次的额度调整，卡中心催收团队利用数据挖掘获得的规则实时进行监控和监测，特别是在使用了数据仓库的 FICO TRIAD 系统后，信用卡不良率（NPL）减少了0.8%。××银行信用卡中心电话销售中心将所有的电话营销历史数据也整合到数据仓库当中，对大量的历史数据进行分析，调取客户资料，制定差异化营销策略，该系统上线之后实现了为单位创收提升 40%、每笔贷款额提升 18% 的进步。随后，××银行开始针对每个产品进行营销响应模型的策划，以进一步提升产品营销的效能。

3. 大数据与用户查询系统

应用背景：某国有商业银行在中国的网点和用户数量非常多，特别是近年来，金融业务的活跃程度大大提升之后，原有系统很难支持用户大范围的交易查询以及各个网点内部人员的交易查询。

解决方案：英特尔和该行进行合作，为它提出了基于 Apache Hadoop 软件的英特尔分发版的大数据解决方案，将它所有的交易数据实时增量导入这个平台，并且能够存放几年。交易数据查询可在 0.1 秒内完成（并发用户数达 600 户）；交易数据增量处理每秒可达 15 万条，每天处理时间为4～5 分钟；Hadoop 还可以对于当中的所有交易数据进行批量的处理，定期账户批量处理 0.9 亿条不超出 15 分钟。该银行活期交易每年会产生 130亿条数据（4.5TB），原有传统业务构架很难支持。但对于 Apache Hadoop 软件的英特尔分发版来说，可以达到秒级查询，可以轻松支持该行的业务系统，甚至几年内可以非常平滑扩容支持将来业务的发展①。

---

① 赛迪顾问股份有限公司. 中国金融行业大数据应用市场研究白皮书［R］. 2013 (6).

（二）大数据与传统证券业

1. 大数据与证券市场变革

正如前文所描述的一样，大数据技术将带来整个社会的大规模变革，金融机构和资本市场也无可避免地被裹挟其中。就目前情况来看，大数据技术对资本市场的影响主要存在以下几个方面。

一是资本市场的功能由实体分支机构向互联网平台转换，中间环节和传统职能的机构数量将大幅减少。

首先，交易和业务模式改变。通过构建联系实体经济和投融资双方的互联网金融平台，使资本市场中的各方利益相关者可以进行全方位的交流，减少了信息不对称，提升了资本市场的运行效率。目前，互联网金融平台成为汇集信息、资金和消费者、生产者以及产品交易的大平台，并且开始形成良性循环，成为新的金融业态和交易方式。按照谢平（2013）的观点，在互联网金融平台上，银行、券商和交易中介都不起作用，贷款、股票等金融产品的发行都可以通过网络进行。间接融资将被直接融资所取代，市场接近于完全有效，与一般均衡理论当中描述的无金融中介模式基本类似。资金供求方可直接交易，达到与直接、间接融资一致的资源配置方式和效率。经济增长的同时，社会交易成本也将大幅降低。业内以互联网为平台的金融交易模式逐步形成，特别是陆金所和前海股权交易中心等网络投融资平台纷纷成立；国泰君安等业界嗅觉较为灵敏的券商已经成立了网络金融事业部，大力发展网络金融业务；2014年11月11日，淘宝和天猫的总销售额高达560亿元，基金等理财产品销售也在该日有井喷态势。

其次，互联网平台和大数据技术的预测、监控及风险分析能力要远远高于传统模式，尤其是在资本市场当中大量交易数据的存在使得风险管理必然转向互联网平台。由于各种信息都可以与整个社会的大市场相联系，市场参与主体的各种信息也都可以集中在平台上进行展示，信用评价和社会征信的内容将会提升大数据技术在资本市场当中的应用。阿里巴巴的小贷平台和众安在线保险就利用平台解决了信息不对称的问题，许多中间环节的职能机构由于作用弱化，因此减少了企业成本。

二是证券行业将发生巨大的变化，传统金融机构与互联网金融的融合会不断深入。证券行业的业务模式会变化成三种形式：（1）替代传统交易模式的营业部模式，该模式将会替代传统的实体金融机构，比如国金证券推出的类似于韩国 Kiwoom 的网络券商——"佣金宝"。（2）具有针对性的中产阶级服务模式，该模式通过挖掘各阶层的服务需求，比如养老、教育等而对客户进行持续性的跟踪和增值服务，韩国的三星证券便是此种模式。（3）专门研发的针对高收入阶层的综合化金融服务模式。此类客户的要求较复杂，比如避税、财富保值增值等，这种服务类似于商业银行的"私人银行"服务。但是，证券行业在该类别的服务体系当中不占优势，主要是其网点、资产规模远不如银行、保险企业。

在基金代销层面，当互联网金融公司代销平台开始建立时，基金证券公司不以为然，但是天弘基金靠着支付宝成为全球第一大基金公司后，基金公司才开始意识到互联网思维的重要性。另外，与银行相比，证券行业具有天然的劣势，特别是在银行业奋起应对互联网金融的挑战之后，证券行业仍有较长的路需要探索前行。保险行业中的平安集团已建立了陆金所、众安在线等互联网金融企业，积极应对大数据和互联网金融的挑战。

三是证券行业的服务理念与固有观念将会发生巨大的变化。首先，客户体验将是金融服务当中最重要的核心。由于互联网金融服务的模式是以客户体验为中心的，为应对挑战，证券行业需要树立向互联网金融行业学习"用户体验"的理念，并通过互联网的便捷服务迅速积累客户。其次，聚集大数据建立起精准营销的证券营销体系和风控体系。证券行业多年来对客户体验的关注度明显不足，即使是开户、销户、购买产品等步骤也都要经过许多风控步骤。苏宁云商和阿里巴巴仅需要 2~3 个步骤就可以完成所有手续。特别是在 P2P 等技术含量不高的互联网金融服务出现之后，证券行业需重新定位自己的服务品种、人群。在大数据时代，专业化的金融知识和经验需要被包括在数据分析当中，通过对个体客户的有效分析和营销，吸引客户，获得更多的资源①。

---

① 翟伟丽. 大数据时代的金融体系重构与资本市场变革［J］. 证券市场导报，2014（2）：10.

2. 大数据在证券业中的应用实例：以××证券公司为例

实施背景：中国证券行业的竞争随着资本市场的日趋完善、规范日趋激烈，多数证券公司都越来越重视客户服务和营业部的绩效管理，现有 IT 系统均为面向业务内容而设置的，需要大量数据支撑的证券公司决策分析系统无法有效建立。

技术实现：吉贝克针对××证券公司所面临的环境，采用大数据技术当中的数据仓库和挖掘技术，开发了证券公司客户综合分析管理系统（见图15），用于满足证券公司日趋深化的客户管理诉求。

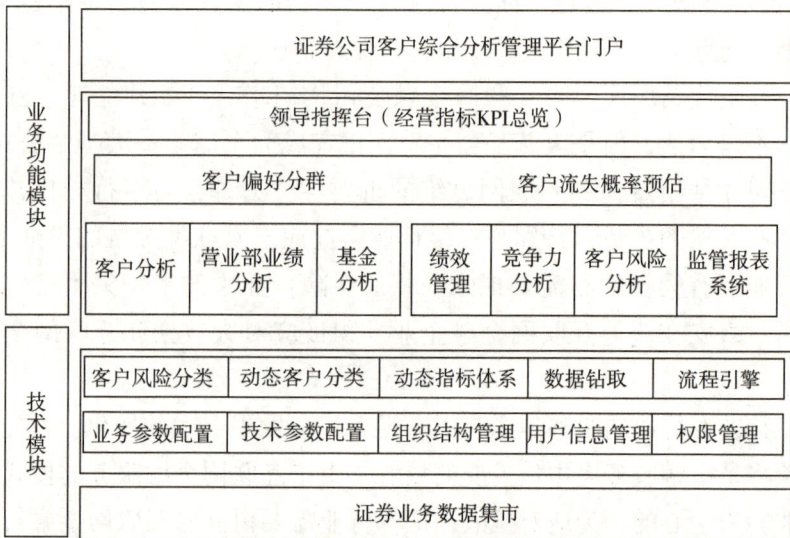

业务功能模块	证券公司客户综合分析管理平台门户						
	领导指挥台（经营指标KPI总览）						
	客户偏好分群			客户流失概率预估			
	客户分析	营业部业绩分析	基金分析	绩效管理	竞争力分析	客户风险分析	监管报表系统
技术模块	客户风险分类	动态客户分类	动态指标体系	数据钻取		流程引擎	
	业务参数配置	技术参数配置	组织结构管理	用户信息管理		权限管理	
	证券业务数据集市						

资料来源：赛迪顾问整理，2013 年 6 月。

图15　证券公司客户综合分析管理系统功能架构

围绕客户维护生命周期，在不同的生命周期阶段采用有针对性的方式来降低客户流失率，如主动关怀、客户营销、流失预警挽留、销户挽留等（见图16）。

效益提升：采用了上述系统之后，数据提取速度明显加快，大批量数据录入数据库当中仅仅需要 6 ~ 7 秒，10GB 数据的导出和加载也可以在几分钟内完成。同时，数据处理和查询的效率也显著提升，目前每天的数据处理时间基本控制在 2 小时以内。日常的普通查询中，数百条并发查询任

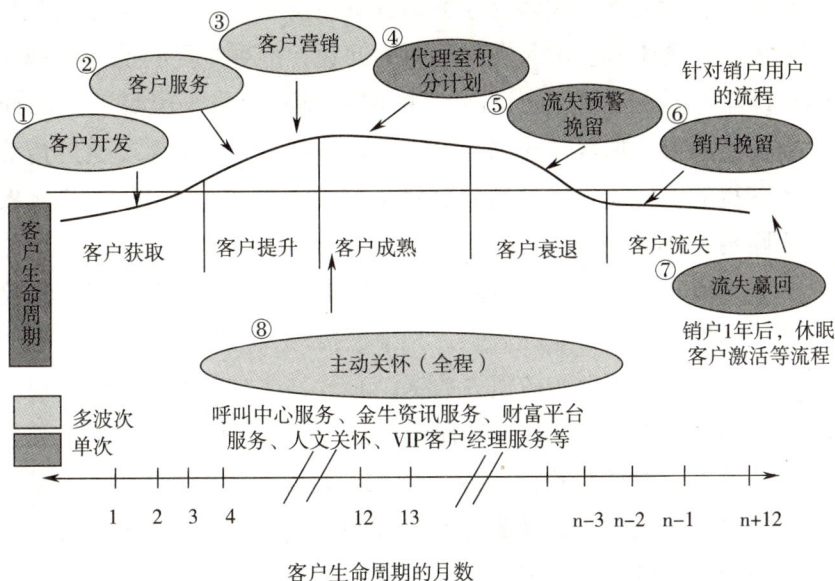

资料来源：赛迪顾问整理，2013 年 6 月。

图16　客户生命周期服务管理

务可以在 1 秒内完成。对于时间跨度较长、条件比较复杂的查询条件，也可以在 5 秒钟内完成。

（三）大数据与传统保险业

1. 大数据与传统保险业的进步

保险经营的一个重要基础是利用保险精算技术实现对承保风险的预测，并据此进行保险产品的定价。从传统角度看，保险精算更多地利用保险行业，甚至只是保险公司内部的损失数据，但在大数据时代，特别是在"三个更加"（更加透彻的感知、更加全面的互联互通和更加深入的智能化）的大背景下，大数据将为预测科学带来根本性的变化，并颠覆传统保险精算的理论和技术，推动保险商业模式的革命性和突破性创新。

（1）从样本数据到全量数据。从传统统计和计量经济的角度看，保险精算研究的基础通常是一定量的样本，而这种样本的获得是通过一定的抽样模式和技术实现的。无论是理论和技术，还是实际操作，初衷和假设均是希望样本具有代表性，能够反映被调查对象群的特征，但实际情况却往往不尽如人意，其中有技术和操作层面的问题，但更重要的是这种抽样模式固有的缺陷。从经济的角度看，有的时候也不允许采集足够大的样本量。大数据为获得全量数据提供了可能，即有些数据是不需要通过传统的调查方式获得的。为此，保险精算将进入"全量数据时代"，这将从根本上改变保险精算的理论和技术。

（2）从内部（损失）数据到外部（风险）数据。长期以来，保险精算的数据更多地是基于行业的数据，其中包括两类，一类是基于承保的风险数据，另一类是基于理赔的损失数据。通过对这些数据的分析建模，建立起风险保费数据库，并据此开展保险产品的定价。但如果我们全面观察风险个体，就不难发现这些行业内部的数据是不足以刻画和描述风险的，如在车险的精算过程中，通过简单地对从人、从车和从用因素的分析，显然不能很好地解释风险，即使是相同性别、年龄和职业的人，他们的驾驶行为习惯也可能存在很大的差异，而外部数据，特别是来自交通管理部门等的外部数据则可能会丰富风险刻画的维度。从发展的角度看，未来保险行业内部数据在保险精算中的占比会越来越小，而外部数据则会扮演越来越重要的角色，外部数据的导入不仅能够完善保险精算的水平，更重要的是能够发现新的保险需求，为保险产品创新提供数据支持。

（3）从历史数据到实时数据。在互联网时代之前，人们很难获得实时的数据，因此，大多是统计分析研究，保险精算也大多是基于历史数据。从实际情况看，这些历史数据的实效性比较差，不能很好地满足预测和定价的需求，如我国寿险业在相当长的一个时期内一直使用的是日本1965年数据编制的生命表，这一生命表显然与我国居民的实际情况存在较大差距。在大数据时代，人们能够获得实时的数据，对与保险经营有关的实时数据进行监控，如流行病、灾害天气、人口和车辆流动等，并据此开展更加准确的预测与定价，同时也可以有针对性地开发相关的保险产品[①]。

2. 大数据在保险业中的应用实例：以保险营销为例

大数据时代的到来，使得对保险全量、大规模、多样性、实时、潜在

---

① 赛迪顾问股份有限公司. 中国金融行业大数据应用市场研究白皮书 [R]. 2013 (6).

数据的获得及快速分析成为可能，这为保险产品和服务创新带来了全新的机会与广阔的空间，保险价值主张将发生根本性变革。保险全面渗透到客户日常风险管理已成为可能，未来承保将只是保险的前端以及客户的触点界面，真正的核心价值体现在后端的专业化风险解决方案上。大数据驱动产品和服务的延伸和跨界，通过在车辆上加装车载终端设备、人们使用穿戴式设备等，能够在传统的车险客户信息基础上，获取大量的车辆行驶信息、驾驶行为信息和生活习惯等大数据。保险公司可以通过对大数据的分析，为客户提供根据行驶里程及时间定价的保险产品，也可以提供根据驾驶行为定价的保险产品，还可以协助被保险人完善驾驶习惯，实现一种从风险等量管理向减量管理服务的过渡。当保险公司成为客户的全面风险管理伙伴时，可以就提供灾害数据分析咨询服务收取费用。就个体而言，当其风险概率足够低时，保险价格本身会变得很低，保险就可能成为风险管理服务的"附赠产品"。除此之外，保险公司还可以基于移动互联数据平台，为客户提供车辆安全检查、保养维修、交易资讯、健康管理等服务。大数据实现了产品和服务的微分化和个性化。

2013 年起，中国保险公司在数据中心和电子商务平台的基础上，向大数据应用过渡，客户行为、风险建模、网络社区分析、物联网数据分析等应用是保险公司大数据试点应用的主要方向。

平安、太保、中国人寿、中国人保、安邦人寿、中英人寿、中再保险等均开始逐渐使用大数据保险项目，主要是在业务功能和管理功能两个模块共同使用大数据，以期解决一些关键问题（见图 17 和图 18）。

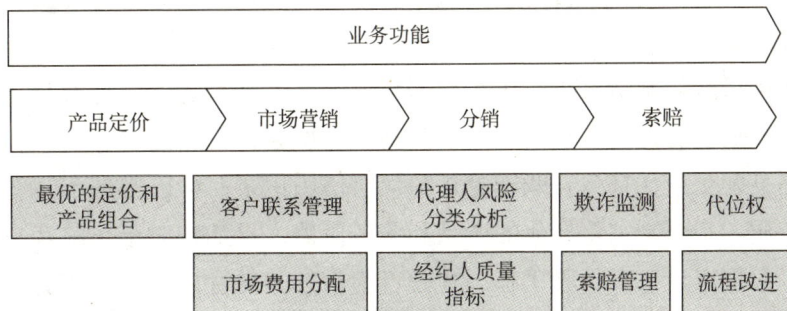

资料来源：赛智时代《大数据在保险业务当中的应用》。

图 17　大数据在保险公司当中应用的业务功能

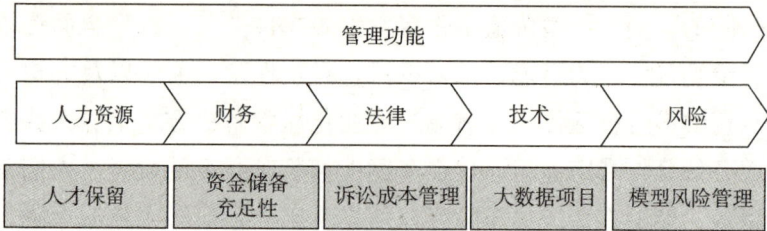

资料来源：赛智时代《大数据在保险业务当中的应用》。

图18 大数据在保险公司当中应用的管理功能

（1）客户分析：基于各种数据源的客户数据和客户行为数据分析，用于保险客户分类、客户差异化服务、客户推荐系统、客户流失预测等。

（2）风险分析：基于保险保单和客户交互数据进行建模，借助大数据平台快速分析和预测再次发生的概率或者新的市场风险、操作风险等。

（3）运营分析：基于企业内外部运营、管理和交互数据分析，借助大数据平台，360度统计和预测企业经营和管理绩效。

（4）行业监管：基于企业内外部交易和历史数据，实时或准实时预测和分析欺诈等非法行为，遵从法规和监管要求。

传统的保险经营中，保险产品、服务、渠道、营销推广等聚焦于一个大范围的客户群，运用大数据可以获取具体到单个客户的详细数据。通过采集微信、微博、社交空间中的海量消费者行为数据，通过文本挖掘、自然语言识别、模糊判别等大数据技术，可以分析人们的行为模式、思维习惯、情绪，洞察消费者行为，提供个性化和定制化的服务，并开展精准的风险控制。

实现风险精确衡量得益于大数据技术，保险公司能够获得大量与客户相关的数据，支持精细化的客户风险衡量。例如，根据消费者登录各种网站的信息及交通、贷款、购物等相关生活信用记录，可以发现不同客户的风险特质，从而制定差异化的产品和服务策略。再如，对于车险客户，未来可以根据客户每天行驶里程、驾驶行为信息、交管局的违章信息等，实现每天向客户发送当天实际应收保费。对于人身险客户，未来可能在精算定价时，在更加多维的生命表基础上，引入客户每天的健康状况、饮食状况、运动状况等，实现更加精确的风险评估与定价。再造保险价值链的创新大数据使企业的外部交易成本大幅下降，推动了资源整合，延伸了企业的边界。对于保险企业来说，大数据使得它们能够聚合上下游的资源，再造保险价值链。借助大数据可以通过供应链优化整合供应商。保险业在长期经营过程中，积累了大量非常有价值的承保、理赔数据。车辆保险部门积累了大量的车辆损失数据、修理费用数据、零件损失及更换数据等，健康保险部门积累了大量的健康数据、疾病治疗数据、医疗费用数据等。借助于大数据的积累、整合与分析，保险公司可以与汽车维修、零配件供应、医院、药品生产企业等机构进行更加紧密的合作，延伸保险的服务边界，一方面降低保险经营成本，提高利润；另一方面也为客户提供更加便捷的一站式服务，提升客户体验。

大数据聚集资源，创造新的商业机会。在大数据时代，数据将成为企业非常重要的一项资产。由于保险企业得天独厚的优势，其掌握了大量的承保、理赔等业务数据，这些数据经过分析、挖掘以及应用，将衍生出众多的商业机会。例如，可以建立二手车交易中介市场，为被保险的机动车辆进行担保；可以建立资源与服务的团购平台，面向社会公众出售医疗健康服务、防灾防损服务、车辆维修保养服务等。

大数据发掘并引导大量保险需求。以互联网为代表的新商业模式的快速发展，聚合了大量的客户和商家，形成了一个大的生态系统，各个主体之间的行为会产生各种各样的风险，从中衍生出非常庞大的风险保障需求，如网络财产损失保险、信用保险、责任保险以及涉及网上交易的保险产品。通过大数据分析技术，保险企业能够迅速发掘保险需求，设计开发有针对性的产品与服务，创造并引导客户需求，创新保险生态系统。

五、大数据在金融业中的应用前景与问题解析

随着数据价值被越来越多的认可，尤其是在金融企业业务转型时期，基于数据的业务及内部管理优化使得金融领域的大数据应用市场规模在未来几年将以高于整体水平的速度增长（见表1和图19）。

表1   2014—2016 年中国金融行业 IT 投资结构预测   单位：亿元,%

	2014 年	2015 年	2016 年	年均复合增长率
银行	812.01	914.15	1 027.74	12.1
证券	202.07	226.54	255.52	12.3
保险	233.25	270.03	315.09	17.0
总计	1 247.33	1 410.72	1 598.35	13.1

数据来源：赛迪顾问，2014 年 6 月。

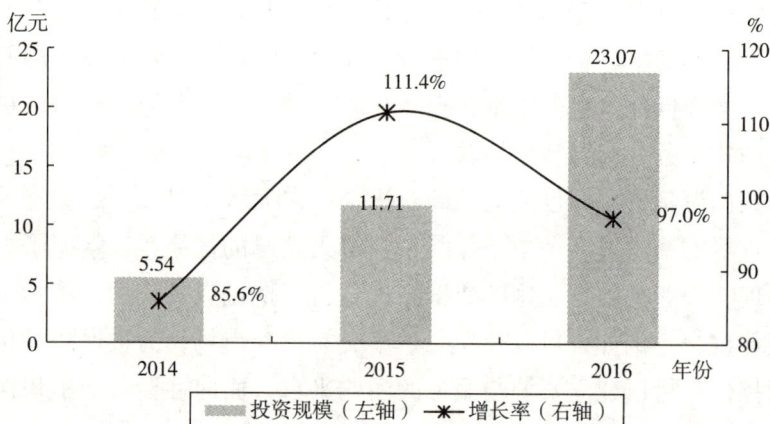

数据来源：赛迪顾问，2014 年 6 月。

图19   2014—2016 年中国金融行业大数据应用规模与增长幅度

从投资结构来看，银行将会成为金融类企业中对大数据应用投资的主体，证券和保险分列第二、第三位①（见表2）。

表2   2014—2016 年中国金融行业大数据应用结构预测 单位：亿元,%

	2014 年	2015 年	2016 年	年均复合增长率
银行	2.22	4.58	8.93	93.8
证券	1.99	4.25	8.56	101.4
保险	1.33	2.88	5.58	98.8
总计	5.54	11.71	23.07	97.7

数据来源：赛迪顾问，2014 年 6 月。

---

① 韩耀强．赛迪顾问云计算产业研究中心．金融行业大数据应用崭露头角［J］．通信产业报，2013（8）．

进入大数据时代的金融行业将给整个行业带来深刻的变化，许多互联网企业将凭借自身优势进入金融领域，传统金融企业也将重塑思路、整合业务，新的商业价值将在这场大数据革命中被挖掘出来。

（一）金融行业大数据应用前景

1. 可扩展性开放架构支撑金融业发展

金融企业的 IT 设施更易于数据的集中、扩展是大数据技术的必然要求，此外还要求管理过程具备可靠、可控和安全性。近年来，随着 x86 架构 CPU 处理器制程、内部计算架构设计推陈出新，性能已逐渐赶上 RISC 服务器，同时在稳定性、可用性及服务性上也足以胜任海量数据对基础架构能力的要求，因此，具备高扩展性的开放架构正逐步成为金融行业应对大数据的优选方案。

2. 促进金融业风险管控、精细化管理

第一，业务的精细化管理及风险的有效控制可以使用大数据技术有效实现。利率市场化大背景下的中国银行业需要重塑其精细化流程管理，实现精准营销；第二，大数据技术支持的服务创新体系，可以更好地做到以客户为中心，通过对客户消费行为的分析，提高客户黏性，实现金融机构的差异化竞争。

3. 推进高频金融交易、小额信贷等业务创新

大数据技术在金融行业的运用已逐步展开，并开始取得了一些良好的成效，特别是一些典型的数据类业务，如高频交易、小贷风控和精准营销等都有效地利用了大数据的优势。例如，中国 A 股市场每天 4 个小时的交易都会产生 3 亿条以上的交易数据，随着时间的推移，积累的数据量将会越来越多。这些数据可以被用于进行数据挖掘和创新，实现创造和量化投资交易模型，将其应用于真正的投资活动中，以期为企业和投资者创造利润。

阿里巴巴与建设银行联手在 2007 年推出专注于小额信贷的"E 贷通"，根据阿里巴巴大量用户数据、交易记录，建设银行进行数据挖掘，以判断是否应当给该网络店铺或网商提供贷款。到 2013 年末，阿里巴巴累计服务小微企业逾 20 万家，发放贷款超过 300 亿元，坏账率为 0.3%，

低于商业银行的平均水平。

4. 促进金融业的精准营销

招商银行在数据挖掘过程当中发现其信用卡额度较高的优质客户经常出现在星巴克和麦当劳等场所后，通过"多倍积分累计"和"积分店面兑换"活动吸引优质客户；构建出有效的客户流失预警模型，对即将流失的前20%的客户出售高收益理财产品或采取免手续费等策略进行挽留，使信用卡和金卡客户流失率降低了15%左右；同时，通过小微企业主信用卡中的个人消费记录识别消费行为习惯优良的小微客户，再利用远程银行和云计算等实行交叉营销，取得了非常良好的效果。

2013年中国金融业大数据技术的市场应用及开发投资总额约为2.98亿元，其中银行投资占整体投资的41.1%，证券和保险分列第二、第三位[①]（见图20）。

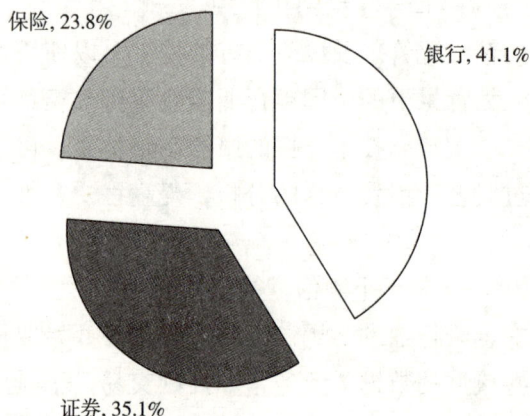

数据来源：赛迪顾问，2014年1月。

图20　2013年中国金融行业大数据应用投资结构

（二）金融业与大数据应用环境

1. 大数据技术在银行业应用中的优势

经济社会的三个重要组成要素——产品、信息、资金渗透于互联网时

[①] 赛迪顾问股份有限公司. 中国金融行业大数据应用市场研究白皮书［R］. 2013（6）.

代的诸多环节。互联网时代的激烈竞争中，电商、银行、物流三大类别企业代表三种要素的重要占有者，三者都希望成为主宰三种要素的利益获得者。虽然在互联网技术、平台层面商业银行有所落后，但从长期发展趋势来看，商业银行具有重要的优势，主要包括以下几个方面。

（1）信息优势

商业银行不仅掌握着大量资金，而且在信息搜集方面也拥有独特优势，不管是甄别优劣客户进行授信，还是金融服务用户交易活动留下的交易痕迹，都是其重要的数据资产。尤其是商业银行的信息化建设居各行业前列，信息处理与建设已经根植入商业银行的"思维"。商业银行不仅有信息化建设的意愿，而且具备建设优质信息化系统的条件。特别是在2000年之后，中国的商业银行提出"建立数据集市"的思路。各大商业银行纷纷建立了数据中心和备份中心，提高了数据的存储利用效率和风险防控能力。另外，由于在贷款和金融业务开办之前，各自然人都需要在商业银行开户并填写个人基本信息，社会上的资金划转要以商业银行为媒介，因此商业银行有广泛的渠道来获取客户信息和资金流信息，同时借助POS机和ATM也可以获取个人的消费信息。多年的积累，使商业银行形成了海量的信息数据库，其结构化程度优于电商等企业。

（2）人才优势

中国的商业银行均设有科技开发中心、数据测试和收集中心以开发拥有自主知识产权的个性化业务和功能。在20世纪初提出的建立数据集中项目过程当中，商业银行积累了大量建设复杂数据信息系统的经验，涉及软件开发、数据仓储等具体实操项目，这些项目锻炼了商业银行的科技开发队伍，为商业银行积累了许多软件开发、管理人才。金融人才和信息科技人才的结合是商业银行构建有效物流、信息流的重要基础保障。

（3）资金优势

商业银行的利润率普遍较高，近年来的业绩增长较快，许多商业银行的盈利能力开始超过国外商业银行。因此，商业银行内部拥有充足的资金，有利于其建立大规模的资金、物流、信息流操作系统。资金优势使商业银行在"三网"融合过程中可以建立先进的数据操作系统、存储系统和计算系统，有利于大数据技术的发展和应用。

（4）制度优势

中国的商业银行一方面自负盈亏，另一方面与政策存在着千丝万缕的联系。我国的商业银行牌照较难获得，电商和物流商的资格获取相对都比较简单。我国大型商业银行已基本实现集团化经营，全国 15 家上市银行资产占到中国商业银行总资产的 60% 以上，其经营管理经验、理念、方式、方法都强于电商和物流企业，容易形成跨界、跨区域经营。

2. 大数据技术在证券业应用中的难点

尽管大数据在证券业中的应用较多，但也要注意到大数据应用存在的一些问题，需要在法律法规上加以规范，以促进社会、行业更好地发展。

（1）个人证券数据收集方面

在利用大数据帮助投资者的同时，证券投资者个人信息保护、隐私保护的边际在哪里；客户的哪些数据可以收集，可以通过什么样的方式收集；个人数据是不是可以全部收集，收集在一起引起的副作用也是要考虑的问题。美国立法禁止教育部门的数据与移民局数据联通，移民局不得利用教育部门数据来查获非法移民，目的是为了防止这些移民由于害怕被移民局查获而不将孩子送去上学，如果存在大量的失学青年，可能会对美国社会的安定和未来不利。

（2）公司证券数据收集方面

需要回答哪些数据能收集、是否可以追踪公司高管个人的信息等问题。通过前文的分析我们已经发现，对于部分数据的综合分析可以得到很多意外的结果。

（3）在证券交易数据应用方面

对于数据资产的利用也需规范。数据结果能用于哪些方面？是否会违背非歧视原则？在证券交易数据应用过程当中必然有方方面面的内容亟待解决。

（4）在资本市场的数据应用方面

更大规模的数字化对于资本市场的长远影响究竟怎样？对各种参与者都是公平的吗？对于资本市场的存在本质是有益的吗？大数据在应用过程当中是否会成为一把"双刃剑"？以上种种问题，只是冰山一角，大数据对社会、对金融、对个人的影响还需细致分析和推演，需制定金融领域的数据收集、数据分析和利用规则，制定底线。

3. 大数据技术与保险业应用革新

解释风险和缓解风险是保险最重要的功能，但是大数据时代对保险解释风险的功能和技术将会带来重要的改变。保险行业将面临三大主要挑战。

（1）整合内外部数据的能力有待加强

保险行业除了要整合保险业务发生过程当中的内部数据之外，还需要对客户服务的外部数据进行整合，以测度保险客户的风险状况。

（2）探索数据背后价值和制定准确的行动纲领的能力有待提升

大数据时代的保险公司需要具备探索数据当中潜在价值的能力，这种能力对于保险公司深入地挖掘客户、创造新客户资源具有重要意义。保险公司需要识别数据的出处，并拥有获得数据、处理数据、构建数据关系的能力。数据处理已经不是传统意义上的单纯解释，而是要不断发现并处理各种数据之间的关联问题，从中找出规律性的商业模式。

（3）颠覆传统保险业思维的能力

保险营销和大数据的核心都是"预测"。大数法则作为传统保险业的经营基础，面临着被颠覆的可能。由于大数据预测的准确度越来越高，大数法则的功能可能会越来越弱。拥有大数据思维，可以更加全面地理解保险产品，将保险产品的收益、出售放在大数据分析的框架之下，会使保险业的大数法则获得新的理解和生命。

在以结构化数据为主的环境下，商业智能是保险业未来发展的重要方向，但大数据技术当中的非结构化数据、人工智能、专家支持系统也是未来的重要发展方向。

六、总结

大数据时代将带来人类生产力的又一次大解放和生产效率的巨大提高，移动互联网络将成为实现"中国梦"的重要载体，这本质上需要相互联通、相互融合的"大金融"体系。然而，多年来，我国金融监管体系相互独立，银行、证券、保险行业相互割裂，难以适应大数据时代金融发展的要求，当前虽然面临着移动互联带来的巨大机遇，但难以把握，反而受到互联网企业的全面渗透，各行业处于"不改变就被改变"的境地。相关各方应该以金融监管协调部际联席会议制度的建立为契机，加大体制和机制创新力度，加大金融领域中银行、证券、保险领域的相互开放力度，促进金融机构尽快转变理念、融入互联网精神，支持其在"大金融"体系下的金融创新和做大做强。从国际看，IBM、英特尔等巨型公司都向大数据业务转型，而金融服务领域天生就是数据和信息密集型产业，在这个领域谁拥有更多的数据，谁就占领先机。

目前，金融机构实现了所有核心业务系统的电脑化处理，计算机应用覆盖了本外币储蓄、本外币对公、国际贸易结算、信用卡、信贷管理等业务领域。同时，金融机构每时每刻都在搜集和处理大量的信息，包括公司和个人的账户信息、公司和个人的贷款信息和企业、行业、产业、产品信息等等。特别是金融机构数据集中工程实施后，金融机构的各级营业网点和业务部门要向总部返回所有交易、业务类数据。如何利用好这些宝贵的信息资源，获取有益的信息，以便更好地为客户服务，提高金融机构经营管理水平和利润，是当前金融机构争相研究的核心热点问题。本课题在数据挖掘理论研究的基础上，借鉴国内外的一些研究经验与结论，较为系统地研究了数据挖掘技术在金融机构信息系统中的应用，其中包括一些典型的数据挖掘方法，如关联规则、聚类算法、回归分析和决策树算法等。在信息技术应用广泛的今天，研究数据挖掘技术在金融机构的应用有着非常重要的意义。建立基于数据仓库技术的一个信息管理平台，采用数据挖掘技术，适时、智能地抽取所需数据，并通过完善灵活的定义方式，运用科学、实用的分析工具，结合金融系统安全管理的特点，为管理决策人员及相关业务人员提供高效、可靠、实用的管理分析工具。本课题主要通过商业银行、证券、保险方面总结大数据在金融机构中的应用对策及建议。

（一）大数据在商业银行中的应用建议

商业银行应当继续使用大数据和数据挖掘技术，及时、准确、全面地掌握自身资产质量、数量及分布、头寸调度、信贷情况，提供安全、可靠及强有力的技术支撑。数据仓库、大数据、数据集市通过深度挖掘可以获得"深度效益"；同时，大数据技术便于搜集大量的商户、用户资料，可以为开发新的产品、业务及综合化服务，让银行在不同的平台、层面上为用户提供异质化业务变得更加容易，而且为商业银行的经营管理决策提供了支持与依据，让商业银行可以随时根据与自己有历史往来的商户的数据信息推断出客户的信用状况，有助于风险防范。

随着各种新技术的发展和研究的深入，大数据与数据挖掘技术不断进步，以后将更加便捷、有效地应用于未来的实践，结合新的理论、技术和模型评价方法，增加数据挖掘的有效性，进一步提高数据分析工具的实用性。未来数据挖掘在商业银行中的研究焦点和需要进一步开展的工作有以下四点。

1. 加强数据挖掘应用系统和算法测试的研究

不断重视数据挖掘技术的实际应用。尽管国内关于大数据技术、数据挖掘理论和算法模型的研究较多，但是实际应用案例和算法应用改进案例却比较少，缺乏可以借鉴的经验数据。如何引入国外的先进经验、技术，改进算法的性能并进行有效性测试，检验算法的合理性和功能系统的稳定性？结合多种数据挖掘算法的实现，提高数据挖掘的效率和技术功效仍是亟待解决的问题。

2. 加强数据挖掘过程中的可视化方法研究

为了便于进行人机交互，把用户需要解决的问题方便地转化为数据挖掘技术人员能够理解并解决的问题，然后将结果以更直接的表现形式被用户理解。完善解释机制，将各种算法的研究简单化和易于理解。

3. 加强对各种非结构化数据的开采的研究

从多媒体数据库中发现有意义的模式，包括对文本数据、图形数据、音频数据以及超文本数据的挖掘等。基于内容的检索和相似度搜索、概化和多维分析、分类和预测分析对复杂数据进行挖掘，使数据挖掘技术发展的整体趋势由处理简单的挖掘问题逐步过渡到解决复杂的挖掘问题。

4. 加强对数据挖掘结果有效性的研究

用科学的方法加以评估。现在，很多算法所花费的时间很短，但其挖掘结果的数据却远远超出了可理解的范围。随着信息技术的高速发展，今后的算法研究需要集中在挖掘结果的有效性上，便于用户快速得到自己所需要的、有价值的信息。包括对算法的动态维护、基于约束的挖掘算法和提高算法的可伸缩性等都将是主要的研究方向。

(二) 大数据在证券行业中的应用建议

对资本市场而言，为适应上述变化，证券行业的现有模式应尽快转变。一是嫁接互联网，转变为互联网金融时代的金融机构，同时为避免渠道商之间的"囚徒困境"，应结合机构自身专长或通过合作（包括兼并收购）确定转型方向，尽早行动。二是尽早收集客户的信息，向"以客户体验为中心"的经营理念转变。现在谷歌的收益大大增加，其利润来源主要是基于客户记录的信息所创造的各种收费服务，阿里巴巴现在的金融服务也是由当初淘宝网中大量的客户信息带来的。三是树立"数据就是资产"的概念，尽早部署大数据战略，招揽大数据挖掘人才。根据上文对数据和大数据应用思维的分析，从不同数据对象和数据思维方式出发，本课题认为可以将大数据的重要概念、方法通过以下方式应用于证券行业。

1. 将多样性分析应用于投资者数据

这样可以更清晰地了解客户，即通过综合分析客户的交易记录、行为记录、住所信息、言语内容和交友情况，可以更准确地分析得到客户的风险承受能力、风险偏好、为人信誉等各种信息，从而更好地进行客户适当性管理，将合适的产品销售给合适的客户。

2. 将相关性分析应用于投资者数据

从 2010 年开始，部分证券公司通过对客户资料和交易记录、行情数据的综合数据分析和挖掘，即分析各种投资者的相关性进行客户分群，以达到为客户提供既有标准化又有个性化的服务，这种情况也是多种多样的，例如分析流失客户的行为特征进而采取挽留行动；分析高亏损客户的行为特征进而改进投资咨询服务；分析客户行为与投资风格变换的关系进而设计合适的产品，通过客户群体的财经浏览信息、自选股信息的变化，分析判读客户群体的焦点是否从股票转移到了固定收益类产品；通过分析客户产品购买行为与客户其他数据（基本资料、浏览行为等）的关系，设计相应的产品提供给类似客户群体。

3. 将相关性分析应用于数据组合

2012 年 7 月 10 日，国泰君安证券发布了"个人投资者投资景气指数"

（Individual Investment Index，以下简称 3I 指数）。作为月度指数，3I 指数通过对海量个人投资者真实投资交易信息的深入挖掘分析，在严格保证投资者身份信息安全的前提下，通过平均账户活动率、平均账户持仓比例、追加资金比例、流出资金比例、浮盈率、实盈率等一系列反映投资活跃程度和投资收益水平的指标，解读个人投资者交易行为的变化、投资信心的状态与发展趋势，传递个人投资者对市场的预期、当期的风险偏好等信息。本质上，这是对投资者群体数据与投资指数的相关性分析。

4. 将多样性分析和相关性应用于被投资对象

这样可以准确认识上市公司，挖掘好的投资标的，发现财务造假，结合上市公司财务数据 XBRL 全面电子化，结合行业数据对比合理性分析、造假公司的特征分析，可以发现公司的异常线索；综合分析财务数据、合作伙伴数据、销售数据等将会有效地发现上市公司财务数据和经营情况的遗漏和造假，对于投资方而言则能发现好的投资标的，避免"地雷"，而对于监管机构而言则能一定程度验证真实性和完整性，类似胜景山河的造假将无以遁形。

5. 将相关性分析应用于被投资对象的行情等公开数据

相关性分析应用于行情等公开数据促进了程序化交易，根据历史数据行情分析、实时行情做各种技术分析，本质上就是对行情数据的相关性分析，部分机构使用行情数据结合新闻及环境数据的电子化，推动了程序化交易的高速发展。

6. 将多样性分析应用于被投资对象的非重要不公开信息

预计将给内幕交易的认定带来更大的难度，内幕交易的前提是得到的消息来源的不合法，根据公开的信息或者非公开的非重大信息作出的判断和分析得出的结论应不属于内幕交易。然而，由于大数据的应用，在并购案中，通过分析公司及被收购对象高管的出差记录、相关中介人员的出差记录、通信信号地点这些非重要信息，几乎就能确认传言的真实性。

可以发现，将多样性、相关性的大数据思维应用在所能获得的数据上，可以产生各种各样原来所达不到的效果。如果将大数据获得的结果与我们原来小数据时代常用的因果关系结合使用，证券行业的数据应用将能开辟更广阔的空间。

（三）大数据在保险行业中的应用建议

1. 充分利用大数据与云计算技术

保险本身就体现了对大数法则的应用，从风险覆盖范围、损失发生概率，到保险产品定价、免赔条件设定等，无不需要搜集大量数据，进行精准测算。因此，相比其他行业，保险业更容易理解互联网及大数据、云计算带来的益处，表现出强烈的数据偏好。通过利用大数据和云计算技术，可以更好地将风险损失与保险责任进行匹配，有效地对海量用户进行区分，对互联网保险高频、细小、多样的交易行为进行监督，以实现风险控制的目的。

2. 营造良好的网络生态环境

企业应当认识到，要发展互联网这一新兴业态，满足海量用户的个性化需求，单靠一己之力的打拼是远远不够的，必须遵循开放性原则，合力打造良好的网络生态环境，通过多方努力共同把市场做大，形成稳固的利益共同体，更好地服务于保险用户。目前互联网第三方机构良莠不齐，这就要求保险公司在推进销售模式改革过程中，自觉提升对第三方机构准入门槛的要求，选取成熟优质的互联网机构开展合作，不断强化自我监督和制约机制，防止销售渠道风险的传递和蔓延。

3. 强化企业内控管理

保险企业要拥有足够的风险意识，从内控制度上，建立针对互联网市场的新型风险防范和考核体系。通过搭建平台、理顺业务模式、开发新型产品，形成成熟的操作流程。从交易安全保障措施、信息安全管理体系、销售及售后服务管理等制度入手，改变现有的产品结构、运营和服务模式，确保业务投保数据实时进入保险公司核心业务系统，重新构造客户、企业、互联网平台等相关各方的价值体系和价值分配，利用更加自动化的手段降低风险控制成本，提高风险管控能力。

4. 完善保险监管体制

一是规划互联网保险发展的框架。在保险基础制度体系构建过程中，监管部门应充分考虑到互联网保险业务，将互联网保险制度纳入到保险体系顶层设计当中，规划好未来发展的方向。二是体现出监管原则的一致性。互联网保险终究脱不开保险的本质和规律。在监管原则方面，对传统保险业务的监管标准也应当适用于互联网保险，这样才能最大限度地控制住风险，体现竞争的公平性。三是建立完善互联网保险监管制度。在机构管理、市场行为约束、市场退出机制和系统性风险防范等方面作出监管制度安排。要建立互联网保险在防范外部冲击时的应对机制，制定消费者保护和纠纷处理办法。四是加强对互联网新技术、新标准的研究、监测和管理。顺应市场发展的需要，使监管与市场能够相互协调，在支持市场创新发展的同时，守住风险的底线，管住风险的前沿，确保不发生系统性、区域性风险。

参考文献

［1］阿斯力别克. 流数据挖掘算法在金融领域的应用研究［D］. 华南理工大学, 2012.

［2］艾瑞咨询集团. 大数据行业应用展望报告［R］. 2013（12）.

［3］陈健美, 陆虎, 宋余庆等. 一种隶属关系不确定的可能性模糊聚类方法［J］. 计算机研究与发展, 2008, 45（9）.

［4］陈文伟, 黄金才, 赵新昱. 数据挖掘技术［J］. 北京：北京工业大学出版社, 2002.

［5］程广华. 数据挖掘技术在商业银行内部审计中的应用研究［J］. 新会计, 2011（3）.

［6］杜习慧. 数据仓库和数据挖掘技术在银行业中的研究与应用［D］. 贵州大学, 2009.

［7］方明, 薛天助. 数据仓库在银行信息系统中的研究与应用［J］. 信息与电脑（理论版）, 2011（2）.

［8］冯萍, 宣慧玉. 数据挖掘技术及其在营销中的应用［J］. 北京轻工业学院学报, 2010（1）.

［9］工业和信息化部电信研究院. 大数据白皮书（2014）［R］. 2014（5）.

［10］郭从秀, 闵春燕. 数据挖掘技术在信用卡业务中的应用及实例分析［J］. 中国信用卡, 2006（1）：61－64.

[11] 韩家炜,堪博著,范明,孟小峰译.数据挖掘概念与技术（第2版）[M].北京:机械工业出版社,2009.

[12] 韩琳.浅谈数据挖掘与数据仓库[J].无线互联科技,2012 (3).

[13] 何宝宏,魏凯.大数据技术发展趋势及应用的初步经验[J].金融电子化,2013 (6).

[14] 黄国平,宣晓影.中国银行业金融信息化建设问题与对策[J].金融科技,2010 (3):114 –117.

[15] 黄兆斌.商业银行数据仓库建设[J].软件导刊,2012 (11):149 –151.

[16] 蒋嘉瑞.浅析数据仓库及数据挖掘技术在ERP中的应用[J].中国管理信息化,2011 (23).

[17] 蒋翊凌.基于数据仓库的银行业务数据挖掘研究[D].华东师范大学,2006.

[18] 孔芳,钱雪忠.关联规则挖掘中对Apriori算法的一种改进研究[J].计算机工程与设计,2008,29 (16):4220 –4221.

[19] 李斌,谭立湘,章劲松等.面向数据挖掘的时间序列聚类方法研究[J].计算机科学,2000 (12).

[20] 李红宇.Web日志中浏览模式挖掘算法的研究[D].哈尔滨工程大学,2007.

[21] 李书成,陈明义.基于数据仓库的经济金融学科研系统研究[J].软件导刊,2010 (9).

[22] 李伟磊.数据仓库在我国商业银行的应用研究[J].财政金融,2011 (10):5.

[23] 李志刚,马刚.数据仓库与数据挖掘的原理及应用[M].北京:高等教育出版社,2008:196 –201.

[24] 李志坚,莫建麟.一种改进的基于概念格的数据挖掘算法[J].重庆师范大学学报（自然科学版）,2013,20 (2).

[25] 吕梁,金淳.数据仓库和数据挖掘在我国中小商业银行中的应用初探[J].工作实践,2013 (1).

[26] 马千里,辛浩田.数据仓库在商业银行信息化建设中的应用与创

新［J］. 甘肃金融，2012（11）.

［27］孟飞翔，帅立国，姜昌金. 决策树在客户价值分析中的应用［J］. 计算机技术与发展，2007，17：60－63.

［28］钱炜雯. 数据挖掘技术在商业银行数据库营销中的价值研究［J］. 时代金融，2012（3）.

［29］赛迪顾问股份有限公司. 中国金融行业大数据应用市场研究白皮书［R］. 2013（6）.

［30］唐世渭，童云海. 数据仓库技术在金融行业的尝试应用和发展趋势［J］. 中国金融电脑，2010（7）.

［31］王昆. 决策树ID3算法在银行信贷业务中的应用［J］. 计算机光盘软件与应用，2012（13）.

［32］王真虎. 银行商业智能论述［J］. 中国科技博览，2011（5）.

［33］韦海光，王莉娜. 数据挖掘是商业银行信息技术工作的新亮点［J］. 金融科技时代，2011（3）.

［34］魏凯. 大数据的技术挑战及发展趋势［J］. 信息通信技术，2013，12（25）.

［35］吴远红. ETL执行过程的优化研究［J］. 计算机科学，2007，34（1）：81－83.

［36］武魏巍，王如燕，丁日佳. 基于数据挖掘的银行客户管理信息系统的应用［J］. 金融理论与实践，2006（10）.

［37］谢永红. 数据挖掘技术在商业银行经营和决策中的应用研究［J］. 黑龙江金融，2010（7）.

［38］许晓东，李柯，朱士瑞. Web使用挖掘中Apriori算法的改进研究［J］. 计算机工程与设计，2010，31（3）：15－18.

［39］薛冬辉，大数据时代下的物流、信息流、资金流融合——基于商业银行视角［J］. 物流技术，2014（1）.

［40］翟伟丽，何基报. 大数据时代的金融体系重构与资本市场变革［R］. 2014（8）.

［41］翟伟丽. 大数据时代的金融体系重构与资本市场变革［J］. 证券市场导报，2014（2）.

［42］张立，卫红勤. 当前银行信息化建设存在的问题与对策［J］. 科技资讯，2006（6）.

［43］赵卫军，李捷. 数据仓库和数据挖掘在银行 CRM 中的应用［J］. 华南金融电脑，2007（5）：8－11.

［44］郑承满. 数据仓库技术在商业银行中的应用与发展趋势［J］. 中国金融电脑，2010（7）：13－16.

［45］中国工商银行. 大数据时代下的三流融合——基于商业银行的视角［R］. 银行业研究，2013（8）.

［46］周涛，陆惠玲. 数据挖掘中聚类算法研究进展［J］. 计算机工程与应用，2012，48（12）.

［47］周洋. 数据挖掘在银行信用卡管理中的应用［J］. 计算机工程与应用，2006.

［48］朱德利. SQL Server 2005 数据挖掘与商业智能完全解决方案［M］. 北京：电子工业出版社，2007.

［49］韩耀强，赛迪顾问云计算产业研究中心. 金融行业大数据应用崭露头角［J］. 通信产业报，2013（8）.

［50］B. Sun, S. Li. Learning and acting on customer information: a simulation－based demonstration on service allocations with offshore centers. J. Mark. Res, 48（1）：72－86, 2011.

［51］Dawn E. Holmes, Jeffrey Tweedale, Lakhmi C. Jain. Data Mining Techniques in Clustering, Association and Classification. Data Mining: Foundations and Intelligent Paradigms, Intelligent Systems Reference Library, Springer, Volume 23, 1－6, 2012.

［52］Dr. Jamal Shahrabi. Seminar on Data Mining Society of Iran, January 2010.

［53］E. A. Demirtas, O. Ustun. Analytic network process and multi－period goal programming integration in purchasing decisions, Computers Industrial Engineering, 56（2）, 677－690, 2009.

［54］Gneiser. Value－Based CRM, The Interaction of the Triad of Marketing Financial Management and IT, 2012.

［55］ Groth R. Data Mining – building Competitive Advances. New Jersy: Prentice Hall, 2000.

［56］ Keyvan Vahidy Rodpysh, Amir Aghai and Meysam Majdi. Applying Data Mining in Customer Relationship Management. International Journal of Information Technology, Control and Automation (IJITCA) Vol. 2, No. 3, July 2012.

［57］ Khalid Raza. Application of Data Mining in Bioinformatics. Indian Journal of Computer Science and Engineering. Vol. 1, No. 2, pp. 114 – 118, 2010.

［58］ MacQueen J. Some methods for classification and analysis of multivariate observations ［C］. Proc of the 5th Symposium on Mathematical Statistics and Probability, Berkeley, 1967: 281 – 297.

［59］ P. Kotler, K. L. Keller. A Framework for Marketing Management. Harlow: Pearson Education, 2011.

［60］ Payne. Customer Relationship Management: A Strategic Perspective. Gabler Verlag, Vol. 3, 2009.

［61］ Rajesh V. Argiddi, S. S. Apte. Future trend prediction of stock market using Association Rule Mining of transaction data. International Journal of Computer Applications, Vol. 39, pp. 30 – 34, 2012.

［62］ S. M. S. Hosseini, A. Maleki, M. R. Gholamian. Cluster analysis using data mining approach to develop CRM methodology to assess the customer loyalty. Expert Systems with Applications, 37, 5259 – 5264, 2010.

［63］ Tom Mitchell. Machine learning. USA: McGrawHill Companies, 1997.

［64］ V. Thanuja, B. Venkateswarlu, G. S. G. N. Anjaneyulu. Applications of Data Mining in Customer Relationship Management. Journal of Computer and Mathematical Sciences. Vol. 2, Issue 3, pp. 423 – 433, 2011.

［65］ Wei – Lun Chang. iValue: A knowledge – based system for estimating customer prospect value, Knowledge – Based Systems, 24 (8), 1181 – 1186, 2011.

互联网金融趋势下的保险创新发展研究

全国金融青联第二跨界别课题组[①]

2013 年被认为是中国互联网金融元年，这一年是互联网金融与传统金融不断相互渗透、叠加并累积爆发的一年，各种商业模式不断创新和涌现。在互联网金融的强烈冲击下，传统金融业态和竞争格局发生了前所未有的变化，互联网金融也开始成为社会广泛关注的课题。

一、互联网金融的兴起与发展

随着现代信息技术和移动通讯业务，尤其是搜索引擎、移动支付、社交网络、云计算、大数据等的快速发展，互联网快速渗透，深刻改变了人们的生产和生活方式。基于互联网技术的金融模式创新活力不断被激发，特别是体现为互联网金融的兴起。互联网金融利用互联网作为金融活动开展的平台，依托云计算、大数据等技术，通过海量信息的采集和处理，逐步形成基于互联网大数据的金融信用体系和数据驱动型的金融服务模式，对于传统的金融服务理念和服务模式带来强烈冲击。

（一）互联网金融的主要经营模式

从互联网金融的兴起和发展历程看，互联网金融的创新有两个层面的内容：一方面，传统金融主体自发推动金融业务互联网化，即金融互联网

---

① 课题组组长：谷伟，全国金融青联常委，中国人民财产保险股份有限公司总裁助理、总核赔师兼理赔事业部总经理。课题组主要执笔人及联系人：蒋新伟，中国人民财产保险股份有限公司电子商务中心总经理。

化；另一方面，互联网企业利用数据资源优势和客户入口优势，推动互联网金融创新。我们认为，以上两个层面都构成互联网金融的内涵，本质上提升了金融资源的配置效率和风险管理水平。目前，互联网金融发展呈现的主要业务模式包括以下几种。

一是互联网银行，包括直销银行与网上银行两类。直销银行指的是银行没有营业网点，不发放实体银行卡，客户主要通过电脑、电子邮件、手机、电话等远程渠道获取银行产品和服务。因为没有网点经营费用，直销银行可以为客户提供更有竞争力的存贷款价格及更低的手续费率。网上银行指的是各大商业银行借助互联网技术，将传统的柜面业务迁移到网上。与传统服务模式相比，网上银行的效率更高，成本更低。目前，国内各大商业银行均提供网上银行服务。

二是网络微贷。国内网络微贷以阿里小贷为代表。阿里巴巴、淘宝和天猫三个平台拥有大量的小微商户。阿里集团拥有海量的小商户的经营数据，并充分利用数据处理技术掌握商户的经营状况，特别是经营风险和信用评级。在此基础上，阿里集团成立了小额贷款公司，为符合其标准的小微企业提供贷款，帮助小微企业解决融资难问题。网络微贷的核心基础是海量的经营数据和数据处理能力，平台电商拥有不可复制的资源优势。

三是 P2P（peer - to - peer lending）贷款。P2P 贷款是指借助电子商务专业网络平台帮助借贷双方确立借贷关系，以撮合个人与个人之间的小额信用借贷交易。P2P 平台目前在国内发展势头非常迅猛，主要原因在于两个方面：一方面，国内个人投资渠道较少，P2P 借款人可以获得较银行存款更高的收益；另一方面，小额融资难，传统金融贷款门槛高，难以满足小额资金需求。P2P 平台的兴起提供了小额借贷交易的撮合机会，满足了借贷双方的需求，但同时借款人也承担了较传统渠道更高的风险。

四是众筹（crowed funding）。众筹是典型的互联网式的项目投融资模式。项目发起人可通过互联网平台宣传介绍自己的项目，投资者可对项目进行小额投资，使发起人能够筹集项目运作资金。美国 Kickstarter 是目前世界上规模最大的众筹网站。数据显示，2012 年该网站已有近 300 万人为约 30 000 个项目提供了小额投资，筹集资金总额达到 3 亿美元。

五是互联网支付。互联网支付是指由第三方机构采用与各大银行签约方式，提供与银行支付结算系统接口的交易支付平台，实现网上交易结算的支付方式。在交易结算过程中，买家先将资金转移到第三方机构，在买家确认收货后，再由第三方机构将资金转给卖家付款，因此在此过程中，第三方机构还承担了信用中介和资金监管职责。中国人民银行2010年6月发布《非金融机构支付服务管理办法》，明确规定非金融机构应当取得支付业务许可证，成为支付机构，依法接受中国人民银行的监督管理。截至目前，获得中央银行发放的第三方支付牌照的公司已经达到269家。

六是互联网理财。互联网理财是指投资者利用互联网获得理财服务，以美国 PayPal、余额宝为代表。余额宝的做法是将基金公司的基金直销系统内置到支付宝网站中，为消费者的闲置资金提供货币基金的收益。由于收益远高于活期存款利率，余额宝从诞生之日起就迅速成为网络热点。继余额宝之后，国内类似产品大量涌现。

（二）互联网金融的特征与内涵

按照中国人民银行《中国金融稳定报告（2014）》的定义，广义的互联网金融既包括作为非金融机构的互联网企业从事的金融业务，也包括金融机构通过互联网开展的业务；狭义的互联网金融仅指互联网企业开展的、基于互联网技术的金融业务。

从该定义可以看出，互联网金融是互联网技术与金融功能相融合的一种新型业态，主要体现出以下几个方面的特征。

一是新技术的创新与广泛运用。例如，搜索引擎、大数据、社交网络和云计算等互联网技术应用，特别是在信息的多维化采集与深度运用方面。

二是金融"脱媒"与去中介化。互联网金融模式下，无须通过中介，资金供求双方就能够方便地实现交易撮合，最大化提升资金配置效率。

三是入口与引流。随着互联网消费习惯的形成，客户入口的重要性凸显，国内主要的互联网平台，例如淘宝网、腾讯微信等客户入口成为市场争夺的焦点，互联网企业凭借用户入口优势，据此掌握了海量的客户行为数据，逐渐建立起在金融产业链中的优势地位。

基于以上分析，我们认为，互联网金融是一种以客户为中心，以技术为驱动，以跨界为视角，互联网技术和金融功能相互融合的一种新型业态。就其本质而言，是在互联网技术推动下围绕客户展开的、突破行业界限的金融实践与创新。

（三）互联网金融发展对互联网保险的启示

当前发展程度较高的互联网金融模式，多是围绕银行的存贷、结算业务展开的，互联网金融在保险业的实践还处于保险互联网化阶段，但新的业务模式、新型创新产品已经开始不断孵化和涌现。保险是金融行业的三大支柱之一，通过对互联网金融的模式和内在动因的研究分析，保险业同样可以得到借鉴和启示。

一是借鉴银行业互联网化的发展，保险业积极建设官网，将传统保险业务的销售流程线上化，特别是标准化的产品，例如车险、家庭财产险、旅游意外险等，取得良好的销售业绩，降低经营成本，提升保险的社会认知度。另外，借鉴网络银行形式，成立没有实体网点的互联网保险企业，以众安在线为代表，专注于网上风险需求的挖掘和保险创新，突破传统保险的地域限制和线下服务传统，丰富互联网保险经营的内涵。

二是注重长尾客户群。在传统金融模式中，小微企业和个人用户的金融需求难以满足，传统金融的门槛高，但互联网金融打破了这一局限，长尾市场（草根群体）的金融需求得以满足。在保险业，传统保险模式注重团体大客户业务，个人分散性业务得以发展也主要依赖于车辆的普及带来的车险增长。互联网保险可以聚焦长尾市场，充分利用互联网传播快、成本低、聚合效应强的特点，服务于长尾客户群的风险管理需求，有力地彰显保险业的普惠性特征。

三是加快碎片化、场景化产品研发和推广。在互联网金融领域，金融碎片化发展成为趋势。互联网金融充分利用客户零散的资金，碎片化的时间积少成多，实现规模效应，成为金融业新的业务领域和利润增长点。保险业应顺应金融碎片化趋势，结合客户行为，通过场景化、碎片化的产品研发和推广，不断拓展保险新型业务领域，拓宽保险覆盖面。

四是以大数据、云计算、车联网、可穿戴设备等新技术加强信息采集和分析，提升风险管理水平。数据的整合与处理是互联网金融模式不断丰富的基础。保险业掌握了海量的客户数据，特别是在风险数据的采集和处理上有巨大优势。随着互联网平台信息广度、深度的不断扩展，信息挖掘技术和水平不断提升，将使得风险识别和定价过程得以快捷完成，并为网上精准营销和个性化定制服务提供数据支撑。

二、中国互联网保险的实践与探索

对于中国保险业来说，在过去二十年，随着互联网的兴起，互联网保险业走过了从探索、实践到蓬勃发展的历程，呈现出旺盛的市场生命力。

这二十年互联网保险的发展历程可以划分为三个阶段：长达十年之久的萌芽期、突飞猛进的探索期、正在经历的全面发展期。

（一）中国互联网保险发展历程

1. 萌芽期（1997—2007 年）

1997 年，中国首个面向保险市场和保险公司内部信息化管理需求的专业中文网站——互联网保险公司信息网成立。同年 11 月，该网站促成了第一张网销保单，标志着中国保险业迈入互联网之门。2002 年，中国人保电子商务平台（e-PICC）正式上线，用户不仅可以通过 e-PICC 投保中国人保的车险、家财险、货运险等保险产品，还可以享受保单验真、保费试算、理赔状态查询、咨询投诉报案、风险评估、保单批改、保险箱等一系列实时服务，标志着保险业互联网化进程的开始。2004 年《中华人民共和国电子签名法》颁布，给保险业带来新的发展机遇。

这一时期的市场特点是市场环境和技术条件尚不成熟，网购习惯尚未在市场上形成。保险官网更多发挥的是产品宣传和企业门户的作用，保费收入规模很小。

2. 探索期（2008—2011 年）

随着国内电商市场的发展和一批电商企业的兴起，特别是消费者网购习惯的养成，互联网保险开始出现市场细分，保险公司、保险中介、电商企业分别从不同方向发力，争相进入互联网保险市场。在这种形势下，各保险公司开始加强电商部门和团队的建设，实现由网站建设向电子商务的转变，淘宝保险、网易保险频道、慧择网、优保网等一系列跨界主体大批进入市场。

这一时期的特点是互联网保险的重要性已逐步显现，战略地位不断提升，市场主体对于互联网保险的作用认知不断清晰，各主体纷纷试水互联网保险。

3. 全面发展期（2012—2013 年）

2012 年保险官网的电商业务开始快速增长，第一批 19 家企业中介网销获得批准。2013 年，部分中小型保险公司借助淘宝、京东等第三方平台进入市场，中国人寿等险企相继成立自有的电商公司；同年 10 月，第一家纯互联网保险公司众安在线财产保险公司成立。

这一时期的特点是各险企综合运用官方网站、保险超市、门户网站、O2O、第三方电子商务平台等多种方式开展互联网保险业务。市场主体对于互联网保险战略重要性的认识高度一致，互联网保险成为市场竞争焦点。

（二）中国互联网保险发展特点

经过近二十年的发展，目前我国互联网保险市场已具备相当规模，并呈现以下特点：参与主体不断增加、经营模式多样化、产品种类日益丰富等。

从参与主体看，目前我国互联网保险的参与主体主要包括保险公司、专业代理公司、门户网站、兼业代理、O2O 平台、电商平台等。以保险公司为例，截至 2013 年，我国经营互联网保险业务的公司有 60 家，占全行业 133 家产寿险公司的 45%，其中人身险公司 44 家，占比 73%；财产险公司 16 家，占比 27%。

从经营模式看，主要有五种：一是官方网站模式，以中国人保、平安、太平洋、中国太保等大中型保险公司自有的官方网站为代表；二是第三方电子商务平台模式，如淘宝保险频道、京东保险频道；三是网络兼业代理模式，如携程网、优保网；四是专业中介代理模式，如中民保险网；五是专业互联网保险公司，如"三马"（马云、马化腾、马明哲）成立的众安在线财产保险公司。前四种模式体现出的是保险互联网化的进程，而众安模式中，互联网的属性更强，互联网保险的特征更显著。

从产品创新看，除了最初的传统保险产品不断上网销售外，各种顺应互联网时代消费者消费特点开发的产品也不断涌现。下文选取淘宝退货运费险、网络游戏虚拟财产保险、酒店预订取消险等三款典型产品进行简单介绍和分析。

淘宝退货运费险主要是通过保险机制的介入，覆盖网上交易产生的售后退运费损失风险。2010 年 11 月，该产品由华泰保险公司推出，并在淘宝平台正式销售。自上线以来，由于投保方便、保费便宜、理赔简单和迅速等优点，很快受到消费者的广泛欢迎。

网络游戏虚拟财产保险是指投保人将在游戏中的装备、游戏币、游戏号等资产作为保险标的，当发生损失时，保险人根据保险合同以及损失情况进行赔付的险种。2013 年，中国人保财险与国内最大的网络游戏装备交易平台 5173 网站合作上线推出了网络游戏虚拟财产保险，游戏玩家可以在交易过程中同时购买该产品，并获得风险保障。据统计，我国网游玩家超过 5 000 万人，因此网络游戏虚拟财产保险具有广阔的市场前景。

酒店预订取消险针对客户预订酒店后由于各种主客观原因无法入住酒店，面临预付房费损失的风险这一特定场景，为客户提供预付款赔偿保障，并借助携程、艺龙等大型旅行网站平台，在客户预订酒店时搭售此险种，实现场景化销售。2014 年初，中国人保财险携手艺龙旅行网推出酒店预订取消险，并取得了良好的销售业绩。

上述三类典型互联网保险产品的创新和销售历程，充分体现了互联网金融的核心元素，体现出典型的碎片化、场景化、定制化、人性化的特征。

一是面向长尾市场，利用互联网，填补传统模式难以覆盖的风险领域。例如淘宝退货运费险，由于单均保费低廉，传统模式交易成本过高，风险难以覆盖。

二是面向互联网催生的新型风险需求。例如网络游戏虚拟财产保险，作为典型的互联网产物，其保险标的的价值在传统模式下无法确定，属于典型的不可保风险，但随着网络技术的发展和交易撮合平台的出现，其价值可以衡量，其风险可以界定，也为保险创新提供了土壤。

三是数据技术基础要求高。淘宝退货运费险的定价和理赔需要淘宝平台的交易行为数据作为支撑，网络游戏虚拟财产保险的理赔需要 5173 网站运营团队的技术审核，从而规避程序漏洞和道德风险。

四是场景化、碎片化的交易嵌入特征明显。淘宝退货运费险的购买嵌入在淘宝平台商品交易环节；酒店预订取消险的销售需要依托大型旅游类网站，将其销售过程嵌入到旅行产品的购买环节中。

五是提升客户体验，体现出定制化、人性化特征。在销售时，客户可以不受时空限制，实时定制适合自己的产品。在理赔时，无须提供更多的资料证明，便可获得全流程方便快捷的赔付。

（三）中国人保财险的互联网保险发展实践

中国人保财险作为中国最大的非寿险主体，在互联网大潮中，主动顺应市场，对接客户需求，拓展服务领域，创新服务手段，在互联网保险发展上作出了一些积极的探索和实践，也取得了较好的发展成绩。

2002年，中国人保打造并推出的电子商务平台（www.e‑PICC.com.cn）正式上线；2005年4月1日，随着《中华人民共和国电子签名法》的正式实施，中国人保财险推出国内首张具有法律效力的电子保单；2006年10月，人保财险推出手机投保服务；2009年2月26日，中国人保财险率先在业内成立人保财险电子商务中心。中国人保财险基于未来保险业竞争格局，将发展保险电子商务上升到公司战略的高度，并提出了要"打造保险电子商务第一品牌"的目标。

在运营管理方面，集中运营管理，发挥O2O合力。充分利用人保财险广泛的品牌影响力和遍布全国城乡的机构网络优势，确定了总部集中管理、省级区域推动、地市落地服务相结合的运营管理模式。

在产品研发和推广方面，积极对接客户需求。除了主推深受客户欢迎的交强险和商业车险产品，上线意外险、旅游险、家财险、责任险、货运险等标准化程度较高的非车险产品外，还在组合型产品开发、碎片化产品研究，以及创新型产品方面取得了较好的成效，如"美满E家"组合型非车产品在第七届"中国保险创新大奖"评选中获得"最佳产品组合奖"、国内首款网络游戏虚拟财产保险产品荣获2014年十大"优秀文化金融合作创新成果"奖、酒店预订取消险在第九届保险创新大奖评比中获得"最佳财产保险产品"奖。

在发展模式方面，除了利用电话、公司官网开展保险业务外，中国人保财险积极开展与第三方网站、社会化媒体的合作，不断丰富业务模式，主要体现在四个方面：一是积极打造以公司官网为内核，集手机官网、APP、微博、微信等为一体的立体化销售网络；二是与电商平台开展合作，借助电商平台的客户入口优势，多渠道获取客户资源，如淘宝天猫旗舰店、网易保险在线等等；三是与垂直类网站合作，为特定消费群体提供专属保险产品，例如中国人保财险在 2013 年 5 月与 5173 网站合作推出的虚拟设备交易保险；四是与微信、易信、支付宝钱包等社会化媒体平台进行合作，利用其平台资源和属性维护客户关系，促进产品销售。

在客户服务方面，依托公司系统内遍布全国的机构网点，为客户提供打单、配送、理赔、争议处理及各种增值服务。同时，不断完善网站功能，提供在线支持，优化客户体验，推出了 24 小时在线客服、承保理赔自主查询、电子保单、在线支付、网上询价、一键续保等多项方便客户的举措，有效提升了服务效率，提高了客户黏性和客户满意度。

通过五年多的发展，中国人保财险的电子商务运营管理模式逐渐清晰，产品研发能力明显增强，发展模式不断丰富，客户体验不断提升，市场份额不断超越，已发展成为公司分散性业务主渠道和个人业务重要增长点。

三、互联网金融发展对保险业的影响

互联网金融的发展，其核心驱动力是以客户为中心，实现金融"脱媒"带来的交易成本的降低和交易效率的提高，进而为客户创造更大的价值，为客户带来最好的体验。互联网金融商业模式的兴起促使保险公司从经营保险向经营客户转变，为保险业的发展带来了新的机遇，互联网金融催生的新型业务模式也为保险业带来了风险和挑战。

（一）互联网金融为保险业带来新的发展机遇

1. 互联网保险的发展将进一步拓宽保险业深度与广度。一是互联网的传播特点有利于提升保险认知度。互联网具有信息传播速度快的特点，自然、社会各类风险事件在网上迅速传播，将极大地提升老百姓的风险意识。在商业场景驱动下，更多的保险需求将被催生。二是虚拟生活、虚拟交易以及网络安全等新型风险需求不断被激发，为保险业的发展创造了新的蓝海领域。三是保险覆盖面更为广泛。以小额碎片化保险产品为例，在传统模式下，保险企业出于成本等因素的考虑难以销售某种产品，但通过互联网销售途径，这类风险需求可以得到满足。

2. 互联网保险的发展将深刻改变保险业销售经营模式。一是互联网直面客户、直面需求的特点，有助于保险业真正建立"以客户为中心"的销售服务理念，真正实现从传统的业务驱动向客户驱动的转变；二是销售行为不断网络化和网上集中，将改变传统保险业的熟人销售模式，并推动线下销售人员向服务职能的转型；三是互联网保险简化销售链条，减少中间环节，有利于行业经营成本的降低，还利于百姓，更好地服务经济社会；四是互联网保险的直销属性将带来保险业去中介化浪潮，有利于保险主体掌握核心客户资源。

3. 互联网保险的发展将推动保险业经营管理能力的提升。一是互联网新技术在保险销售、服务各环节的广泛应用，有利于保险主体进一步提升服务效率，降低服务成本；二是大数据的应用，将极大地提升保险业的风险选择和管理能力；三是互联网保险进一步简化了客户需求—产品开发—市场投放的链条，来源于客户需求的销售和服务将带动保险业创新能力的快速提升。

4. 互联网保险的发展将更有力地保障消费者权益。一是互联网保险具有信息对称、透明，报价精准的特点，客户能及时了解保险条款、权利、义务、服务等信息，将极大地规避消费误导行为；二是互联网保险开放、分享和普惠性的特点，有利于消费者对于保险业的认知和理解，而保险消费经验的广泛分享与传播，将反向刺激行业整体服务质量的提升；三是互联网平台让消费者可以主动参与并自主管理，有利于保险主体建立与消费者之间的信任与黏性，进而建立良好的行业秩序，提升保险行业形象与影响力。

（二）互联网金融给保险业带来的挑战

1. 互联网企业跨界渗透带来的挑战。一是电子商务企业凭借巨大的用户流量以及人气积累带来的数据资源，在与保险企业的合作中占据有利地位。二是目前的金融分业监管模式以及监管制度尚不健全，对于电子商务企业跨界销售尚未形成有效约束，存在监管套利风险。

2. 互联网众筹模式对于传统保险生态的挑战。目前，市场上已经出现利用互联网众筹模式开展互保的保险形态，如抗癌公社（www.kangaigongshe.com）。抗癌公社成立于 2011 年，网民可以自由、免费加入抗癌公社成为社员，凡加入抗癌公社的正式成员，一旦罹患癌症，每一位公社成员都有义务为其进行小额捐款，筹集不超过 30 万元的治疗和生活费用。2014 年 5 月 13 日，中国保监会发布了《相互保险组织管理暂行办法（征求意见稿）》。据了解，目前抗癌公社的负责人表示要推动成立互联网相互保险公司。抗癌公社的兴起充分体现了互联网金融的众筹属性，金融属性更低，"脱媒"更彻底。虽然其在成员行为规范、道德风险防范、责任风险界定，以及保障约束力等方面存在欠缺，但是仍被看作是一种用互联网重新定义下的对保险的颠覆性创新，将对传统商业保险的经营领域带来冲击和挑战。

3. 对保险企业核心竞争能力的挑战。互联网客户保险需求的个性化特点，对于保险企业的产品创新研发能力提出了挑战。大数据技术的发展和客户个体行为的研究，对于保险业的数据整合能力和风险定价能力提出了挑战。客户信息的大量交互使用，对于保险企业合规使用客户信息，并确保客户信息安全提出了挑战。线上品牌影响力正在改变消费者的品牌认知，传统品牌探讨如何加快在互联网的渗透和传播，对于保险企业形成挑战。

4. 对传统的经营管理理念形成了挑战。传统保险企业在市场应对方面，注重风险管控，强调逐级审批流程，但在与互联网竞争时往往应对迟缓；传统保险企业普遍存在创新活力不足问题，如何在创新机制上，建立容错、开放的创新文化，打造开放、平等、协作、分享的互联网精神值得保险业深思；保险业由于保险消费属性特征，客户黏性不足，要发展好互联网保险，需要立足保险主业，加快整合上下游产业链，加快打造互联网保险生态圈。

5. 对于保险业监管秩序形成了挑战。区域属地监管是保险业监管的重要内容，但互联网的无边界化对传统监管模式带来了冲击，近期保险监管部门也释放信号，将针对线上全流程（承保理赔均在线上进行，线下服务依赖度小）的产品，适度放开区域监管限制；除了线上全流程产品外，保险对于线下服务能力依赖度仍较高，线下服务能力不足，将造成客户权益无法保障；目前，大量的电子商务平台如淘宝网、网易等均与保险主体合作销售保险产品，在销售过程中，电商平台深度介入，造成保险产品的销售主体难以认定，有监管套利风险，需要监管部门加强研究，规范销售行为。

四、互联网保险业的前景展望与意见建议

（一）互联网金融趋势下的保险业发展前景展望

互联网金融的兴起与发展带给保险业的是围绕"以客户为中心"理念的模式探索和竞争，而这种模式必将贯穿于行业未来的发展之中。保险业将顺应互联网金融的发展趋势，不断丰富商业模式，对接客户需求，切实服务民生，开拓保险蓝海领域，带动保险业的升级转型，为社会经济发展提供更全面的保障。

1. 良好的政策环境将推动互联网保险加速发展。2014 年 8 月，国务院发布《国务院关于加快发展现代保险服务业的若干意见》（"新国十条"），明确了对互联网保险发展的支持，指出要鼓励保险产品服务创新，支持保险公司积极运用网络、云计算、大数据、移动互联网等新技术促进保险业销售渠道和服务模式创新。这表明以信息网络新技术为支撑的保险电子商务将越来越得到政府重视和相关政策支持，将为保险业的发展营造良好的政策环境。

2. 顺应趋势，主动迎接保险商业模式的转型和升级。国内网上交易和零售电商化是大势所趋，年轻消费者的网购消费习惯已经养成，移动互联对于传统消费流程的改变方兴未艾，客户对于保险产品的需求和所能享受到的服务也逐渐向定制化、多元化、自助化转变。保险业应充分借鉴电子商务的经营模式，拥抱互联网，助力保险业商业模式的转型和升级。

3. 聚焦互联网业务新生产品需求，开拓保险蓝海领域。随着互联网技术的发展和对生活方式的加速渗透，购买、交易行为不断向网上转移，老

百姓对于风险的认知度、对于保险的认可度都将显著提升。通过互联网，更多风险被认知，更多的保险需求被催生，保险业的社会影响力将快速提升。各保险主体将积极挖掘相关市场需求，不断提升新产品研发能力，加快对接客户需求，切实服务民生。

4. 加强新技术应用，推动保险运营管理能力全面提升。通过电子商务新技术的广泛应用，有效带动保险业经营服务成本的普遍降低，广泛使用大数据技术，开展客户行为分析，以客户分群提升保险业的风险选择和管理能力。

（二）互联网金融趋势下的保险创新发展建议

互联网保险为保险消费者带来了便利、自主、透明等诸多好处，是保险业顺应时代发展的必然选择，是维护客户权益、发挥社会价值的必然要求。互联网保险的发展必将为社会及民生创造更多的价值。互联网保险的健康可持续发展，离不开监管部门的正确引导，离不开各市场主体基于行业长远利益考虑作出的理性决策，离不开国家的顶层设计和战略规划。具体建议如下：

1. 从监管层面支持、鼓励互联网保险创新发展

一是鼓励创新发展，增强保险业的影响力，拓宽其覆盖面。建议监管部门在互联网领域继续加强对创新的支持，在不违反监管原则的前提下，对于互联网保险产品、销售模式、服务衔接等方面的创新举措继续予以支持和鼓励。

二是出台指导意见，引导行业互联网业务的健康发展。互联网保险的健康发展，需要保险监管的互联网思维。建议尽早出台互联网保险业务发展的指导性意见，完善和修改一些不适应互联网保险业务发展要求的监管政策，鼓励互联网保险的创新发展；在监管上以客户为导向，贴近互联网消费特点，贴近客户消费体验。

三是创新管理思路，建立互联网保险的负面清单机制。中国（上海）自由贸易试验区实施的负面清单管理模式可为互联网保险监管提供参考和借鉴。建议监管部门对互联网保险的不可行模式进行界定，清晰列明企业不能经营的领域和业务，把管理重心由事前监管转向事中、事后监管，激

发企业的经营活力，带动互联网保险业的开放与繁荣。

2. 加快推动构建行业电子化发展环境

一是依托我国《电子签名法》，形成保险业的补充配套机制。我国《电子签名法》于 2004 年颁布，确认了电子签名签署的电子文件的法律效力，但实施中相关配套细则不够完善。建议相关部门进一步协商配合，补充完善信息流知识产权、信息监管、资金流电子支付、电子发票、网上银行与物流方面的所有权凭证转移的配套规章和司法解释，并统一规范电子签名的认证。同时，建议多部门协同推动各行业相关法律的修订，以与我国《电子签名法》衔接，为互联网金融的发展营造良好的环境。

二是加强行业协同，实现保险业电子化推广应用。我国《电子签名法》已颁布数年，但与保险法仍未实现有效对接。建议监管部门对投保人签字电子化的法律效力予以明确，并带领全行业各机构加大对电子保单、电子签名、在线支付、电子发票等新技术应用的推动力度，以切实发挥互联网保险的便捷、透明、低成本优势，并建立和完善网上反洗钱内控制度，降低洗钱风险。

3. 加强行业自律，保护消费者权益，提升保险业整体形象

一是聚焦消费误导，维护行业的整体形象和声誉。互联网保险销售模式在保险条款、费率上透明化，避免了选择性宣传等传统的消费误导行为，但由于互联网信息传播碎片化、速度快、受众广的特点，一旦形成消费误导，极易造成恶劣影响。建议结合互联网渠道传播的特点，制定相应的产品和服务规范，加强对信息披露和风险提示的治理，避免给客户带来保险消费认知的偏离，影响行业健康发展大局。

二是加强行业自律，规范互联网保险销售行为。目前，对于互联网保险销售主体的监管规则不统一，存在对保险公司自有官网销售"严监管"与对第三方电子商务平台销售"宽监管"并存的现象，缺乏对第三方合作模式的规范，不利于消费者权益的保护。建议加强行业自律，制定统一的行业准则，规范保险公司与第三方的合作行为，包括合作模式、费用列支、关系界定等，引导公司履行社会责任，促进互联网保险产业更好地自律发展。

三是加强服务建设，切实保障消费者合法权益。消费者在网上购买保

险后，保险公司的线下服务能力和服务水平直接关系到消费者的权益。建议对于网上销售保险产品的保险主体、第三方网站等综合加强线上和线下服务能力的监管，以避免出现网销客户难以获得有效服务、消费者合法权益得不到保障的情况。

4. 切实发挥保险业的国民经济支柱作用，服务社会经济和民生

一是发挥保险业的信息数据优势，助力个人信用体系建设。个人信用体系的建设是个人信用经济发展的保障，是互联网技术深入推动社会经济发展的基础。保险业作为与个人生活行为密切相关的行业，积累了贯穿客户生命周期的大量个人行为数据。建议相关部门将保险业纳入我国个人信用体系之中，弥补个人信用体系的数据空白，提升信用业务判断的科学性和准确性。同时，保险行为数据的加入也将反哺保险业，提升保险风险定价能力，还利于百姓。

二是发挥保险业的风险管理优势，助力国家公共安全和救援体系建设。随着险企对于数据的重视和互联网保险用户规模和深度的增加，互联网保险的大数据、云计算将在保险风险管控中得到广泛应用，推动保险业从事后补偿走向事前预警。建议相关部门将保险业纳入公共安全和救援体系建设，充分利用保险业大数据预警职能，发挥保险业防灾防损、损失补偿职能，发挥保险业专业优势，加强国家对巨灾、大风险的预测及防范，为社会民生作出更多的贡献。

大数据时代的金融征信业

全国金融青联第三跨界别课题组[①]

一、金融征信概述

（一）金融征信内涵及国内征信行业发展概述

1. 金融征信内涵

随着我国市场经济的不断发展，全社会已充分认识到建设社会信用体系对维护经济正常秩序、优化资源配置的重要意义。所谓社会信用体系，就是为促进社会各方信守信用承诺而进行的一系列制度安排的总称，包括信用信息的记录、采集和披露机制，征信机构和市场安排，监管体制，宣传教育等各个方面。

广义的社会信用体系涉及政府诚信、商务诚信、社会诚信、司法公信等众多领域，而在市场经济中，社会信用体系尤其在经济和金融领域发挥着不可或缺的作用。

征信体系建设是社会信用体系建设的重要内容和核心环节，是实现社会信用管理的必要手段，其目的在于使失信者受到惩戒，使诚实守信者得到保护和激励，由此降低交易中信息不对称的程度，从而约束社会各经济主体的信用行为。

---

① 课题组组长：尹岩武，全国金融青联常委，中国银河证券股份有限公司资产管理业务线总监兼银河金汇证券资产管理有限公司董事长。课题组主要执笔人：张翔，银河金汇证券资产管理有限公司风险管理部高级经理。课题组联系人：栗捷，中央金融团工委青联统战处处长、中国民生银行团委副书记。

征信体系服务对象包括金融借贷市场、商品交易市场、人才市场等。其中，金融征信是极为重要的子领域，主要是解决信贷市场信息不对称问题。

征信机构是依法设立的、专门从事征信业务即信用信息服务的机构，包括信用信息登记机构、信用调查机构、信用评分机构、信用评级机构。其中，信用评分主要针对个人、小微企业、中小企业，评分方法主要依据数据计量；而信用评级主要针对大型企业、国家等规模主体，采取的是定量、定性相结合的方法。目前，我国的征信机构主要监管部门为人民银行。

2. 国内征信行业发展历程及现状

国内征信行业的发展大致可分为四个阶段。

（1）20 世纪 80 年代至 1993 年征信行业迅猛发展。20 世纪 80 年代后期，伴随着国内经济的发展，经人民银行批准，在一些大中城市成立了一批资信评估公司。不过，个人征信尚未发展起来。

（2）1993—2003 年征信行业落实规范。政府对征信市场的某些混乱情况进行了整顿，征信服务行业发展明显降速。其间发生的 1997 年亚洲金融危机使得金融业对征信的重视程度明显提高，银行开始发展内部评级。此外，个人征信也成为征信的重要组成部分。

（3）2003—2013 年明确征信管理主体部门。2003 年明确人民银行负有"推动社会信用制度及体系建设，规范和促进信贷征信业的健康发展"的职责。2003 年 11 月，人民银行成立征信管理局。在此十年期间，我国征信市场初步形成，征信管理逐步加强和规范。

（4）2013 年 3 月进入征信法制建设阶段。2012 年 12 月国务院常务会议通过了酝酿十年之久的《征信业管理条例》，该条例自 2013 年 3 月 15 日起施行。征信业从此结束了无法可依的时代。

就国内征信业发展现状而言，被国务院赋予管理信贷征信业职责的人民银行在行业中发挥着举足轻重的作用。早在 2004 年，人民银行就建成了全国集中统一的个人信用信息基础数据库；2005 年，银行信贷登记咨询系统升级为全国集中统一的企业信用信息基础数据库。此后，以人民银行征信中心为主体的征信市场发展迅速，人民银行征信数据的范围、数量、质量、应用广泛程度均在逐步提高。目前，人民银行征信数据在银行等传统金融机构的信贷业务中应用十分广泛，在行业中占据绝对优势。

（二）国内外征信环境比较

1. 法律基础

从欧美等国的成熟征信市场来看，基本上已形成较为完善的信用管理法律体系。美国立法出发点在于促进行业发展，故采用了专门立法模式，1970 年颁布的《公平信用报告法》是首部针对个人信用报告业务的法律。除该主体法之外，还有《平等信用机会法》等关联法。欧洲大多数国家侧重于个人数据保护，并没有为征信单独立法，征信只是个人数据保护法的规范对象之一。

我国借鉴了美国的专门立法模式，于 2013 年颁布了行业主体法——《征信业管理条例》。不过，整体而言，国内征信管理相关法律建设仍然较为落后。《征信业管理条例》属于行政法规级别，法律层级不足。此外，我国还缺乏个人和企业信息保护、征信机构市场准入、信用评级管理等相关规章，而且也亟需针对互联网金融等新兴行业的特征制定规范性文件。

2. 征信机构主体性质

按照市场上主要征信机构的性质区分，各国征信机构有如下三类：公共征信机构、市场型私人征信机构和行业协会型私人征信机构。欧洲多数国家以公共征信机构为主体，而美国采用的是市场主导模式。日本则属于行业协会型的典型，日本银行个人信用信息中心、日本个人信用信息中心和 CIC 信用信息中心"三足鼎立"，这三家个人征信机构分别由日本银行家协会、日本信贷业联合会、日本信用产业协会成立。

由于征信主体性质上的差异，各国的征信市场运行特征有所不同。表 1 对比了公共征信机构与私人征信机构的不同特征。

表 1　　　　　　　　公共征信机构与私人征信机构对比

	公共征信机构	私人征信机构
主要职能	金融监管	为金融授信机构服务
信息采集	成员机构强制加入，强制报送数据	在自愿基础上，基于合同进行信息采集
数据情况	数据类型相对单一	数据类型多样，相对更为微观
服务特点	服务品种相对较少	服务品种多，效果好
收费模式	免费或较低收费模式	根据具体服务要求，按服务合同收费

3. 征信机构监管模式

美国采取多元监管模式，欧盟采取专业监管模式，而亚洲则采取中央银行主导下的"培育＋监管"模式。

以美国为例，美国的征信监管部门主要分为两类：一是金融相关的政府部门，主要包括财政部货币监理署、联邦储备系统和联邦储备保险公司，主要负责监管金融机构的授信业务。法律一般指定联邦储备委员会和财政部货币监理署作为执法机关。二是非金融相关的政府部门，主要包括司法部、联邦贸易委员会和国家信用联盟总局等，主要规范征信业和商账追收业。联邦贸易委员会是美国监督管理的主要部门，主要负责征信法律的执行和权威解释、推动相关的立法等。

4. 发展阶段对比

目前，我国已经初步建立了全国范围内的企业及个人信用报告体系，但与发达国家较为健全的信用环境相比，仍有较大差距。

就发达国家而言，信用环境十分发达，"信用就是财富"的观念潜移默化于企业与大众的各类商业活动中。由于征信数据标准化，且西方文字易于识别，数据质量较高。征信体系涵盖了全方位信息，信用评分也得到广泛认可。

就国内而言，信用体系与信用环境仍不完善，信用记录对于企业和人群的覆盖率偏低。在数据处理上尚未标准化，而且中文处理也存在一些特殊性，因此数据质量不高。从征信服务来看，所涵盖信息范畴有限，而且征信体系接入也存在种种限制。

（三）大数据时代国内征信行业的创新尝试

与其他金融服务业类似，金融征信近年来开始出现创新发展的态势。这主要基于以下两方面原因。

首先是小微企业融资需求的增加和个人消费信贷的活跃。在政策扶持下，个体工商户、小微企业逐渐活跃，因而金融市场上的资金供给方向小微企业下沉。与此同时，政府开始注重居民消费对国民经济的带动作用，十八大报告提出"收入倍增计划"进一步提振了居民消费信心，因此个人消费信贷愈发活跃。

其次是互联网在经济中的全面渗透为发掘大数据价值创造了条件。互联网技术正在席卷各个传统领域，越来越多的信息被数据化，而且技术进步使得数据的存储、分析和运用都更为便捷。在此背景下，原本就立足于信息收集的征信业有了如虎添翼的工具。

可以看到，在以人民银行征信中心为核心的现有征信市场环境下，市场上越来越多的私人部门进入到征信市场中，并借助大数据、云计算、移动互联等全新技术，展开信用服务的多种创新尝试。这在个人征信市场上表现得尤其突出。

具体来看，在征信中心之外，还有三类活跃的机构：数据运营商、征信服务公司和大数据整合征信机构。

1. 数据运营商：数据运营商作为金融市场上的数据拥有方，其主要服务是提供数据，实现征信数据的扩展和外延。

2. 征信服务公司：凭借其专业的信用调查能力，提供全面或者个性化的征信服务。

3. 大数据整合征信机构：此类机构在数据整合上具备优势，但其并不满足于做数据提供方，而是通过对数据的深入挖掘，试图介入信用评分或评级领域。

二、国内征信机构类型及案例分析

征信机构从职能定位上可区分为信用信息登记机构、信用调查机构、信用评分或评级机构，而我们依据各类征信或"准征信"机构的竞争优势，将其区分为平台型机构、服务型机构和数据型机构。这些机构均在凭借自身优势，为抢占征信市场先机而积极开拓。

平台型机构主要是依托自身经营过程中的数据收集优势，拥有海量的生态圈数据；服务型机构突出信用调查服务，依托专业信用调查能力，以线下服务为主；数据型机构为数据优势部门或公司提供第三方数据接入服务，同时进行大数据整合，开展数据预测及信用评分业务。

下面简要分析各类机构运营特征并举例加以说明。

（一）平台型机构

1. 运营特征

平台型机构以交易撮合服务平台或信息发布平台为主要代表，自身拥有大量客户交易信息或需求信息数据，数据取自自营服务数据，如电商平台的交易数据等，代表企业包括阿里巴巴、京东和58同城。

平台型机构在各自发展中已形成差异化路线：一类是自营金融服务，典型代表是自营信贷业务的各家电商企业，如阿里及京东；另一类是合作金融服务，典型代表如58同城与亚洲联合财务的合作。

从发展趋势来看，部分平台型企业希望向征信机构方向转化，为金融企业提供信用信息服务。其信用信息服务的核心是数据交换，一方面扩大基础数据规模（客户范围超过了自营客户群），另一方面获取金融违约信息，由此在优化信用信息服务的同时，也能够优化自营贷款。不过，这也可能引发"既做裁判员又做运动员"、缺乏独立性的顾虑。

2. 案例分析：阿里芝麻信用

芝麻信用是基于个人消费者及小企业互联网大数据的一系列信用评估产品，可解决社会交往、金融业务及商业交易场景中的身份可信性问题，同时帮助识别风险。芝麻信用系统包括芝麻评分、芝麻验证、风险名单库等服务。

虽然芝麻信用尚未正式上线，但据报道，包括利融网、投哪网在内的P2P网贷公司已经与其对接数据和服务。

阿里若将其3亿多实名个人、3 700多万户中小微企业数据整合进征信数据体系，不仅与官方征信数据库互补，而且也将显著提高我国征信信息覆盖率。

（二）服务型机构

1. 运营特征

服务型机构以信用评估、信用资讯服务为主要内容，按照金融信贷机构的要求，收集、分析、评估对象的信用数据及信用水平。其自身并不拥有客户信息和信用数据，或从第三方接入大量客户信息和信用数据，只是对评估对象展开有针对性的信息收集，核心能力在于风险管理经验下的评估能力，代表企业包括中诚信征信有限公司（以下简称中诚信）、北方中征征信咨询有限公司。

此类机构总体上属于信用调查机构范畴，其核心服务能力体现于定制化信息收集，实地上门以及基于定量和定性分析的评估。

从发展趋势来看，其服务可延伸至企业风险评级，甚至对地方政府和国家进行评级，也可进一步提升其实地服务，借助实地访问能力，提供跨地区甚至跨国家的征信服务，甚至可拓展至非征信领域。

2. 案例分析：阿里巴巴"诚信通"和中诚信

阿里授权中诚信对商家进行认证。通过中诚信的实地取证与商家认证，对申请阿里巴巴服务的会员进行"企业的合法性、真实性"的核实以及"申请人是否隶属该企业且经过企业授权"的查证。

对于阿里巴巴"诚信通"卖家而言，实地认证可以促进销量；而对于阿里巴巴而言，实地认证可以提升贷款的安全性。

（三）数据型机构

1. 运营特征

数据型机构属于信用信息登记机构，以收集、记录信用信息并提供查询服务为主要内容。其从第三方接入大量客户信息，数据采集渠道较为宽泛，包括目前炙手可热的互联网数据，典型代表包括人民银行、鹏元征信、百分点。

大数据对此类征信机构的业务带来以下重要影响：

（1）数据外延不断扩展。人民银行个人征信系统目前覆盖8亿多人，但仅有3亿人有历史信贷记录。而大数据的引入可以显著提升征信系统的覆盖率，为各类贷款类企业提供更全面的服务。

（2）数据形态发生变化。传统的征信系统主要收集结构化、单一化的数据，而在大数据时代，数据形态趋于多样化、碎片化、非结构化，对数据分析和价值提炼提出了很高的要求。

（3）刻画客户方式变革。过去对个人的信用评价主要基于教育程度、职业、收入、财产等固化的数据，而大数据使得我们可以用更为鲜活的方式来刻画客户，例如其日常消费偏好、社会交往、社交平台、兴趣爱好、健康状况等。

（4）向信用评分延伸。不再趋向于提供明细数据，而是借鉴国外成熟的信用评分模型，提供信用评分服务。美国有三大信用管理局提供信用评分，信用评分数据具备客观、一致、标准等特点，已得到市场公认，小型金融信贷企业直接使用评分展业。目前，人民银行也在做征信评分。

从数据收集方式来看，公共部门征信机构与私人部门征信机构存在明显差异。前者基于强制报送数据方式，数据来源包括金融信贷数据和公共事业部门数据。后者则采取更为市场化的方式，主要基于协议约定获取数据，在机构层面，可以获取公共事业部门数据、合作机构的信贷数据；在个人层面，可借助通讯信息、第三方支付平台、Cookie 等技术手段获取个人数据。

2. 案例分析：聚信立

聚信立的主要服务内容为收集消费者的真实互联网数据，然后把收集到的互联网数据进行交叉验证、深度分析，最后生成互联网资信证明供金融机构使用。

基于客户授权并主动提交信息，聚信立收集、整理、比对、分析，给出分析结果。聚信立收集来自 PC 端、移动端和申请端的信息，对各类数据进行交叉验证，确认信息真实性。更为关键的是，聚信立还基于互联网大数据及分析模型推测客户的还款能力和违约风险。

三、我国金融征信行业展望

（一）国内征信行业的发展现状及困境

1. 市场主体单一，新兴的"准征信"机构尚未正名

在征信市场上，人民银行征信中心占据绝对垄断地位。除此之外，上海资信、鹏元征信与安融惠众由于较早涉足征信系统建设，已成为第三方征信机构的主要代表。它们有一个明显特征——区域性，鹏元征信在华南地区尤其是深圳做得特别好，而安融惠众则牢牢占据北京地区。此外，它们也存在封闭性。它们都是从做企业征信起家，介入个人征信市场的时间

稍晚，往往只能够囊括会员企业的客户数据，覆盖面不够且不与同行共享，因而不能很好地解决借款人在多个平台重复借贷的问题。

虽然人民银行已经发出首批第三方企业征信牌照，但个人征信牌照的颁发没有明确的时间表。"准征信"机构，或其他信息采集相关机构，如百分点、聚信立等尚无征信牌照，信息采集、使用的规范性受到限制。

2. 公共征信机构对众多金融机构的业务支持能力受限

受限于运营成本、技术能力、数据规范性等多方面因素，现有的人民银行征信体系对于大量涌现出的小贷公司、P2P 公司等的征信信息收集及查询需求支持非常有限。

全国 6 000 家小贷公司中接入企业征信系统和个人征信系统的分别只有 255 家和 156 家。小贷公司和担保公司接入人民银行征信系统后，将采取间接查询方式，不同于商业银行的直接查询模式。

除小贷公司与担保公司外，村镇银行、汽车金融公司、资产管理公司、财务公司与金融租赁公司后续都将接入人民银行征信系统，但由于系统支持能力有限，全面满足社会需求恐怕还需要较长时间。

3. 个人征信领域的信息安全问题

2013 年初人民银行全国征信工作会议提出征信业发展和信息保护同等重要，将个人信息保护工作提升到新的高度，但个人信用信息的安全问题仍较为突出。

《征信业管理条例》、全国人民代表大会常务委员会《关于加强网络信息保护的决定》对信用信息采集和使用有明确规定，但在实践中，网络信息收集和使用的规范性有待细化。

（二）互联网技术及大数据发展下的征信行业展望

1. 征信市场主体多元化

《征信业管理条例》和《征信机构管理办法》的出台，明确了征信行业的游戏规则，对各类资本进入征信市场持开放的态度，使征信市场更具包容性，征信服务更具竞争性。预计未来征信市场主体将更加多元化，特别是随着阿里巴巴、腾讯等互联网巨头的加入，行业效率与服务水平将显著提升。

2. 数据处理技术的发展支持征信信息高效运用

数据处理技术的发展，使得海量的征信信息以不同的方式收集、存储、传输、共享，也使得更多金融机构可以更有效、更经济地享受征信数据服务。

直联模式与远程报送属于传统的数据处理模式，而目前业界已在探讨"云征信"的可行性。云征信是指金融机构并不将数据报送给云平台，而是开放标准查询接口给云平台。如果金融机构 A 发起查询请求到云平台，则平台向其他接入机构发起该申请客户的查询访问，汇总后向 A 机构返回查询结果，但不对该查询结果进行存储记录。云征信消除了数据提供方对商业隐私或利益的顾虑，同时可以化解数据中央集中式管理的潜在安全性风险，而且按查询效果收费的模式也解决了传统模式下不同体量平台的不公平问题。

3. 网络信息使用逐步规范

在大数据时代，越来越多的网络信息被应用在征信信息方面，但个人网络数据的保护尚未有明确规定。

2012 年 12 月第十一届全国人民代表大会常务委员会第三十次会议通过了《关于加强网络信息保护的决定》，对互联网信息的采集、使用进行了原则性规定，预示着未来对于网络信息的使用将逐步纳入监管范围，逐步进行规范。长远来看，大数据时代的征信业将在信息共享和隐私保护之间寻求一种平衡。

互联网金融支持实体
经济融资的路径与绩效

全国金融青联第四跨界别课题组[①]

第一部分 互联网金融概述

一、互联网金融的定义

互联网金融是指互联网与金融结合，借助互联网技术和移动通信技术实现资金融通、支付和信息中介功能的新兴金融模式。从参与主体看，狭义上特指作为非金融机构的互联网企业从事类金融业务，广义上还包括金融机构通过互联网从事的业务（也称金融互联网）。

互联网金融可以从参与主体、经营模式、业务种类三个维度分类。从参与主体看，互联网金融包括金融交易的买方、卖方和交易中介，客户群体覆盖政府、企业和个人等各类金融服务或金融产品需求者，经营主体包括传统互联网企业、新型互联网企业、传统商业企业、电信运营商等。从经营模式看，互联网金融包括平台型、中介型、综合型等多种模式。从业务种类看，互联网金融包括支付业务、融资业务、代理业务等；其中，融资业务包括P2P、众筹、电商小贷等直接融资，还包括银行网络融资等间

① 课题组组长：陈颖，全国金融青联常委，中国银监会银行监管三部副主任；朱健，全国金融青联常委，中国证监会上海监管局副局长。课题组主要执笔人及联系人：王恺，全国金融青联委员，中国证监会机构监管部检查三处副处长。

接融资。

二、互联网金融发展趋势

(一) 用户规模与商业创新的互相促进

互联网行业经过多年发展，已经形成了一套以用户规模为基础的独特商业文化，能够在最短的时间内积累用户规模的企业，就能够掌握市场主动权。在这种商业文化中，用户的价值得到了空前的提高，用户规模与商业模式创新之间的关系日益紧密。

在企业创立之初，一种能够有效满足用户需求的创新商业模式必然能够吸引到最大规模的用户。之后，竞争对手的进入和用户需求的进一步挖掘，迫使企业必须继续专注于商业模式的创新，进而形成了双向促进，用户规模与商业模式创新螺旋式交替上升。

(二) 服务及定价更加市场化

过去，用户只能被动地接受金融机构提供的服务，没有选择权，而现在，互联网蕴含的大量信息缓解了过去用户与金融机构之间的信息不对称问题，使用户有了更多选择，更加了解市场，互联网深刻地改变了用户以往的习惯。

在互联网背景下，用户在产生金融服务需求后，会先选择自行在网上收集信息，而后才会去找相应的金融机构咨询，主动权的变化使得金融机构未来必须改变思路，将现有的金融产品拆分成多个元素，让用户自行选择需要的元素，以满足其需求。同时，价格必须更加公开透明。

(三) 信用数据成为企业重要资产

目前，信用数据分布较散，没有统一的机构将其进行整合，导致企业所承担的风险和其所能获得的收益并不匹配，优势资源分布极不均衡。

未来，随着互联网金融对用户数据的进一步整合，全社会的数据壁垒有望打破，形成统一信用环境，使用户可以得到更好的服务。管好与用好用户的信用数据，将成为未来互联网金融企业的核心竞争力。

（四）传统金融与互联网的联系更加紧密

效率的提高、影响力的扩大，使相对保守的金融行业意识到互联网已经成为促进企业发展的重要助力。未来，传统金融与互联网的联系会更加紧密。

互联网金融正在探索构建一个更加和谐、高效的金融环境。能够在新环境里得到良好发展的企业，一是具备利用数字技术实现投融资需求自动对接的能力，降低人工成本；二是注重个性化、定制化的金融服务，注重长尾效应；三是提供的金融服务方案更清晰、更透明；四是最大限度地简化用户操作；五是能够降低用户参与互联网资金交易的门槛。

第二部分　互联网金融支持实体经济融资的路径

一、互联网金融融资路径的主要类型

（一）P2P

P2P 来源于互联网领域的 Peer to Peer，原意为对等计算，即通过直接交换来共享计算资源和服务，通过对等计算模型应用层形成的网络通常称为对等网络。具体来说，在 P2P 网络环境中，没有作为中枢的中央节点，彼此相连的计算机均处于平等地位，每台计算机既可以是网络服务的请求者，又对其他计算机的请求作出响应，彼此依存，共享、共建生态。在应用软件领域，比较典型的对等网络软件是下载类软件（如 BT 下载），在这种模式下，每个终端既是"下载者"，同时又是"上传者"，颠覆了以往通过中央服务器集中下载的模式，通过处于同一网络的各个终端的互相支持，极大地提高了效率。在网络融资领域，P2P 是指 "Peer－to－Peer Lending and Online Invest"，即"点对点（人对人）信贷"，也可称为 "Person－to－Person Lending"，是一种聚集小额资金借贷给有资金需求人群的商业模式，这种模式借鉴了对等网络的理念，简而言之就是"我为人人，人人为我"，实现了"去中心化"的互联互通。

人们普遍认为，该种借贷模式由 2006 年诺贝尔和平奖得主穆罕默德·尤努斯教授于 1976 年创立，也有学者认为这种模式类似于中国早期的"标会"借贷模式。

（二）众筹

众筹的概念来源于众包（Crowd Sourcing）和微型金融（Micro – finance）。2006 年 8 月，美国学者迈克尔·萨利文第一次使用了"众筹"（Crowd Funding）一词，同年 9 月，迈克尔·萨利文在维基百科中将其定义为：众筹描述的是群体性的合作，人们通过互联网汇集资金，以支持由他人或组织发起的项目。美国在 2012 年通过了《创业企业融资法案》（*Jumpstart Our Business Startups Act*，JOBS 法案），旨在放宽金融监管与便利中小企业融资。JOBS 法案增加了众筹的豁免条款，这一条款使创业公司可以向普通民众进行股权融资，从而为 Kickstarter 等众筹网站提供了制度支持。在中国，也有人将 Crowd Funding 译为云募资、密集型筹资、密集筹资、大众集资等，但众多翻译中，以"众筹"最为精练、准确。

众筹与 P2P 网络贷款的共同点主要在于两者的投资者均数量众多、单笔投资金额一般很小、投资者的投资回报一般无明确保障。

两者的区别主要在于：一是筹资目的一般不同。众筹项目筹资一般用于创意项目，P2P 网贷筹资用途则无限制。二是投资者投资项目的着眼点不同。众筹项目的投资者主要基于对项目发起人或项目创意前景的认可；P2P 网贷的投资者主要是基于对借款人信用及投资风险的综合评估，其并不十分关注借款人的借款用途。三是回报方式不同。众筹项目的回报可能是实物、服务或者货币，也可能没有任何回报；P2P 网贷项目的回报是货币，也可能无收益。四是投资者投资的流向不同。众筹投资者的一笔投资只会流向一个众筹项目，即投资者和项目发起人之间是"多对一"关系；P2P 网贷投资者的一笔资金可能只投向一个借款人，也可能被拆分而投向多个借款人，投资者和借款人之间可以是"一对一"关系，可以是"多对一"关系，也可以是"多对多"关系。

（三）电商小贷

电商小贷是指依托电商平台的业务数据与交易信用记录，由电商小贷公司依据借款人的信誉发放的贷款，借款人无须提供抵押品或第三方担保就可以取得贷款。其特点一是审批速度快，在电商购物过程中即可申请并实时发放。二是额度灵活，根据借款人的信用记录与资产状况，可配置相应的授信额度。三是有真实的交易背景，与支付流程紧密结合，商品物权转移在电商平台真实记录。

与P2P、众筹等融资路径不同的是，电商小贷的放款人一般均为有电商背景的小贷公司，由小贷公司筹集资金并安排放款，融资形式为间接融资。由于较好地适应了小微企业融资"小"、"短"、"频"、"快"的需求特点，这些新业务显著地增强了小微企业的融资便利。

（四）银行网络融资

银行网络融资是银行适应互联网时代信息化银行建设的要求，依托银行传统间接融资路径，融合互联网新技术，为借款人提供的多渠道、快速审批、随借随还等融资方式。其特点一是支持网上银行、手机银行、电话银行等多渠道受理借款人的融资申请。二是减少线下审批环节，借款人在线填写申请材料，通过互联网流转到银行信贷审批系统。根据借款人的信用状况与资产情况，系统可自动分配授信额度。三是融资模式灵活，部分贷款品种支持循环贷款、随借随还。

二、国外互联网金融的主要融资路径

国际金融危机后，欧美大型商业银行加强了对小企业融资的控制，小企业从传统商业银行获取资金的难度日益加大。在此背景下，专注草根服务的网络融资快速兴起，凭借其以下四个独特的经营特点，迅速占领了欧美部分信贷市场，并逐渐对传统的间接融资方式形成替代。

一是融资方式日益多元化。互联网技术的发展大幅降低了信息不对称程度和交易成本，推动了各类网络融资公司的兴起。P2P网络融资、众筹融资、基于票据市场的融资平台及供应链融资平台不断涌现，并且都获得了爆发式增长。这种以网络为虚拟中介的融资方式改变了传统以商业银行为中介的融资方式，参与主体更加多元化，各种类型的企业、个人及机构客户均可借助网络参与到融资中来。经营模式更加多样，以 Zopa 和 Lending Club 为代表的 P2P 网络贷款搭建了个人和小微客户直接融资的服务平台，以 Kickstarter 为代表的众筹融资创新了个人股权融资方式。相应的产品创新也逐渐增多，网上预付现金、分期付款、消费信贷、流水贷、基于供应链的抵押和担保贷款等网络融资产品不断涌现。

二是定价方式与期限选择更加灵活。为更好地满足小微企业和个人客户群体的金融需求，增强竞争能力，网络融资企业在金融产品和服务上更注重体现个性化和灵活性。在定价方式上，通常设定比传统银行更低的佣金和更高的存款利率，如 Zopa 对通过贷款审核条件的客户给予比传统商业银行优惠 20% 的贷款利率。在期限选择上，网络融资公司的借款期限非常灵活，可提供从 1 天到几年不等期限的借款，且发放速度大大快于传统商业银行。

三是风险防控机制日臻完善。目前，发达国家网络融资平台大多建立了良好的风险控制机制，通过严格准入和审查，建立风险准备金制度、风险缓释机制、赎回机制及加强监管来防范风险。在准入和审查方面，Zopa 对借款人进行严格筛选，同时考察借款人的信用档案及其未来还款能力。Lending Club 要求筹资对象信用记录达到一定分值，并对交易流程进行严格控制。在风险防控方面，Zopa 制定了独特的风险缓释机制，投资者可以将资金投给多个借款人以分散风险；建立了专门的风险准备金，以借款人支付的部分利息来补充风险准备金；建立了紧急赎回机制，投资者只需支取一定的赎回费用就可在 3～5 天后赎回资金。在监管方面，英国对 P2P 等新兴融资平台的资格准入、运营资本、信息披露、投资比例等都制定了较为严格的监管要求。

四是信用体系日趋完备。欧美等发达国家普遍建立了比较完善的社会信用体系，除由政府主导的征信机构外，不少民间机构也从事信用信息的收集、加工及信用查询和评估服务，这就给一些网络融资公司提供了大量信用数据来源，为其在客户资源和信息积累不足的情况下进行客户甄别提供了条件。此外，一些互联网金融服务平台也在通过各种渠道收集信息，如提供跨平台在线商家融资服务的创业公司 Kabbage，其商家信用数据不仅来源于交易平台，还来源于企业 Facebook 上的客户互动数据、地理信息分享数据、物流数据以及通过 eBay、Amazon 或者 Esty 的转化数据。

国外互联网金融主要的融资路径如下。

（一）P2P

从国外几家典型 P2P 网络贷款平台看，根据其业务运营模式，可进一步细分为单纯中介型和复合中介型两类。前者只单纯提供平台支持，不直接介入双方交易；后者除了为借贷双方提供平台支持以外，还提供诸如协助追款、报税、担保等服务。

1. 单纯中介型。Prosper 是单纯中介型 P2P 网贷模式的代表，其业务流程为：首先，借款人填写自己的姓名、邮箱地址、出生日期、家庭住址及电话号码、个人社保号等信息供 Prosper 审核及评级（评级为 AA 级、A级、B 级、C 级、D 级、E 级、HR 级）。其次，在 2009 年之前，Prosper 采用反向拍卖方式由贷款人通过降低利率来进行竞标，最低利率的竞标组合成贷款人，这一过程会在网站上持续，直到借款全部筹足或 14 天期满，对于 14 天内未能达到最低限度筹款要求的将不予放贷，申请可以从第一步再行开始。由于拍卖系统太难操作，经常需要很长时间才能筹措到所需金额。2009 年之后，根据美国证券交易委员会的要求，Prosper 给借款人提供了两个选择：继续使用现有的拍卖系统，或接受网站根据贷款风险提前设定的利率。实际操作中，大部分借款人选择了预先设置好的利率。2010 年，Prosper 取消了原有的拍卖模式，完全改为根据借款人违约风险提前设定好贷款利率。最后，在借款筹足后，资金被打到借款人账户上，然后由借款人按月还款，Prosper 从借款人支付的费用中直接收取手续费。其主要业务流程如图 1 所示。

在该模式下，Prosper 根据借款人的信息对其进行评级及确定利率水平，但不干涉借贷双方的交易过程，由其自主交易，只对借款人按每笔借款额的 1% ~3%、对贷款人按年总贷款额的 1% 收取服务费（见表 1）。

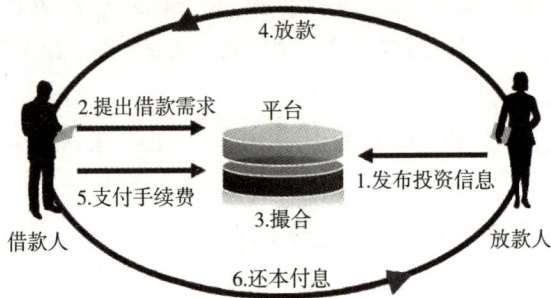

图 1　Prosper 平台信息与交易流程

表 1　　　　　　　　　　　　Prosper 公司业务发展数据

年份	借款额 （亿美元）	借款量 （笔）	平均单笔借款额 （美元）	平均投资收益率 （%）
2012	1.52	19 405	7 850	6.61
2013	3.56	33 674	10 573	10.99
2014（截至 4 月 22 日）	2.56	21 386	11 981	11.83
总借款额（截至 2014 年 4 月 22 日）	10.53 亿美元			

数据来源：http://www.lendstats.com。

2. 复合中介型。Zopa 是典型代表，其连续四年被评为"最受信赖的个人贷款提供者"，其主要业务流程为：首先，借款人通过网站"贷款计算器"获取当日借款利率；其次，借款人根据要求提供个人信息及经济状况，Zopa 根据借款人提供的信息进行信用评分，将借款人分为 A*、A、B、C 和 Young（年龄为 20～25 岁的借款者），在 Zopa 将借款人所借款项转至其账户之前，借款人有 24 小时的犹豫期以最终确定自己是否要完成借款。Zopa 向贷款人及借款人收取的费用包括借款费（Borrowing Fee）、快速处理费（Fast Track Fee）、贷款人年费（Annual Lender Fee）、逾期还款费（Late Payment Fee）及其他费用。为分散贷款人风险，Zopa 在规则中特别约定，贷款人的每笔款项将被借给不同的借款人，并且要求借款人和贷款人达成一致后必须签订合同。除此之外，Zopa 的责任包括对借款人的信用进行认证、处理借贷双方交易中有关借款的事务、完成法律文件及雇用代理机构为贷款人追讨欠账等（见图 2）。

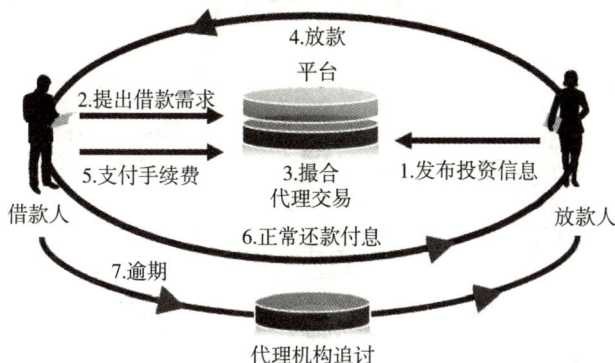

图2　Zopa 平台信息与交易流程

Zopa 平台发展情况良好，2013 年借款额超过 1.9 亿英镑，总投资人超过 5 万人，平均单笔投资金额 4 600 英镑；总借款人超过 8 万人，平均单笔借款 5 500 英镑，投资者总收益超过 2 800 万英镑。2012 年平均净收益率为 5.4%，平均支付利率为 6.6%。2010 年以来，历史坏账率为 0.19%，平均投资回报率为 5.0%。

Lending Club 的业务模式与 Zopa 大致相同，即根据借款人信用积分的不同，将借款人分成从 A 到 G 等 7 个不同的贷款等级，每个等级有 5 个子等级，一共 35 个等级，贷款人可据此了解贷款收益率及借款人风险。借款人可以通过在网站上输入自己的信用积分、借款金额及用途确定自己的借款利率。交易完成后平台向借贷双方收取一定比例的费用。如果贷款出现逾期，Lending Club 会先电话催收，若 30 天后仍不还款，则转移给第三方催收机构。同时，会根据金额大小来选择是否起诉。此外，Lending Club 还对投资者提供报税服务。与 Zopa 不同的是，首先，其对客户群的定位更为高端，信用评分在 660 分以上的客户才可以通过 Lending Club 借款。其次，Lending Club 最初与 Facebook 合作，试图通过社交网络进行业务推广，但由于 Facebook 的用户群体以大学生为主，用户普遍较年轻，作为借款人其信用记录难以满足 Lending Club 的最低要求，作为贷款人他们也没有多余资金用来投资，因此推广效果并不理想。此后，Lending Club 放开用户限制，向所有人开放，业务得到迅速发展。最后，除个人投资者外，由于投资的高回报，越来越多的机构投资者进入平台（见图 3 和表 2）。

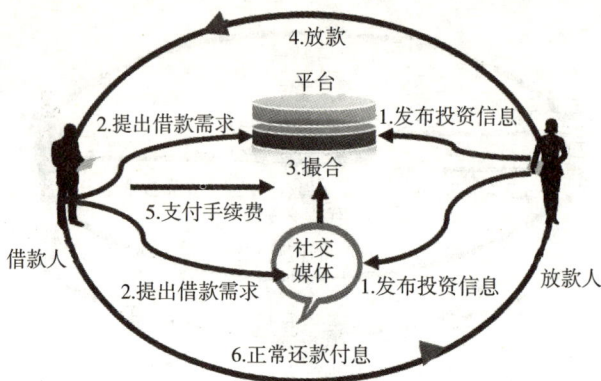

图 3　Lending Club 平台信息与交易流程

表 2　　　　　　　　　　　Lending Club 公司业务发展数据

年份	借款额 （亿美元）	借款量 （笔）	平均单笔借款额 （美元）	平均投资收益率 （％）
2012	7.18	53 367	13 453	6.66
2013	20.65	144 420	14 296	9.67
2014（截至 4 月 15 日）	9.70	69 273	13 998	12.25
总借款额（截至 2014 年 4 月 15 日）		42.12 亿美元		

数据来源：http：//www.lendstats.com。

综上所述，主要 P2P 借贷公司的情况总结如表 3 所示。

表 3　　　　　　　　　　主要 P2P 借贷公司情况

平台	Zopa	Prosper	Lending Club
成立时间	2005 年 3 月	2005 年 11 月	2007 年 5 月
所在地	英国	美国	美国
借贷利率 及费用	借款利率范围：5.4%～6.5% 由借贷双方匹配决定 平台对每笔借款收取固定金额的费用	借款利率范围：6.38%～35.36%	借款利率范围：6.03%～24.89% 平台依照借款人风险等级收取不同百分比的申请费
风险管理 模式	1.对于借款人进行风险评估拒绝高风险客户群进行借款 2.对于投资人倡导分散投资以降低坏账损失	1.依照借款人的风险等级及 Prosper 借款历史来决定借款额度及利率 2.对于投资人倡导分散投资，以降低坏账损失	1.依照借款人的风险等级来决定借款额度、利率及申请费 2.对于投资人倡导分散投资以降低坏账损失
坏账承担	否	否	否
备注	全球第一家 P2P 网贷平台	美国第一家 P2P 网贷平台	美国最大的 P2P 网贷平台

（二）众筹

根据出资人出资预期获得回报的不同，国外众筹可以分为四种模式：捐赠模式（Donation–based）、奖赏模式（Reward–based）、借贷模式（Lending–based）和股权模式（Equity–based）。仅采取一种模式的网站比较少，大部分众筹网站都是采取几种模式的综合性网站。

1. 捐赠模式和奖赏模式。

捐赠模式下，出资人出资并不要求回报，接受集资的一方可将集资用于盈利项目。仅采用捐赠模式的众筹网站很少，采用综合模式的众筹网站上仅有22%的项目采用捐赠模式。美国的全球捐赠网（Global Giving）是一家纯粹采用捐赠模式的众筹网站，仅限于满足非营利机构项目的融资需求，由Global Giving 基金会运营，该基金会收取筹资额的15%作为运营费用，同时将剩余资金在60天内转移给项目。截至2013年上半年，该网站已经资助了8 933个项目，35万多名捐赠者参与了捐赠，共筹资约9 627万美元。

奖赏模式下，投资者出资后可获得某种奖励，奖励不是项目盈利的一部分或项目权益，而是项目生产的产品，或者是小物品如钥匙链，或某种行为，如将出资人的名字放在影片的致谢人名单中。当投资者出资后接受项目生产的物品作为回报时，奖赏模式类似于产品预售。最早的众筹网站Kickstarter是奖赏模式的典型代表。2009年刚成立时该网站主要为图片、电影和音乐等项目融资，目前该网站为技术、戏剧、出版、设计等13类项目融资，但不做慈善性融资，且用户只能使用在美国的银行账户进行投融资。Kickstarter业务流程如图4所示。

Kickstarter 采取规定点机制（Provision Point Mechanism），融资者须在规定时间内（通常是60天内）完成其事先设定的融资目标。没有达到融资目标导致融资失败的，资金必须返还给支持者。若融资成功，Kickstarter按融资金额的5%收取服务费，提供资金支付服务的Amazon支付系统则收取3%～5%的费用。项目实施后，投资者可以从项目发起人处获得相关产品回报。截至2013年上半年，Kickstarter已累计融资将近6亿美元，发布了10万多个创意，总共吸引了300多万名支持者，成为全球最大、最知名的众筹平台。

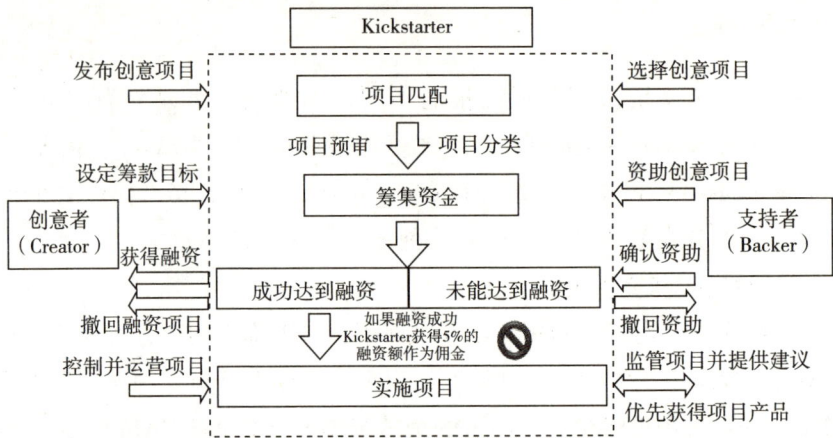

图 4　Kickstarter 业务流程

2. 借贷模式和股权模式。借贷模式通常又被称作 P2P 贷款，P2P 部分已有介绍。

股权模式下，投资者出资后，可获得项目盈利的一部分或获得企业的部分股权。注册在英国的 Crowdcube 是全球首个股权众筹平台，该平台成立于 2011 年，为小企业面向普通社会公众进行众筹融资，但投资者最多可进行不超过 5 000 英镑的投资，除非符合"成熟投资者"的条件并以该身份注册。截至 2013 年上半年，Crowdcube 已经帮助 36 家小企业筹集了 500 万英镑的资金。而根据 Massolution 的数据，2012 年全球股权众筹的规模约为 1.16 亿美元，年增长 30%。

股权众筹往往带来证券公开发行的问题，目前仅有部分国家允许面向社会公众进行股权众筹，如澳大利亚及部分欧洲国家（如英国和瑞典），我国监管机构正在研究此类模式的监管框架。

在美国，股权众筹往往涉及证券公开发行的问题，会带来高昂的监管成本，故在美国股权众筹以私募股权电子融资平台的形式出现，即企业采取私募发行的方式融资，投资者仅限于成熟投资者。实践中，美国私募股权融资平台主要有两种模式：以 Mircro Ventures 为代表的 P2P 模式和以 Funders Club 为代表的私募股权基金模式。

P2P 模式中，公司在网络平台发布融资信息，投资者表达不受约束力的投资意愿，达到一定金额后，平台发挥传统投行作用，对拟融资公司进行尽职调查，起草类似招股说明书的融资文件，投资者直接购买拟融资公司的股权，具体流程如图5所示。

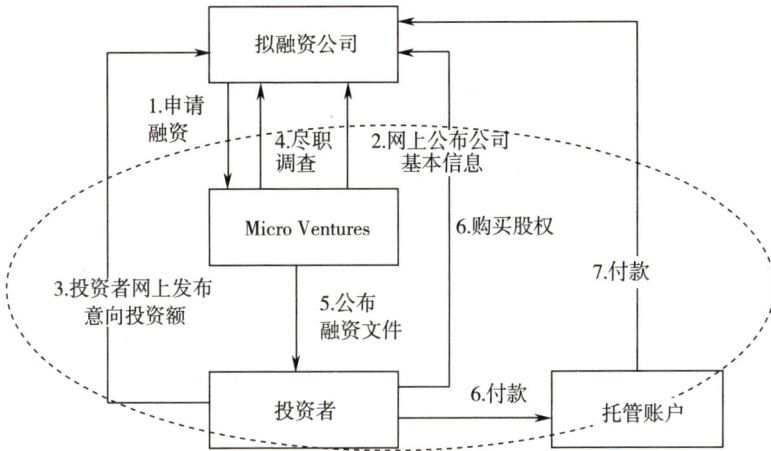

注：虚线椭圆包括的流程通过互联网进行。

图5 Micro Ventures 业务流程

Mircro Ventures 对拟融资公司没有硬性财务指标要求，企业单次融资额通常为10万~50万美元。企业在融资前，需根据不同情况缴纳100美元或350美元；融资完成后，Micro Ventures 收取融资金额10%的费用（投融资双方各收取5%）。个人投资者通过网上平台进行的最低投资额为250美元，最高投资额为5 000美元，超出5 000美元的投资必须联系 Micro Ventures 线下进行。非个人投资者起始投资金额则从2.5万~5万美元不等。Mircro Ventures 2011年1月正式开展业务，截至2013年末，该网站注册投资者超过1万名，通过该网站已有34家公司获得1 600万美元的投资，公司营业收入超过65万美元。公司自身于2012年获得1 200万美元的风险投资。

私募股权基金模式下，公司在网络平台发布融资信息，投资者表达不受约束力的投资意愿，达到一定金额后，平台成立私募股权基金并在网上发售基金份额，投资者通过购买基金份额的方式间接投资于初创公司，具体流程如图6所示。

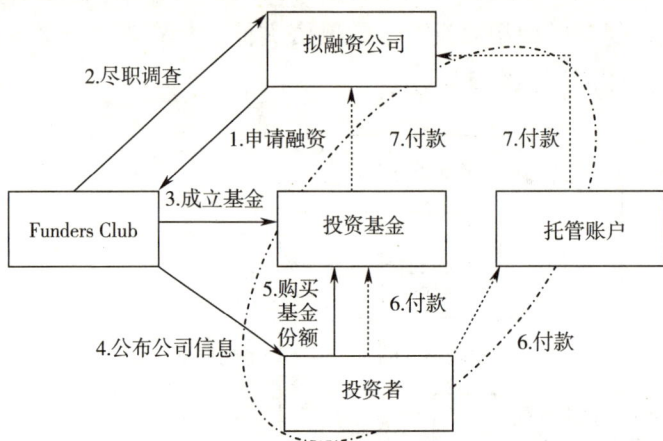

注：1. 虚线箭头表示可能的流程。2. 虚线椭圆包括的流程通过互联网进行。

图 6 Funders Club 业务流程

Funders Club 对拟融资的公司没有硬性的财务指标要求，通常一只基金仅投资于一家初创公司。Funders Club 目前不收取任何报酬，但有权从投资基金的利润中获得 20% 左右（最高不超过 30%）的业绩报酬。Funders Club 2012 年成立，成立仅 5 个月就已经有近 4 000 名会员，旗下投资基金已有 600 万美元作为种子资金投资于初创企业。

同样是采用私募股权基金模式，Angel List 的运作与 Funders Club 略有不同，Angel List 成立的私募股权基金中，存在首席天使投资人（Lead Angel），即领投人。领投人通常是经验丰富的知名 VC 投资人，曾参与投资拟投资的初创企业或与拟投资企业有合作关系。截至 2013 年 9 月，Angel List 已拥有 2.1 万名投资者，约 1 300 家公司通过平台成功募集资金，募资总额大约在 2 亿美元。

3. 各类型发展情况。四种模式中，奖赏模式是目前众筹网站的主流模式，但从平台数量上看，股权模式增长速度最快。从全球范围来看，奖赏模式和股权模式在欧洲的数量要多于北美。在 2009—2011 年三年时间里，通过众筹方式募集的资金复合年均增长率是 63%，这其中，捐赠模式和借贷模式募集的资金最多，奖赏模式的增长速度最快。

目前，全球众筹成功发起的数百万个项目中，大部分通过捐赠众筹融资，在股权众筹平台中单个项目平均融资额最大。

平均而言，捐赠众筹和奖赏众筹平台中，单个项目的融资额低于股权众筹和借贷众筹。通过捐赠众筹和奖赏众筹筹集到的资金，65%用于资助金额小于 5 000 美元的项目，10%用于资助金额大于 1 万美元的项目，25%用于资助 5 000 ~ 10 000 美元的项目。

（三）电商小贷

国外电商小贷也在逐步发展，最大的电子商务平台亚马逊建立了 Amazon Lending 系统，通过线上小贷公司为借款人提供电商融资服务。借款人在电商网站注册专用账号。平台根据商户的经营信用与交易历史评估借款金额，通过后 5 个工作日内入账小贷资金。商户每月还款从亚马逊的小贷账户中自动扣除，交易流程如图 7 所示。

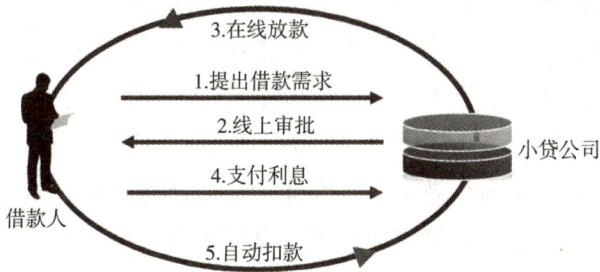

图 7　Amazon Lending 信息与交易流程

（四）银行网络融资

国外银行在积极探索利用互联网开展网络贷款业务，以加拿大 Tangerine 在线银行（原 ING Direct 银行）为例，该银行可在线受理借款人在银行网站提交的贷款申请及相关证明。银行根据对客户的评级，制定放款策略。银行在线放款，并通过电子渠道通知借款人。借款人可定期手动或自动还款，如逾期，银行按既定流程催收贷款及进行后续操作。交易流程如图 8 所示。

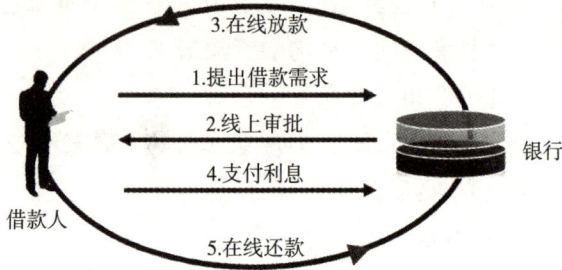

图 8   Tangerine 银行网络融资信息与交易流程

三、国内互联网金融的主要融资路径

（一） P2P

P2P 网络贷款模式进入中国后，为适应中国经济环境、信用状况及投资者习惯，国内各 P2P 网络贷款平台均在国外典型 P2P 网贷平台的基础上进行了不同程度的改造。例如，考虑到中国社会的信用体系尚不完善，信用信息较少，为保障贷款人权益，部分平台为贷款人提供了不同形式的担保，并对借款人身份进行线下审核，而非完全采用线上模式；部分平台将目标借款人主要定位为小微企业，而非个人；部分平台的业务运营模式则使自身实质上成为了小贷机构的渠道。总体来看，国内 P2P 网络贷款平台主要也可以分为担保模式、单纯中介模式、渠道模式及 O2O 模式四种。

1. 担保模式。该模式又可细分为借款人抵押担保、第三方担保机构担保及风险备付金担保三种模式。

（1）借款人抵押担保。该模式以人人聚财为代表。人人聚财成立于 2011 年，目前累计交易金额已达 7.84 亿元，为投资者赚取了 3 262 万元收益。平台通过包装多种理财计划的方式，要求借款人提供车、房等抵押品进行足额担保。平台支持产品持有人将所持有的待收债权转让给其他购买人。交易流程如图 9 所示。

（2）第三方担保机构担保。该模式以陆金所、宜信宜人贷等平台为代表。以陆金所"稳盈—安 e 贷"产品为例，平台包装产品，贷款人购买产品，陆金所获得资金，借款人向担保公司提交借款审批材料，由担保公司

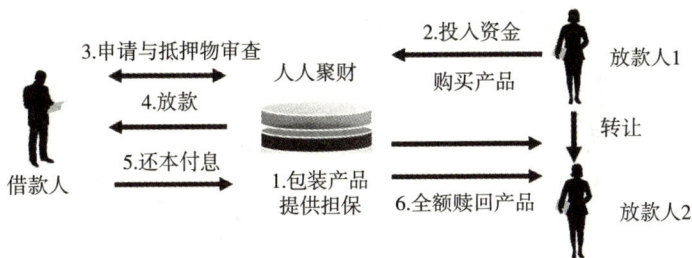

图9　人人聚财 P2P 融资信息与交易流程

审核，通过后陆金所发放贷款。贷款人可以转让持有的"稳盈—安 e 贷"产品份额，陆金所向债权出让人收取相当于转让价格 0.2% 的转让手续费。交易流程如图 10 所示。

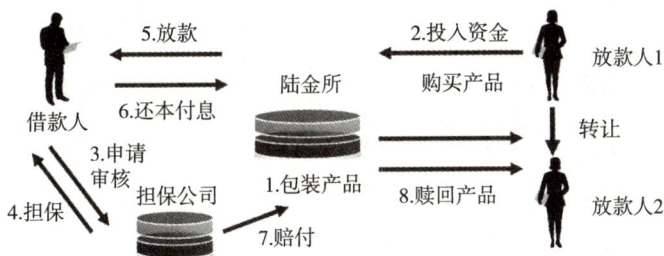

图10　陆金所 P2P 融资信息与交易流程

（3）风险备付金担保。该模式主要以人人贷为代表。平台对所有投资人提供本金保障计划，每笔借款成交时，平台提取一定比例的金额放入风险备用金账户，借款出现严重逾期时，平台根据风险备用金账户使用规则，通过风险备用金向贷款人垫付此笔借款的剩余出借本金或本息。交易流程如图 11 所示。

2. 单纯中介模式。该模式的典型代表是拍拍贷。该模式是目前国内与国外 P2P 网络贷款模式中最为相似的业务模式。借款人通过平台审核后发布借款信息。贷款人通过自动投标或手动投标的方式进行响应。平台向借款人按比例收取手续费，对贷款人免费，不介入双方交易过程。平台对贷款人资金提供一定程度的本金保障，鼓励客户分散投资以降低风险。交易流程如图 12 所示。

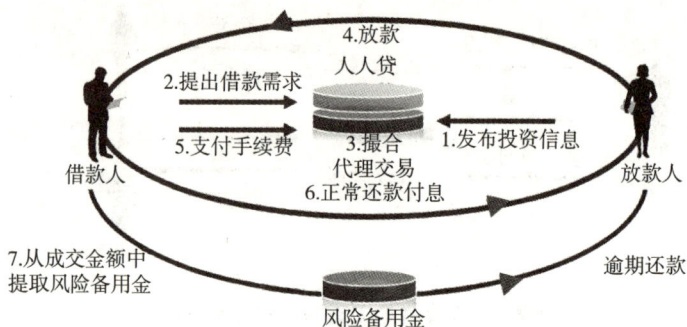

图 11 人人贷 P2P 融资信息与交易流程

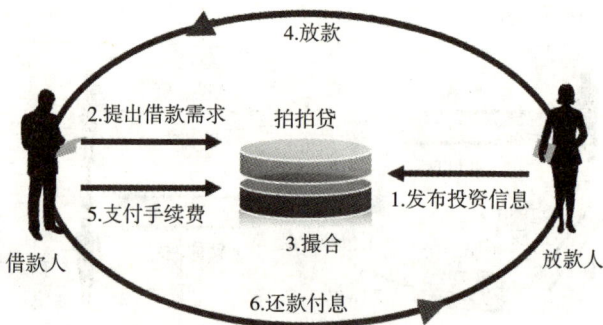

图 12 拍拍贷 P2P 融资信息与交易流程

3. 渠道模式。该模式的典型代表是有利网及开鑫贷。平台本身并不吸引和主动拓展借款人，借款人主要来自合作机构推荐，因此从某种意义上讲，平台可作为小贷公司拓展资金来源的渠道。以有利网为例，交易流程如图 13 所示。

4. O2O 模式。O2O 模式即线上线下（Online to Offline）模式，该模式以联合贷为典型代表，联合贷是当前国内唯一一家采用 O2O 模式的网络 P2P 贷款平台。该模式线下部分借款人提供融资抵押物，平台对借款人身份信息、银行信用报告和抵押物等信息进行审核之后，确定借款人的借款额度和利率。线上部分平台将借款人融资信息提供给贷款人，由双方直接达成融资协议，贷款人获取投资回报，平台收取数额不等的会员年费及利息管理费等。交易流程如图 14 所示。

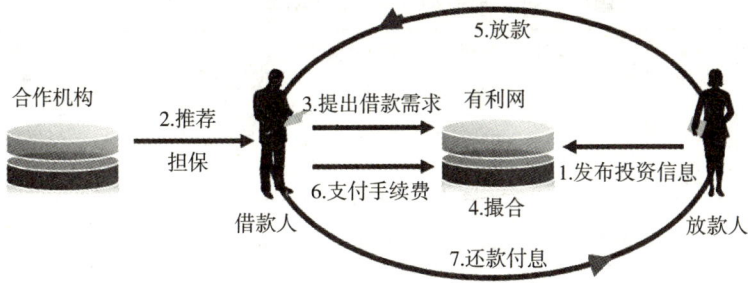

图13　有利网 P2P 融资信息与交易流程

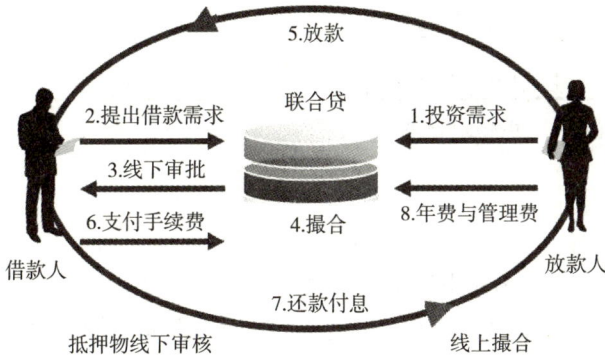

图14　联合贷 P2P 融资信息与交易流程

截至2013年末，中国正在运营的 P2P 网贷平台有800家，行业总交易量约1 058亿元，是2012年交易量的5倍，贷款人大于20万人，目前网贷之家网站导航的 P2P 网贷平台有400家。全国主要90家平台产品平均收益率达到19.67%，平均产品期限为4.73个月。

2014年第一季度，全国 P2P 网贷参与人数日均达4万人，总成交额达371.27亿元，预计 P2P 行业贷款规模将在未来两年保持100%以上的增速，有望在2016年达到3 482.7亿元。2013年，因经营不善而倒闭的 P2P 网贷平台超过70家，涉及金额约12亿元。截至2014年4月中旬，已有27家网贷平台出现问题，涉及金额超过6亿元，表明整个 P2P 网贷行业正处于高速发展、快速洗牌时期。国内主要平台各项指标对比情况如表4所示。

表4 　　　　　　　国内主要平台各项指标对比（截至 2013 年末）

平台名称	成立时间	注册用户数（万户）	累计交易额（亿元）	平均收益率	坏账率
拍拍贷	2007 年 6 月	>200	20.2	8%～24%	1.52%
人人贷	2010 年 5 月	>50	24.91	13.07%	0.73%
人人聚财	2011 年 9 月	15	7.84	8%～14%	抵押信贷在 1% 以下，纯信用贷为 2%～3%
陆金所	2012 年 3 月	12.6	—	中央银行同期贷款基准利率上浮 40%	0.90%
开鑫贷	2012 年 12 月 28 日	—	34	10.62%	0
宜人贷	2012 年	—	—	10%～12%	1% 以下
有利网	2013 年 2 月 25 日	60.84	14.52	13.24%	0.52%

注：若未特别注明，表中数据均来自各平台官网。

（二）众筹

在我国，众筹是互联网金融中规模最小的一个分支，目前仍处于萌芽阶段，平台不多，用户规模普遍较小，社会预期也较低。我国第一家众筹网站点名时间于 2011 年 7 月正式上线。此后，包括追梦网、淘梦网、众筹网等在内的一批同类网站先后成立（见表5）。

表5 　　　　　　　　　我国主要众筹网站相关情况

名称	上线时间	注册地	注册资本（万元）	模式
点名时间	2011 年 7 月	北京	100	奖赏模式、综合领域
追梦网	2011 年 9 月 20 日	上海	60	奖赏模式、综合领域
淘梦网	2012 年 3 月 1 日	北京	3	奖赏模式、电影类垂直众筹
众筹网	2012 年 12 月	北京	100	奖赏模式、综合领域
海色网	2012 年 11 月	北京		奖赏模式、综合领域
中国梦网	2013 年 10 月	上海		奖赏模式、综合领域
点梦时刻	2012 年 5 月 1 日	南京	10	奖赏模式、综合领域
亿觅创意	2012 年 9 月 1 日	深圳	50	众包和众募社区
觉 jue. so	2012 年 4 月 1 日	上海	100	生活创意
天使汇	2011 年 11 月	北京		股权模式
大家投	2012 年 12 月 10 日	深圳	3.3	股权模式

国际上流行的四种众筹模式，除捐赠模式外，在我国都有本土化的实践，其中借贷模式无论在平台数量还是融资总额上都大于其他众筹模式。鉴于借贷模式即 P2P 模式，此处着重讨论奖赏模式和股权模式。在我国，大部分众筹网站都采用奖赏模式，少部分众筹网站采用股权模式。前者以点名时间为代表，后者则仅包括天使汇和大家投。

点名时间是我国最大、知名度最高的众筹平台，主要做硬件、科技、文化类项目的众筹，且以硬件产品众筹为主。和 Kickstarter 的模式类似，点名时间对项目进行一定筛选后，项目发起人通过视频、图片、文字介绍将项目展示在网站上，并设定需要的目标金额及达成目标的天数。喜欢项目的人可以承诺捐献一定数量的金钱，当项目在目标期限内达到了目标金额时，项目筹资成功。点名时间一开始从筹资总额中抽取 10% 的服务费用，为了推动业务发展，从 2013 年开始，平台已经取消了服务费用。最后，平台通常会要求项目发起人给出资人一些非金钱的回报，如最后的成品、限量纪念品，甚至请吃一顿饭。点名时间从 2011 年 7 月上线至 2012 年末，共收到 6 000 多个项目提案，600 多个项目上线，接近一半的项目已筹资成功并顺利发放回报。2013 年 4 月，国产动漫短片《十万个冷笑话》在点名时间上筹集约 136 万元，成为该平台筹资额最高的项目，也成为迄今为止中国奖赏众筹平台筹资额最高的项目之一。

天使汇网站 2011 年末上线，最初只是一个定位于初创企业和天使投资者的投融资对接平台。2013 年 1 月，天使汇推出"快速团购优质创业公司股权"的快速合投功能，开始从事股权众筹业务。快速合投与 Angel List 的模式类似，每个项目有领投人，领投人发挥定价作用，也会帮助项目完善 BP，确定跟投人。据报道，快速合投所有项目平均众筹融资时间是两周，融资最高的项目达 500 万元，最少的有 50 万元，平均一个项目的股东投资人数为 5 名。为控制法律风险，天使汇对投资者设定一定门槛，具有抗风险能力和从业经验的投资者才能通过天使汇的审核成为认证投资人，才能看到初创项目的融资信息，同时通过网站直接联系到项目方，参与投资。截至 2013 年末，天使汇已有 800 位认证投资人。天使汇的收入主要包括三块：一是企业融资成功后，收取融资额的 5% 作为财务顾问费用。二是为企业提供信息化软件服务，如公司治理软件等，收取较低服务费。三是联合第三方机构为企业提供法律服务、财务服务等增值服务，收取一定费用。

大家投原名"众帮天使网"，2013 年开始做股权众筹业务。大家投的业务模式和我国的天使汇、美国的 Angel List 类似，也采取领投和跟投的方式，但对平台上投资者的身份没有严格的审核机制，任何在平台上注册的投资者都可以看到项目的融资信息。融资成功后，众位跟投人在领投人的带领下，成立有限合伙企业，合伙企业将钱分期投给创业团队。大家投平台每撮合成一个项目，就会抽成 2% 作为平台的回报。整个融资过程中，网站平台主要监督创业者按照平台的规则详细披露融资项目的信息，同时保证投资者的入股手续严格按照有限合伙公司的形式办理，并办理好规范合法的工商注册、变更等手续。截至 2013 年末，大家投网站上已经有两个项目获得共 130 万元的融资额。

总体上，在我国，众筹还处于探索本土化路径的起步阶段，还面临一系列的挑战。从大的社会环境看，和英美国家相比，我国的文化偏向于保守，人们的契约观念正在养成过程中，社会信用体系建设尚不完善，知识产权的保护还不到位。从众筹平台自身的运作看，目前国内众筹网站功能仍较为单一，除了提供平台功能以外，尚不能为项目提供一整套服务，无法为项目发起人节省人力成本和时间成本。筹资成功后，项目还要面临出力落实、回报执行等一系列工作。从制度上看，美国 JOBS 法案签署之后，众筹模式受到了法律保护，在众筹网站服务规则完善的情况下，投资回报机制也相对健全。在我国，众筹平台的运作没有法律依据，欠缺社会信任度，投资回报机制的选择非常有限。

从业务发展情况看，2014 年上半年，国内众筹领域发起融资项目 1 642 个，募集总金额 2.65 亿元。2014 年上半年，众筹项目集中于移动互联网类、科技类、音乐类三类，其中移动互联网类项目 804 个，募集金额 1.16 亿元，约占募集总金额的 44%。国内首家众筹平台点名时间上线以来，截至 2014 年 7 月，各众筹平台的募集成功率为 25% ~42%。

（三）电商小贷

电商小贷的典型代表是阿里巴巴集团旗下的小贷公司。2010 年和

2011 年，阿里金融分别于浙江和重庆成立了两家小额贷款公司——浙江阿里巴巴小贷公司和重庆阿里巴巴小贷公司，为阿里巴巴 B2B 业务、淘宝、天猫三个平台的商家提供订单贷款①和信用贷款②。2013 年 8 月，阿里金融又成立了重庆阿里小微小贷有限公司。此外，其他电商机构、第三方支付公司、互联网企业等也有与阿里巴巴金融模式趋同的迹象。例如，快钱支付为某电商企业和供应商提供电子收付款、应收账款融资和应付账款融资等服务，并收取一定的手续费。

以阿里小贷为例，该公司已建立完整的贷前、贷中、贷后的管理流程。贷前根据企业电子商务经营数据和第三方认证数据，辨析企业经营状况，考察企业偿债能力，评估借款金额。贷中通过电商自有数据分析平台实时监控商户的交易状况和现金流。贷后通过互联网监控企业经营动态和行为，建立贷后监控和网络店铺关停机制。主要流程如图 15 所示。

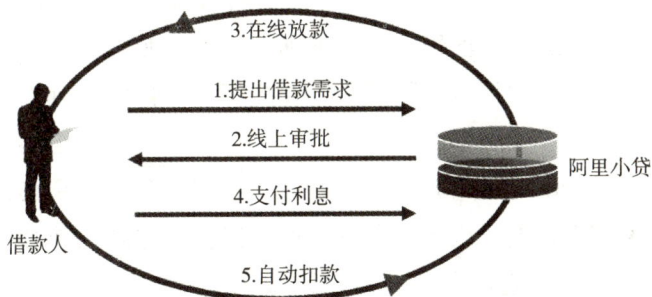

图 15　阿里小贷融资主要流程

对于国内的电商小贷公司来说，目前最大的限制在于监管部门对小贷公司 1:0.5 的杠杆率限制。根据监管规定，小额贷款公司只贷不存，主要靠资本金发放贷款，融资杠杆率只有 0.5 倍，与商业银行平均的 12.5 倍相差很大。未来，如果相关监管规定放宽，则网络小贷公司的信贷业务可能

---

①　订单贷款是指基于卖家店铺已发货、买家未确认的实物交易订单金额，系统给出授信额度，到期自动还款，实际上是订单质押贷款。订单贷款日利率为 0.05%，累积年利率约 18%。淘宝、天猫订单贷款最高额度为 100 万元，周期为 30 天。

②　信用贷款是无担保、无抵押贷款，在综合评价申请人的资信状况、授信风险和信用需求等因素后核定授信额度，额度为 5 万～100 万元。信用贷款日利率为 0.06%，累积年利率约为 21%。信用贷款最高额度为 100 万元，贷款周期为 6 个月。

迎来更大的发展契机。

从业务发展情况看，截至 2014 年 3 月末，全国共有小额贷款公司 8 127 家，贷款余额 8 444 亿元。阿里巴巴、京东、苏宁、易迅、1 号店等主流电商均开通小贷。截至 2014 年上半年，阿里巴巴向电商商户发放的小微贷款累计超过 2 000 亿元，贷款余额达到 150 亿元，不良率约为 1%，累计客户数 70 万人。

（四）银行网络融资

国内银行业积极适应信息化要求，应用互联网技术，强化网络金融服务能力。

1. 面向个人推出基于线上 B2C 和线下 POS 的小额信用贷款产品，涵盖了个人消费信贷和小微网商信贷两大领域。个人消费信贷以工商银行"逸贷"产品为例，在购物过程中，支持通过各类线上渠道申请个人消费贷款。小微网商产品以工商银行"易融通"产品为例，是专为小微网商提供的融资系列产品，担保方式更灵活，在抵押、保证的基础上增加了网商联保和信用方式。

2. 围绕供应链核心企业与上游供应商、下游经销商开展形式多样的融资服务。以工商银行电子供应链融资为例，以核心企业为依托，供应链上下游客户与核心企业通过电子商务网站或 E – ERP 平台进行电子在线交易，由工商银行凭借电子在线交易信息、商业资信记录，并依托核心企业信用，通过电子化渠道为核心企业上下游提供在线供应链融资服务。

3. 以中小微企业为目标客户发放的网络循环贷款，具备随借随还、额度灵活、审批快速等特点。以工商银行"网贷通"产品为例，工商银行与小企业客户一次性签订循环贷款借款合同，贷款最高额度可达 3 000 万元，在合同规定的有效期内企业需要资金时自主提款，有闲置资金时还贷，最长可在两年内循环使用。

4. 面向网上商品交易市场的融资产品。以工商银行的网上商品交易市场融资产品为例，工商银行与网上商品交易市场合作，以交易商品现货等做保障，开发计算机辅助评价和利率定价模型，为市场交易商提供自助申贷、提款和还款等服务。其中，包括电子仓单买方融资和电子仓单卖方融资。

以农业银行甘肃省分行"四融平台"为例，在融资方面为现代农业、农业科技开发、新型城镇化建设、新型农业经营主体等涉农企业和农户提供资金融通。一是搭建覆盖全省的惠农服务网络。采用宽带或 3G 模式，利用政府官网、外部行政资源等将已建成的"金穗惠农通"工程服务点接入互联网。二是构建全省统一的"三农"数据平台。通过集中导入、村官补录、客户输入等方式，采集农户及涉农企业具体信息，构建"三农"信息数据库，为统计查询、信用分析、信用审批、风险欺诈提供数据支撑。

第三部分　互联网金融支持实体经济融资的作用

一、发挥的作用

实体经济中的小企业融资难是一个世界性的难题。我国有中小企业4 200万家，占企业总数的99%，贡献了 60% 以上的国内生产总值和 50%以上的税收，创造了 80% 的城镇就业。然而，获得银行融资的小微客户只有 100 万家，覆盖率不足 3%。

当前，世界经济面临转型困难，技术创新及融资方式创新的结合可能是推动新一轮技术革命的基础。3D 打印快速原型制造、基因生物技术和文化创意项目等新兴的创业项目从互联网融资平台上获得了大量的支持。为了鼓励融资创新，美国 2012 年 4 月发布的 JOBS 法案将股权众筹作为一种合法的资金筹集途径，放松了针对通过互联网直接向公众募集资金的管制。

2013 年 8 月，中国人民银行在第二季度货币政策执行报告中指出，互联网金融具有透明度高、参与广泛、中间成本低、支付便捷、信用数据更为丰富和信息处理效率更高等优势；博鳌亚洲论坛 2013 年年会报告《小微企业融资发展报告：中国现状及亚洲实践》也认为互联网金融是解决实体经济融资特别是小微金融问题的重要途径。

互联网在实体经济融资中发挥的作用主要体现在以下六个方面。

1. 降低融资成本。传统融资模式对资源配置和经济增长有重要的推动作用，但也产生了很高的市场交易成本，包括贷款信息收集成本、客户信用等级评价成本和贷后风险管理成本等。在互联网金融模式下，资金供求方可以依赖于互联网和移动通信网络进行联系和沟通，并可以实现多方对多方同时交易，客户信用等级的评价以及风险管理也主要通过数据分析来完成，信息收集成本、借贷双方信用等级评价成本、双边签约成本以及贷后风险管理成本与传统方式相比大为降低。

2. 提高融资效率。通过高效的风险控制模型和便捷的申请程序，在互联网融资平台上贷款非常便捷，借款人只需要填写贷款的一些相关表格，由相关部门进行核实和审批，然后上线开始进行撮合，这一审核时间一般为 1~2 天，远快于普通商业银行。很重要的一点在于其前期风险控制模型的精确性、高适用性有效地降低了贷款审批时间。

3. 传统融资渠道的良好补充。传统融资模式以银行间接融资为主，借款人面向的是银行的贷款审批和发放机构，资金来源不透明，可供选择的融资渠道较为单一。随着利率市场化加剧，直接融资方式快速兴起，使放款人与借款人双方的信息更加透明。从资金持有人角度看，市场上有众多的互联网融资产品可供选择投资。从借款人角度看，利率信息充分透明，资金来源的渠道宽广。互联网融资较好地缓解了融资活动中的信息不对称。

4. 实现风险资本民主化。互联网时代的实体经济融资越来越体现出"多对多"和"一对多"的特点。同时，在十八届三中全会"市场起决定性作用"和鼓励民营资本进入垄断行业的方向指引下，民营资本将在金融体系中发挥越来越重要的作用。投资者可以通过股权、债权、奖励等方式参与到融资活动中，体现出民主化的自发性投资行为。对于前景好、管理团队卓越的项目，越来越多的实体经济企业家使用众筹等民主化方式来挖掘投资者，融资方式所带来的市场验证、反馈和社区建设与它的资金来源同等重要。

5. 具备一定的防范欺诈的能力。互联网有光鲜的表面，也有险恶的内里。大量资金和信息在互联网中流动，对融资平台的风险管理能力也提出了更高的要求。为了应对客户资金被盗、客户信息泄露、套现洗钱、卷款逃逸等风险事件，互联网金融领域正在推出认证、检验、治安和防欺诈功能，对线上资金交易的安全提供相关保障。由于互联网模式下信息留痕的方式更加多元，获取方式更加便利，这些保障措施也有助于解决原有的线下融资模式难以应对的问题。

6. 有助于企业履行社会责任。互联网开放、互动、共享的特点，使实体经济企业开始关注和履行自己的社会责任，并将自身开展的业务与环保、科技、医疗或人道的众筹运动联系起来。在解决自身项目对资金的需求时，也实现了自身的社会责任目标。

二、主要问题和风险

网络借贷等互联网金融充分利用了互联网的特点，有助于优化资源配置，解决实体经济特别是中小微企业融资困境。另外，互联网金融作为新生事物，其监管主体、监管规则、监管边界等尚未完全明确，互联网金融企业自身的金融业务管理经验、风险防控能力与传统金融机构相比还有较大差距。互联网金融企业在开展业务的过程中，主要面临以下问题和风险。

1. 欺诈风险。和传统的融资渠道相比，在互联网融资平台上，项目发起人利用虚假的项目信息发布融资需求更容易。尽管平台会对项目做一定的审核，但单个投资者投资额小，个人没有动力对项目进行尽职调查；同时，项目融资进度是公开的，单个投资者在投资决定上极易产生"搭便车"行为，从而产生投资的"羊群效应"，无法应对专业的欺诈行为。同时，P2P 和众筹融资平台上的项目发起人只是暂时性地利用平台融资，平台无法对其行为进行持续性跟踪，这也为欺诈提供了便利。

2. 投资者权益保护面临新挑战。在资金安全方面，由于没有规范的客户资金存管规则，互联网金融企业存在挪用客户资金的可能性。在信息安全方面，互联网金融企业掌握了客户的资金信息等敏感信息，如果安全保障措施和内部控制制度薄弱或者执行不到位，容易造成客户信息泄露。在客户适当性方面，由于缺少传统的线下当面沟通环节，互联网金融企业可能对金融产品的潜在风险揭示不够充分，不能充分了解客户的身份、财产与收入状况、投资经验和风险偏好等情况，不能推荐适当的产品或者服务。

3. 存在一定的道德风险。项目众筹成功后,无论是投资者还是众筹平台,都缺乏必要的手段进行监测,无法确保项目发起人勤勉尽责地完成项目。若项目最终失败,究竟是因为项目发起人的主观不努力,还是客观上项目开发失败,很难判定。

4. 实体经济企业存在"重发展、轻管控"的倾向。在内部控制方面,新兴的互联网金融企业与受到严格监管的传统金融企业相比,缺乏有效的岗位分工和制衡机制,卷款潜逃等现象时有发生。在信用风险控制方面,部分互联网金融企业向投资人提供担保、资金垫付等增信服务,但自身缺乏足够的风险管理能力和资本实力。在信息系统方面,部分互联网金融企业的信息系统安全程度不高,信息技术投入不足,容易发生黑客攻击、服务中断、交易处理错误、信息丢失等技术事故。

5. 经营失败可能影响社会稳定。由于互联网金融业务面向社会大众,具有信息传播快、参与者人数多、地域分布广等特点,因此风险传导快、波及面广,单个产品的违约、单个企业的倒闭都有可能演化成较大范围内的群体性事件,影响社会稳定。

第四部分　相关建议

2014 年 3 月,国务院《政府工作报告》首次提出"促进互联网金融健康发展,完善金融监管协调机制"的要求。目前,互联网金融还存在一些问题和风险,但长期来看对实体经济发展仍具有积极作用。因此,一方面,应当鼓励互联网金融业务创新发展,充分发挥其积极作用;另一方面,也要对其加以引导和规范,牢牢守住不发生系统性、区域性风险的底线。建议从监管视角、行业视角、金融机构视角三个视角推进互联网金融支持实体经济融资工作。

一、监管视角

(一)完善法规体系

1. 密切关注网络金融发展态势,根据信息技术、业务范围、产品创新等情况变化，及时修订监管要求，出台风险提示，借鉴国外监管经验，形成一套完整的监管适用法律规范安排，出台有针对性的互联网金融监管规定。

2. 适当调整现有法律法规，为互联网金融留出发展空间。建议适时修订《中华人民共和国商业银行法》、《中华人民共和国证券法》、《中华人民共和国保险法》、《中华人民共和国票据法》等金融法律法规，以适应网络金融的发展特征。借鉴国际先进立法经验，尽快出台"放贷人条例"、"网络借贷行为规范指引"等与互联网金融支持实体经济融资发展相关的法律法规、部门规章、规范性文件，明确各方权利和义务，防范和控制金融风险。

（二）明确监管安排

1. 在监管主体方面，一是根据每种互联网金融业务的属性，按照我国现有的分业监管框架，确定相应的监管机构，实行必要的机构监管。二是加强各部门之间的合作。尤其是在防范信息技术风险、打击网络犯罪、化解群体性事件方面，充分发挥工信部、公安部等部门的作用，加强行业数据收集和风险监测。面对 P2P 网络融资平台监管真空，建议尽快明确监管部门或部际联合监管安排，实现行业发展的统筹管理和规范。同时，建议对 P2P 网络融资平台实行牌照制度，明确市场准入要求，在一定程度上提高进入门槛，把控企业资质，从源头上控制风险。

2. 在监管原则方面，一是要坚持"适度监管"的原则，既要控制互联网金融支持实体经济融资的各类风险，也要鼓励互联网融资产品创新。对平台型融资金融服务按照金额大小、风险程度实行分层管理，对小额且低风险业务，监管手段要相对宽松，以客户体验优先、兼顾安全性为考量，推动传统金融向互联网金融转型。二是要坚持"保护投资者权益"的原则，优先保障投资者资金安全。三是要坚持"风险可控"的原则。互联网企业或电商机构开展贷款业务时，应建立完善的风险防范机制，资本约束、损失拨备等都应符合监管要求。

二、行业视角

我国互联网融资行业虽然有行业自律组织，但其作用发挥得不充分。

行业的准入门槛不高，透明度有限，平台欺诈和不规范运作的情况大量存在。建议借鉴互联网开放、透明、高效的理念，进一步整合、完善行业自律组织架构及运行模式，发挥行业自律和媒体监督作用，逐步筛选出规范运营的平台，净化行业风气。

1. 建立统一的征信体系。一是成立专门机构，负责社会信用体系建设与管理工作，加强信用制度建设和体制机制创新，充分统筹公共信用资源、泛金融信用资源、以互联网技术为依托的社会信用资源。二是继续完善现有的个人和企业信用系统，建立真实、全面、科学、动态的征信平台，推进信用产品可交易化，构建互联网融资发展基础设施。三是推进信用服务市场发展。对信用服务行业应积极培育并给予适当扶持。支持公共信用信息系统有条件地向信用服务中介机构开发信用信息；鼓励信用服务机构创新信用服务和产品，满足市场多元化需求；可考虑成立互联网金融征信公司，建立互联网金融信用信息平台。四是加强信用建设区域联动。促进跨区域信用信息资源的开发利用，实现在信息共享等方面的互动协作。

2. 建立统一的行业管理规则。建议由全国性行业协会牵头，制定平台运行规则以及审查流程，在资本金、审贷流程、信息披露、资金管理、风险处置、投诉处理等方面制定规则，由行业协会配合监管机构进行管理，形成对平台本身的约束机制。从事互联网融资业务的平台、投资者和借款人发生的注册、登录与交易都基于统一的身份认证体系，确保融资交易信息的机密性、完整性与不可抵赖性。

3. 建立行业数据集中备份中心。搭建全国统一的信息平台，汇集各类互联网融资平台发生的交易数据，定期提供统计、分析报表，并与互联网融资平台共享。对于各平台发生的风险事件进行定期通报与警示，促进与推动互联网融资业务健康发展。

三、金融机构视角

（一）改善经营模式，提升服务和管理水平

现阶段，互联网金融的价值更多地体现在对传统金融机构的触动上，传统金融机构需要重新审视外部环境变化、自身发展战略和经营模式，立足自身既往优势，积极完善经营模式及业务流程，打造尊重客户体验、强调交互式营销、主张平台开放等新型经营模式，实现互联网技术与核心业务的深度整合。比如，商业银行应借鉴互联网企业积极创新的互联网精神，将互联网企业在产品创新、客户关怀等方面的特长引入相关业务之中，更好地发挥银行的资源优势与互联网的渠道优势，探寻互联网金融发展新模式。商业银行应加快新型信息技术运用，提升数据全方位采集和智能化应用能力，优化金融服务流程，创新网络金融产品，不断提升金融服务能力。

对于互联网融资业务，在整体风险可控的前提下，金融机构应探索运用多种金融工具，推动资产证券化对网络融资产品的风险进行定价和转移，将资产进行分解与证券化，出售给投资人。同时，强化保险对网络融资的担保作用，由保险公司或担保公司提供第三方履约保证保险。

（二）提升互联网融资服务能力

1. 着力打造金融机构自己的电商平台。传统金融机构可以探索建立"支付＋融资"的综合性电商平台，实现支付中介职能和融资中介职能的有机联动，由原来单纯的支付结算通道上升为真正意义上的信息中枢，与现有的电商平台形成差异化竞争。中小型金融机构可以结合自身地域特征或熟悉的行业领域，探索建立特定行业的垂直型电商平台，如二手车交易、二手房交易等。

2. 建立供应链金融平台。通过对企业经营活动中所产生的物流、资金流、信息流的归集和整合，提供适应供应链全链条的在线融资、结算、投资理财等综合金融与增值服务。

3. 探索牵头搭建小贷公司联盟平台。金融机构可探索牵头搭建小贷公司联盟平台，利用成熟的风控体系和庞大的网点资源，以类似于 P2P 的模式撮合贷款资源和需求。

（三）积极使用新型信息技术手段

1. 强化大数据分析监测，分析借贷双方的经营历史与交易数据，结合社交媒体信息等非结构化数据，探索实时风险管控以及高风险交易事中干预。强化事后风险监测，将各类风险事件纳入信用数据。

2. 扩充实体经济融资渠道，搭建电子化交易渠道，通过电脑、手机等终端提供融资交易渠道。大型互联网融资平台向实体经济企业开放接口，方便企业通过自身财务与资金系统发起融资申请，打通各类融资渠道。

3. 为融资人与放款人提供客户体验良好、功能强大的融资系统。应用搜索等工具帮助融资双方寻找交易对手，通过社交媒体建立融资撮合渠道，开发各类贷款计算工具，帮助实体经济企业提升融资计划与管理能力。

商业银行如何适应互联网时代的变革

全国金融青联第五跨界别课题组①

2013 年以来，互联网金融热潮席卷全国，互联网企业的跨界经营正在冲击传统金融业。有人甚至认为，互联网金融将颠覆传统金融业。面对纷杂的观点，我们需要冷静思考，从互联网和互联网金融的本质入手，思考商业银行的应对策略。

一、互联网的本质

（一）互联网是技术手段

互联网在计算机技术的基础上融合了通信和传感技术，不存在概念上的中心，是人们进行信息存储、信息传输和信息处理的新工具，客观上加速了信息的产生和流动。

1. 信息存储。互联网不存在概念上的中心，数据也是分布式地存储在各个节点中，这些节点可能是企业服务器，也可能是个人电脑或移动终端。信息一旦入网，就进入与互联网共存的状态，除非互联网完全被消灭，否则该信息不可能被消除（见图1）。

2. 信息传输。互联网的传输速度接近光速，总体上呈现点对面的扩散模式，符合病毒的传播规律，同时又能够提供点到点的信息投放，精准迅速（见图2）。

---

① 课题组组长：李振江，全国金融青联副主席，中国农业银行党委委员、副行长。课题组主要执笔人及联系人：王浩远，中国农业银行软件开发中心工程师。

Z字节　　　　　　　　2005-2015年全球数字信息产生和传播量

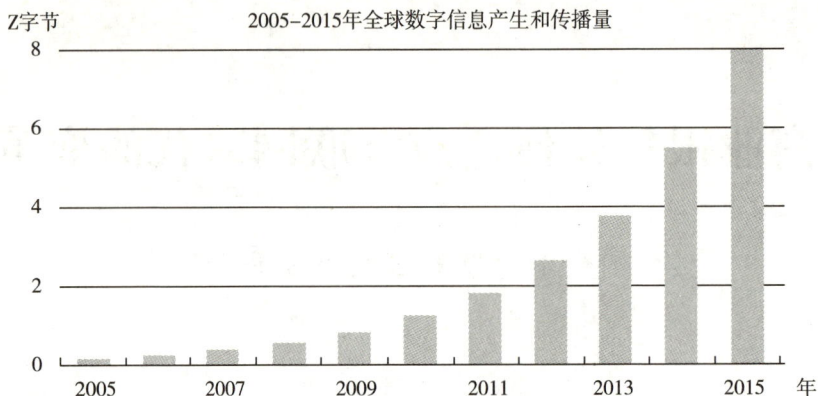

注：1. IDC 数据显示，过去五年间，全球被创造和分享的数字信息增长了 9 倍，2011 年接近 20 亿 TB。

2. 2013—2015 年数据为预测值。

图 1　2005—2015 年全球数字信息产生和传播量

微博时代，信息裂变式传播

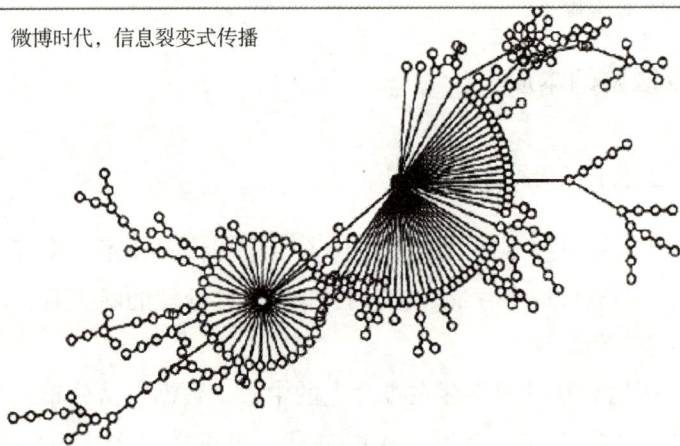

资料来源：期刊网、国金证券研究所。

图 2　互联网上的信息传播模式

3. 信息处理。互联网采取分布式的信息加工处理方式，具有高性能的信息处理能力，对于数据的处理有独特的理论和先进的方法（见图 3）。

4. 理解互联网技术的特征，需要抓住三个属性，即"互"、"联"、"网"。

起步于"联"。互联网起源于 ARPAnet，自 1969 年至 2013 年不过短短 45 年。起初，互联网借助通信线缆完成了计算机之间的连接，而今，

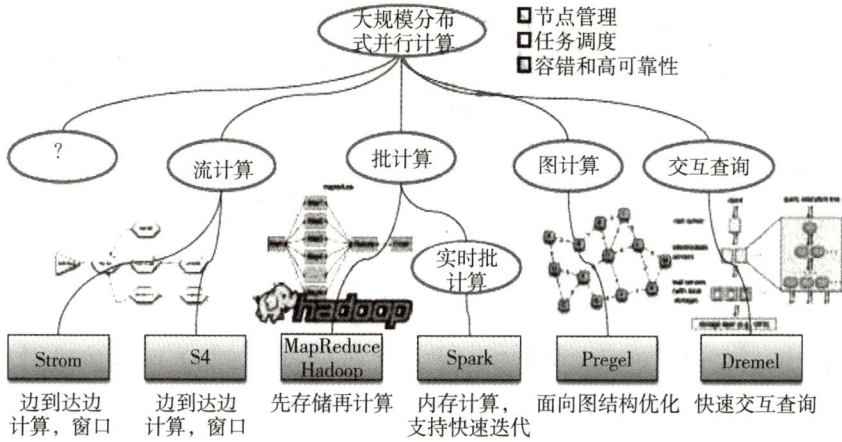

图3 针对不同计算场景发展出的特定分布式计算框架

互联网的物理形态已经由"有线网络"演化到"无线网络",基于无线通信技术(IEEE 802.11、GSM、EDGE、CDMA、LTE)衍生出大量的移动互联服务,进一步扩展和加深了"联"的属性。

发展于"互"。"联"仅仅解决了搭建通路的问题,利用通路来承载内容、产生互动,是互联网技术更为重要的价值体现。在互联网发展的早期,内容由少数网站定期添加,网民只能被动接受,是一种单向的信息生产和单向的信息传播模式。随着社交网络的兴起和发展,信息的生产和传播方式都变得更加丰富和多元化,网民在接收信息的同时,也可以方便地生产、传播和消费信息。至此,互联网用户之间形成双向互动,基于互联网的人类活动被注入新的活力。

稳固于"网"。这里的"网"指的是由无数"接连"交织形成的网状结构,这种"去中心化"的结构确保了信息的产生和传播不会因为少量节点的特异性而被阻断或被控制,是互联网得以打破信息壁垒、产生互联网思维和互联网精神的重要保障之一。观察互联网由 Web1.0 到 Web2.0 的演变,可以清晰地了解"网"的形成过程。在 Web1.0 时代,互联网上的信息主要由各大门户网站产生,辐射广大用户,此时的信息传播方式同电视、广播还没有出现本质上的不同,都可以被归类至"1 对 N"的星形模式。2004 年,Web2.0 的概念被提出并得到广泛认可。此后,借助于社交网络和即时通信工具，用户之间可以建立连接，"N 对 N"的网状模式大行其道，蓬勃发展。

综上所述，互联网技术直接实现了通信终端之间的连接，间接强化了人与人之间的连接，是"连接器"；同时，互联网技术加速了信息的产生和流动，又是"加速器"。

（二）互联网是思维模式

人们在从事社会生产活动时，总结显著的规律和特征，站在互联网要素的角度上来观察、思考和解决问题的思维模式，就是互联网思维。互联网思维并非是互联网时代独有的思维模式，而是互联网技术的出现，使得这些规律的表现更为明显，人们更容易观察、思考和总结。即使没有互联网技术，按照互联网思维，仍然能在解决问题时，产生一定的效果，获得一定的收益。按照视角的不同，互联网思维可以有不同的表现。

1. 站在主体的角度来思考，就形成了用户思维。用户希望在不花钱或少花钱的情况下舒适地达成目标，而企业需要从更多用户身上赚取利润。

第一，从免费中盈利。互联网强调"用户"而非"客户"，区别在于用户更关注是否免费。免费模式的目的在于巧妙地盈利，例如少数人付费、多数人享用的 800 电话模式，入门免费、进阶收费的"免费—收费"模式，通过赠品薄利多销的"买—赠"模式。免费作为百发百中的"糖衣炮弹"，可以轻而易举地突破用户的心理防线。

第二，凭体验揽用户。在连接外部进行互动的过程中，体验对用户满意度的影响至关重要。尤其是在激烈的竞争中，具有更好体验、能让用户沉浸在"流"中的产品和服务将会胜出。

第三，用长尾占市场。"长尾"泛指那些 80% 的个体价值或利润较小的产品、服务和用户，诸如小微、"屌丝"群体都可以被划入长尾用户的范畴，互联网的存储、传输和处理能力让长尾的价值得以被挖掘和释放，当某个市场的长尾用户都被收入麾下时，公司自然就和市场牢牢绑定了。腾讯就是最典型的"挟用户以令诸侯"的长尾公司。

2. 站在客体的角度来思考，就形成了产品思维。用户不相信眼泪，产品面前人人平等，在让强者更强、弱者更弱的"马太效应"的统治下，最优秀的产品和服务将赚取市场中大部分的利润。

第一，简约而不简单。互联网导致信息爆炸，使信息变得廉价且容易获取。在信息爆炸的环境中，将信息和功能按照效用进行排序和分类的能力变得尤为重要。简约不是简单，是为了突出产品的核心能力而精心设计的结果。内容的简约，让重要信息不被淹没；功能的简约，是低差错和高效率的保证。

第二，奋力追求极致。打造精品需要在功能、服务和体验三个方面追求极致，不断逼近自身能力的极限，将看似简单的产品做到极致，量变产生质变之后，产品本身就已经不再简单了。苹果手机在功能和体验上的持续领先以及小米手机在性价比上的不断突破，都是追求极致的表现。

第三，弱化实体。在互联网思维中，实体的概念被弱化，软件即服务（Software－as－a－Service，SaaS）、云电脑的出现和发展使得产品与服务之间的边界越来越模糊。当 iPhone 被普遍认为是世界上最好的手机时，苹果宣称自己是一家软件公司，因为在乔布斯看来，iPhone 只是装在盒子里的软件，为手机用户提供优质的通信和娱乐服务以及出类拔萃的使用体验；同时，iPhone 也是向厂商和开发者提供的软件平台。

第四，保持迭代。"迭代"是指一种不断重复反馈过程的活动。根据"墨菲定律"，有出错可能的事情一定会出错。这使得"一步到位"的策略在互联网这样庞大且复杂的体系中无异于幻想。在变化的市场中捕捉需求，如同在黑暗的迷宫中赛跑，时刻面临错误和危险，想要走到最后，需要正确的策略。

3. 站在资源的角度来思考，就形成了数据思维。互联网承载数据、传输数据，互联网思维同样离不开数据。达文波特认为，在互联网时代，我们可以把所有的商业或组织活动都视为大数据的问题。

第一，数据说话。越是在信息对称的环境，数据能够反映的信息就越全面。互联网增强了信息分布的对称性，互联网思维就是要用数据说话。

第二，提取知识。数据是广泛可用的，缺乏的是从中提取知识的能力。大数据是一种具有"4V"特性（见图4），即大量（Volume）、高速（Velocity）、多变性（Variety）和真实性（Veracity）的信息资产，能借助于数据挖掘发现数据之间的关联关系，产生知识，促成更强的决策能力和洞察力。

Volume	Velocity	Variety	Veracity
需要处理的数据量能够达到TB级、ZB级	数据生成的速度快，处理的速度也要快	数据结构化、非结构化、文本、多媒体	数据的一致性、完整性、正确性、延迟、歧义均会影响数据的可信程度
大量	高速	多变性	真实性

| 每一天都会产生超过15 PB的新信息。数据量预计每两年就会翻一番 | 产生速度快
数据变化与处理的频度由天加速到秒/毫秒；订单、支付、欺诈、微博、监控视频、传感器等每时每刻都在不停地产生数据 | 可能包括的数据类型有：
● 文本
● 微博
● 传感器数据
● 音频
● 视频
● 点击流
● 日志文件
● 邮件
● PDF
● Office文档
● 手机呼叫
● 地图GPS
…… | 有些数据具有固有的不确定性，如人的感情和诚实性、天气形势、经济因素；以及未来。在处理这些类型的数据时，数据清理无法修正这种不确定性。然而，尽管存在不确定性，数据仍然包含宝贵的信息。确认并接受这种不确定性的需求是大数据的特点 |
| | 数据在运动中
数据创建、处理和分析的速度持续加快；加速的原因是数据创建的实时性天性，以及需要将流数据结合到业务流程和决策过程中的要求 | | |

GB	1024MB
TB	10^3GB
PB	10^6GB
EB	10^9GB
ZB	10^12GB
YB	10^15GB

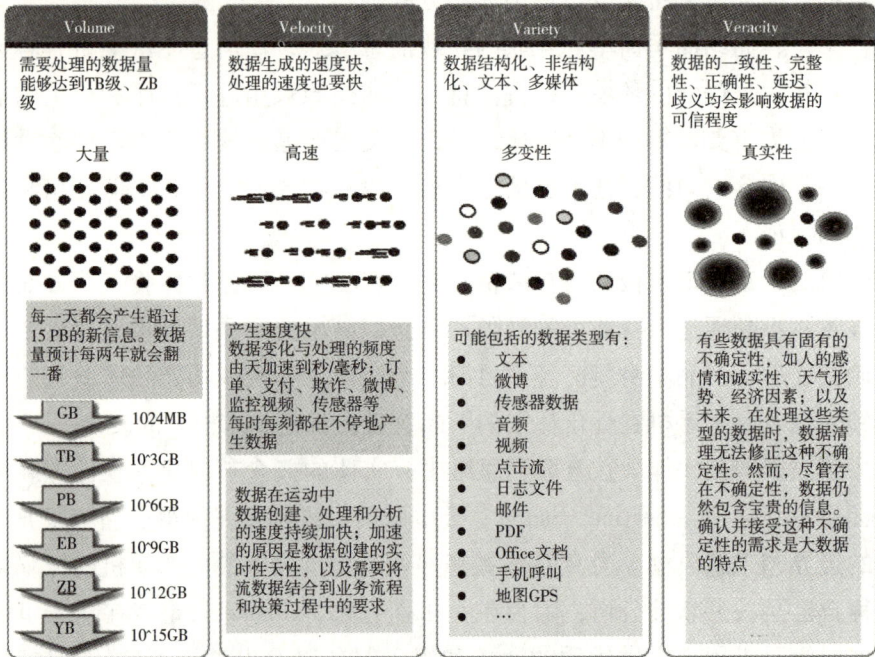

图4 大数据的"4V"特性

4. 站在群体的角度来思考，就形成了行业思维。互联网作为新兴的科技力量，其发展不会止步于仅仅产生一个单一的行业。事实证明，互联网已经对传统行业产生了跨界冲击。面对这种变革，共生、共赢、共同改变无疑是最好的选择。

第一，直面跨界。很多行业的没落并非源于自身的问题，更多的原因来自外部因素的意外变化，如技术进步、跨界竞争甚至不可抗力，这种"黑天鹅"事件发生的概率很低，但却影响巨大。互联网连接各个行业，使它们之间的界限变得模糊，是具有"去拼、去抢、去远航"的跨界思维的"维京海盗"；互联网可以催化已经被连接的行业，可以推动行业改造和行业融合，是具有"我来、我见、我征服"的改造能力的"罗马大军"。

第二，迎接共生。互联网突破行业界限，改变传统行业。互联网改变而不消灭，共生而非专制。"共生"从简单到复杂有三种形式：

一是集成模式。集成模式是指单元（企业、产品、系统）之间单独进行对接和整合，相互提供一部分对方所需的资源和服务，剥离自身不擅长、低效率或高成本的部分，强化自身优势，形成更细化、更高效率的专业分工，形成共生关系，特征是分工和强化。

二是平台模式。平台是在集成基础上演化和发展形成的星形共生关系。平台的典型特征是开放、共享和正外部性。由于互联网平台具备精确计量的天赋，所以仅通过引入适当的商业模式，即可实现对外部性的补贴，这是互联网"平台"较之传统"公共物品"的优势。这里，"适当的商业模式"应具有内化外部性的能力和提升体量的能力特质中的部分或全部。

三是生态模式。将众多平台、单元进行整合、升级，从而构成一个共生、共赢的生态系统，此生态系统涉及上下游产业，需建立内部循环，形成立体的共生关系。

5. 站在全局的角度来思考，就形成了社会化思维。技术的进步、行业的整合最终会推动社会的发展，人工进化的出现打破社会原有的平衡。置身于失控和稳定交替博弈的乱流中，需要借助社会化思维来寻求生存和发展。

第一，把握失控与稳定。基于自组织理论的"蜂群思维"，是对种群和社会进行自我调节现象的思考，揭示了生命的现象和进化的规律。在互联网时代，随着个体之间进行联系的能力得到强化，这种规律更容易被利用。进化产生失控，生命带来稳定。将互联网视为"人工进化"的手段和产物，其出现和发展必然会在一定的时间、范围和强度上造成"失控"。然而，"自组织"是自然和社会在漫长的演化历程中所选择的手段，具备一套有效利用物质、能量和信息来保持循环的体系。作为社会单元，企业和个人有必要借助于整个社会生态体系的"自组织"能力，来提升自身的稳定性和生命力，这样才能在进化中得以生存。

第二，构建社会化企业。传统企业会尽可能地独立完成尽量多的工作，明确划分自身和社会环境的界限，甚至在企业内部建立一个能够独立运转的小社会，而纯粹的社会化企业则将自身的商业目标和社会化平台紧密结合，最大限度地从社会上获取资源和服务，借助社会化平台来驱动自身的发展。维基百科就是借助"众包"模式运营发展的社会化企业。

（三） 互联网是精神品质

互联网技术的特征决定了互联网具有开放、平等、共享、协作、普惠和创新的精神。

第一，开放精神。互联网产生的初衷在于连接，其中节点的价值取决于连接的数量，不开放，就没有连接，就无法生存。以上决定了互联网天然具有开放的精神，并且这种开放在时间和地理上也有所体现。

第二，平等精神。互联网"去中心化"的架构决定了它天然具有平等的精神，尽管存在作用大小和价值方向的区别，却没有任何一个节点是绝对的权威和中枢。

第三，共享精神。共享精神是开放精神的衍生和发展，它体现了互联网对待资源的态度。共享促进了资源的优化配置和生产力的充分发挥，有利于提升效率和创造财富。

第四，协作精神。互联网庞大而复杂，节点间的相互协作是其运转的基本保障。没有协作精神的指引，互联网将失去"自组织"特性，从而丧失活性。

第五，普惠精神。在互联网中，默认任意节点都是可连接的，这就使得任意节点都能够获得资源，并且技术的进步使得长尾的价值得到开发和利用，因此普惠精神是指引互联网进行资源分配和激励的重要原则。

第六，创新精神。以上五点保障了互联网自身的生存，而创新是引领互联网不断发展以至于促成社会进化的精神。缺失创新精神，互联网和社会的发展将停滞不前。

（四） 互联网是安全保障

"无知即恐惧"，在信息社会表现得尤其明显，互联网可以传播知识，降低人们对未知的恐惧。从马斯洛的需求层次理论来看，互联网满足了人们对安全的需求。

（五） 互联网遵循生产力成本边际递减规律

互联网的生产力是存储、传播和处理信息的能力。随着互联网的发展，它的存储容量、通信速度和计算能力都将趋向一个大数，生产力成本边际递减且无限趋向固定成本，而单位生产力成本趋向于零。此时，信息作为互联网的产出物，必然严重过剩，出现"富足经济"现象，导致"长尾理论"打败"二八定律"，孕育出新的商业模式。

（六）互联网实现资源的充分利用

互联网的出现，使"碎片般的需求"自由对接"碎片般的剩余"成为可能。

（七）互联网仍处于初级发展阶段

互联网自身的发展尚处于初级阶段，随着时间的推移，互联网的发展将呈现"屏幕化"、"流"、"关注引导价值"、"获取而不拥有"的趋势。未来，互联网同物联网的全面融合将会产生更为深远的影响。

作为新兴的科技力量，互联网的发展不会止步于仅仅产生一个单一的行业。事实证明，互联网已经对传统行业产生了跨界冲击，传统金融业也不能避免。未来，互联网将对全行业产生"海啸"般的冲击和再造。在"互联网海啸"后生存下来的公司将面目全非，演化出新的形态。

二、互联网金融的本质

互联网金融是互联网与金融的结合，是借助互联网和移动通信技术实现资金融通、支付和信息中介功能的新兴金融模式。广义的互联网金融既包括作为非金融机构的互联网企业从事的金融业务，也包括金融机构通过互联网开展的业务。狭义的互联网金融仅指互联网企业开展的、基于互联网技术的金融业务。在此，我们只讨论广义概念上的互联网金融。

通过回顾我国金融业和互联网产业的发展历程，梳理、分析各阶段的重要事件，不难发现，互联网金融并非出现在两个产业相互接触的第一时间，并且挑战和冲击也不是互联网面对金融时所展现出的常态；相反，互联网对于金融在更多的时候起到的是促进和提升的作用。

（一）当金融遇到互联网

在互联网时代开启之前，金融机构以网点、柜面和人员等构建渠道。

随着互联网的发展和普及，传统金融的互联网化成为必然的趋势，网上银行、网络证券、网络保险以及其他金融产品的网络销售等，均可认为是金融的互联网化。由于研究方向的限制，在此仅讨论网上银行的形式。

对网上银行的认定，有两个标准。第一，偏重于技术的角度，从对"网络"的理解出发，认为无论是局域网、互联网还是其他电信网络，只要能够作为银行信息产品和服务的载体，就是一种新的银行业务渠道，就是网上银行。第二，偏重于业务的角度，认为在互联网中拥有独立站点，并且为客户提供一定服务的银行，就是网上银行。

中国银行网站于 1996 年上线，这是我国互联网产业与银行业相互融合的开端，也标志着我国商业银行的发展进入了互联网时代。1996—2012年的 16 年间，网上银行蓬勃发展，从最初的信息发布、转账支付发展为覆盖互联网、移动网络、电话网络和自助机具等多种渠道的复合型业务模式。此时，网上银行和由网点、柜面和人员构成的传统渠道并驾齐驱，成为商业银行生存发展必不可少的渠道和支柱，商业银行也进入了借助互联网发展的黄金时代。

尽管网上银行采用互联网的虚拟界面代替现实世界中的实体银行，在时间和空间上增强了商业银行提供金融服务的能力，并且发展迅速，对传统渠道的替代率稳步攀升，但是，网上银行并没有改变传统银行作为信用中介和支付中介的根本性质，网上银行是商业银行借助互联网进行渠道延伸的手段。

（二）当互联网遇到金融

1. 互联网的机遇。有光就有影，在金融业黄金时代光鲜表面的背后，涌动着导致差异和分化的暗流，这为互联网涉足金融提供了机遇，具体表现在四个方面。

第一，我国金融业与互联网行业在信息化水平上存在客观差距，这种技术上的差距导致了服务能力上的差异。

第二，金融业的互联网化并不充分，也不完备，导致金融机构在市场覆盖和用户服务方面存在明显的薄弱环节甚至空白领域。

第三，我国金融业与互联网行业在市场定位和市场开拓方面存在明显的不同。

第四，面对互联网金融这一新生事物，金融行业内出现了暂时的监管缺位。互联网金融公司存在监管套利空间，导致传统金融机构在竞争中处于劣势。

因此，黄金时代是互联网行业和金融业在未具备开拓新市场的能力时，相互借鉴学习、积累发展的阶段，直至 2013 年，以余额宝为代表的互联网金融产品的大量出现，标志着"互联网金融元年"的到来。

2. 互联网金融的类型和模式。通过对现有互联网金融形态进行分析，可以归纳出具有典型特征的几类互联网金融模式：传统金融的互联网化、金融的互联网居间服务和互联网金融服务。

（1）互联网第三方支付。互联网对金融领域的涉足，是从互联网第三方支付开始的。互联网第三方支付（以下简称第三方支付）是指依托于互联网，在客户、第三方支付公司和银行之间建立连接，为客户提供资金支付、结算以及信用担保和技术保障等服务的业务模式。

作为国内最具影响力的第三方支付平台，阿里巴巴集团旗下的支付宝公司的成立，可以视为互联网公司大步迈进金融领域的标志性事件。2004 年末至 2012 年末的八年间，尽管第三方支付平台的数量不断增加，业务量不断提升，但其与商业银行之间仍大体保持相互促进、共同发展的关系。

从技术角度来看，第三方支付并不局限于单一的技术实现，桌面电脑、移动终端、近场通信以及可穿戴设备均可成为第三方支付的媒介。从业务角度来看，第三方支付平台的出现，让客户和商业银行之间出现了中间层（见图 5），起到了如下作用：第一，第三方支付平台集成了众多银行渠道，为用户提供了统一入口，方便快捷；第二，第三方支付平台在电子商务中可以起到担保作用，提高了电子商务的安全性；第三，第三方支付平台整合了各类生活服务类应用，提供了更为广泛和易用的功能。第三方支付平台的存在，代为解决了商业银行入口集中、跨行转账、用户体验等方面的问题，对于商业银行网络渠道的业绩起到了提升的作用。由于渠道业务本身并非商业银行和其他金融机构的主要利润来源，并且互联网公司利用支付平台渠道服务商业赚取利润，商业银行可以借助第三方支付平台拓展用户, 故而双方是共赢的关系。

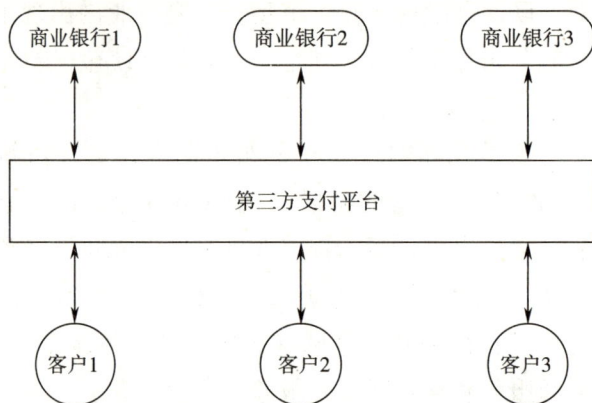

图 5　第三方支付平台的中间层作用

（2）金融的互联网居间服务。在 P2P 网络贷款和众筹融资等模式中, 尽管互联网金融公司的具体功能有所不同, 但是从参与方相互之间的关系来看, 互联网金融公司均提供了联系其他参与方、进行居间服务的作用。

①P2P 网络贷款。P2P 网络贷款指利用互联网平台, 将投融资需求相互对接, 完成资金融通的信贷模式, 是个体和个体之间的直接借贷（见图6）。

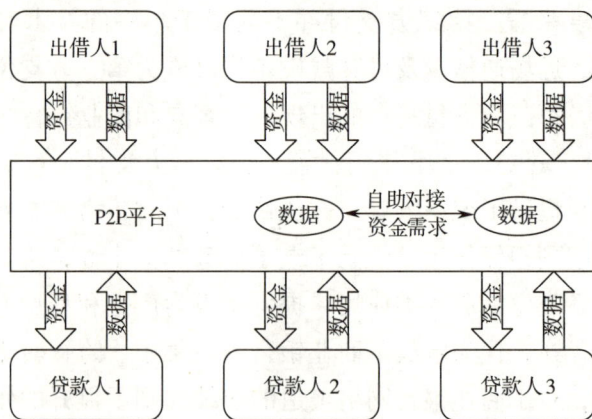

图 6　P2P 贷款业务模型

在传统的P2P网贷模式中，平台仅为借贷双方提供信息流通交互、撮合、资信评估、投资咨询、法律手续办理等中介服务，不承诺放贷人的资金保障，不参与借贷关系。但是，由于中国特殊的投资和人文环境，P2P贷款在中国本土化发展的过程中无法避免地依赖线下业务，而且部分P2P贷款公司在短期内为了吸引投资者，还对投资提供担保服务，导致原本清晰透明的P2P贷款演变出多种复杂烦琐的中国模式，包括债权转让模式、担保模式及合作模式。

债权转让模式采用线下购买债权，再将债权转售给投资人的方式赚取利差，能够在短时间内提升平台交易量，更适用于线下环境，但程序烦琐，有地域限制，且存在政策风险。

担保模式在传统模式的基础上引入保险公司或小贷公司，提供交易担保。针对我国征信体系尚未完善的现状，此模式更贴近实情，更有利于保护参与者的利益。

合作模式是P2P平台用多家小贷公司进行合作，将小贷公司的融资需求引入P2P平台，借助小贷公司进行风险控制和信贷审批的模式。在此模式中，P2P平台基本剥离信用审批和风险控制的职能，与传统模式相比，其信息中介的特质被强化。

在上述四种模式中，由于债权转让模式、担保模式及合作模式需要依赖传统金融机构和手段来进行风险管理、流程控制，甚至直接剥离核心金融业务，与金融机构的融资方式没有区别，不纳入金融的互联网居间服务范畴，仅将传统模式的P2P贷款视作新的互联网金融形态。P2P贷款的传统模式和金融机构的运作模式相比，相同之处在于二者都是将自己作为媒介，来满足借贷双方对于资金的需求，不同之处在于P2P平台更偏重于信息中介的作用，传统金融机构更强调金融中介的特性，在实现方式上从低效率、高成本的传统方式转变为高效率、低成本的互联网方式。因此，P2P贷款是一种手段，而非独立的金融产业，和传统金融机构并不存在尖锐的对立矛盾。

②众筹融资。众筹是群体性的合作，其概念来源于众包和微型金融。融资者借助于互联网上的众筹融资平台向广泛的投资者发起融资，每位投资者通过少量的投资金额从融资者那里获得实物或股权回报。众筹可以根

据回馈方式的不同，实现不同的融资方式。

一是捐赠模式，是指众筹的过程中形成了没有任何实质奖励的捐赠合约。二是奖励模式，是指项目发起人在筹集款项时，投资者可能获得非金融性奖励作为回报。三是预售模式，是指销售者在线发布新产品或服务信息，对该产品或服务有兴趣的投资者可以事先订购或支付，从而完成众筹融资。四是债权模式，是指企业（或个人）通过众筹平台向若干出资者借款。在这一过程中，平台的作用是多样的，一些平台起到中间人的作用，一些平台还承担还款的责任。五是股权模式，即众筹平台通过向出资者提供证券来为项目所有人筹集大量资金。除此之外，还存在其他的众筹模式，如收益共享、实物融资、All - or - Nothing、Keep - it - All 等模式。

项目所有人通过众筹模式进行融资，除了融资外，还可以在产品进入市场之前测量产品或创意是否有吸引力，甚至获得有关产品的一些批评或反馈，以便更好地改进后投入市场。与传统的融资方式相比，众筹融资不仅仅提供了获得资金的渠道，还搭建了一个判断产品设计及预测市场前景的平台，其在提供融资功能的基础上，额外地强化了信息中介的作用。

（3）互联网金融服务。互联网金融服务以互联网小贷、互联网基金和保险销售平台等形式呈现，参与主体以电商平台居多。与金融的互联网居间服务不同的是，在互联网金融服务模式中，互联网公司以金融中介的形式出现，而非仅仅满足于向传统金融中介和客户提供居间服务。在此仅讨论与商业银行主流业务相关的互联网小贷。

小额贷款起源于20世纪70年代孟加拉国著名经济学家穆罕默德·尤努斯教授的小额贷款试验。互联网小贷多为电子商务行业向金融领域渗透形成的，贴近草根客户群，借助于大数据实现征信和风控，提供传统金融机构无暇顾及的微型贷款业务。

一般意义上的互联网小贷指互联网公司直接放贷的模式，阿里小贷作为国内第一家服务于电子商务领域的小贷公司，优势在于成本低廉，它与阿里巴巴、淘宝网、支付宝的底层数据完全打通，在小额贷款中运用大数据技术分析用户网络行为，评定用户信用，寻找有价值客户，运用信贷工厂运营模式简化申请和审贷流程，整体上节约了成本，降低了风险，扩大了收益。

3. "互联网金融热"的产生和原因。综观全球，不难发现，互联网金融并非新鲜事物，而是舶来品，并且有两个表象指向"互联网金融热"的成因。

第一，互联网金融的模式起源于海外，但概念却诞生于中国。由于信用体系更为完善，市场竞争更为充分，技术实力更为扎实，欧美商业银行、证券公司的互联网渠道业务开展相对较早，形态更为成熟，竞争力也相对强大。互联网金融公司的出现并未引起金融业乃至全社会的集体关注。直至 2012 年末，谢平、邹传伟等人正式提出了"互联网金融"（Internet Finance）的概念，针对互联网和金融业相互融合发展的现象进行了抽象和总结。但是，此时由于互联网金融的业态并未在中国形成，因而互联网金融的概念尚未为大众所知。

第二，互联网金融的发展水平欧美领先，但其社会影响力却是在我国更大。2013 年 6 月，余额宝横空出世，在半个月内，累计用户数已经达到251.56 万人，累计转入资金规模达 66.01 亿元；在一年内，客户数超过 1亿人，资金规模超过 5 742 亿元，天弘基金一跃成为国内最大、世界第四大货币基金。至此，"互联网金融热"席卷全国，引起了金融业和社会各界的广泛关注，短期内出现了大量的 P2P、众筹、货币基金类平台和产品。

"互联网金融热"正是互联网公司借助黄金时代的四点差异，尤其是在技术水平领先的基础上，等待市场条件逐渐成熟，抓住机遇，成功实现跨界经营的标志。当"互联网金融热"出现之后，随着金融机构的进步和赶超，行业间和市场内必然会出现新一轮的博弈，并且在新平衡完全建立之前，这种热潮将一直持续下去。

（三）互联网金融的本质

1. 互联网金融的核心和外延。通过对互联网金融具体种类和业务的分析后，可以得出"金融是核心，互联网是外延"的基本结论，即"金融为本，互联网求变"。

金融的本质是为了实现价值流通，互联网的融入并没有改变这一实质。金融为本，表现在三个方面。

第一，金融的核心功能不变。互联网金融和传统金融一样，其核心功能都跳不出支付清算、资源转移、资金融通、股权分割、管理风险、提供信息和提供激励的范围。

第二，金融契约的内涵不变。金融的本质还是资金融通，信任和信用的契约精神仍是金融赖以存在的基础，供需双方的法律关系没有改变。

第三，金融固有的风险没有消除。金融始终是经营风险的，互联网技术的应用仅仅是提供了更多的风险识别和缓释手段，但金融自身的风险并不会消除；相反，互联网技术的应用，会使金融行为发生的时间、地点和参与主体变得更加不可预见，流动性风险、信用风险甚至会有所放大。大数据利用相关关系而非因果关系的特质，决定了用其进行风险预测评估并不完美。

互联网客观上推动了金融的发展，互联网求变表现在三个方面。

首先，应用技术的强化。基于移动通信、云计算、LBS 等技术，让支付呈现出终端离散化、身份数字化、服务通用化的新特性；基于大数据、云计算和社交网络让信息的生产、传播和处理速度更快、效率更高。

其次，思维模式的转变。虽然在"以客户为中心"的理念上，互联网金融和传统金融高度保持一致，但是互联网金融强化了对长尾市场的关注，持续地从功能、体验等维度改进产品，服务属性更加突出；善于借助外脑，依托外部环境建立共生、共赢的生态系统。

最后，精神品质的注入。互联网金融将开放、共享、合作、普惠和创新的精神注入金融业，降低了人们参与金融活动的门槛，为现代金融业向普惠金融和民主金融方向进一步发展提供了思路，拓宽了道路。

2. "互联网时代的金融"。综上所述，互联网和金融都遵循客观经济规律。互联网金融既没有脱离金融的本质，也没有跳出金融的范畴，它对于金融业的影响仅处于外围和表征，尚未触及金融的核心和本质，它是特定时期和环境下金融行业应有的，或者是可以具有的表现形式。所以，将"互联网金融"理解为"互联网时代的金融"更为恰当。

三、互联网金融的影响和商业银行的应对

在进行"双向跨界"的过程中，金融和互联网双方既会发挥各自的特

点，让优势更大、功能更强，也会滋生新的问题，造成新的困扰。下面站在商业银行的角度来讨论互联网金融对金融业造成的影响和改变。

（一）互联网金融的影响和改变

互联网的冲击虽然没有从根本上改变金融的核心和本质，但却对参与人群、金融产品、业务渠道、生产工具、体系结构和运营方式造成影响，并且引发市场的波动，具体来说，有如下改变。

第一，完善了客户结构。草根客户的占比增加，各类人群都能够平等地参与、平等地享受金融服务、获得投资回报。

第二，丰富了参与主体。信息技术的应用降低了金融服务提供方的准入门槛，无论是传统商业银行还是新兴的互联网企业、电子商务公司都成为重要的市场参与方。

第三，扩充了业务渠道。互联网金融广泛利用移动终端、电商网站、社交网络、搜索引擎以及即时通信工具等多种渠道开展业务，充分集成和对接传统金融机构，形成业务渠道的扩展。

第四，冲击了实体网点。互联网金融的发展，加速了金融服务网络化、虚拟化的进程，让传统金融机构面临更大的实体网点转型压力。

第五，改变了资金成本和收益。余额宝等互联网金融产品通过低成本的网络渠道收集存款，长期来看，有助于降低全社会资金价格。但是，余额宝通过降低交易费用，使小额储户能够自由地在储蓄存款与货币基金之间跨市场套利，并且使得原先沉淀在大银行的小额储蓄可以转而以同业存款的形式被中小银行以竞争性的利率获得，对于商业银行而言，抬高了负债成本，挤压了利润空间。

第六，模糊了支付、货币、存款和投资之间的界限。互联网金融借助于移动支付，创造了可以充当支付手段、可以随时赎回并且具有比活期存款更高收益特性的金融产品，使得支付、货币、存款和投资之间的界限变得模糊。

第七，增大了市场规模，改善了收入分配。互联网金融提供了对接碎片化需求和碎片化剩余的能力，使得被传统金融机构丢弃的碎片化资源得以利用，提升了市场规模，使得低收入者获益，改善了收入分配。

第八，产生了新型的金融中介。相比于传统金融中介，互联网金融是侧重于提供信息服务的新型中介，其意义在于对传统金融中介进行补充（见图7）。

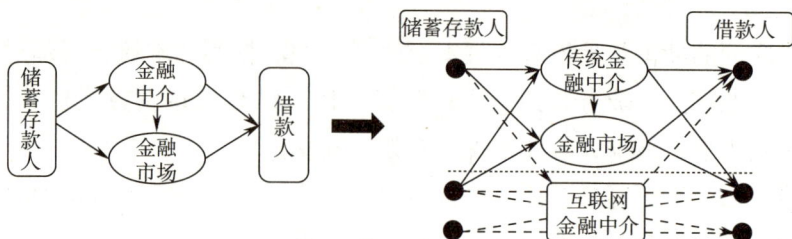

图7　作为新型中介的互联网金融

第九，发展了支付清算体系。第三方支付公司通过在不同银行开立中间账户的方式，对大量的交易资金进行轧差，剩余少量跨行支付通过中央银行支付清算系统完成，在一定程度上承担了类似中央银行的支付清算职能，形成了新的支付清算体系结构（见图8）。

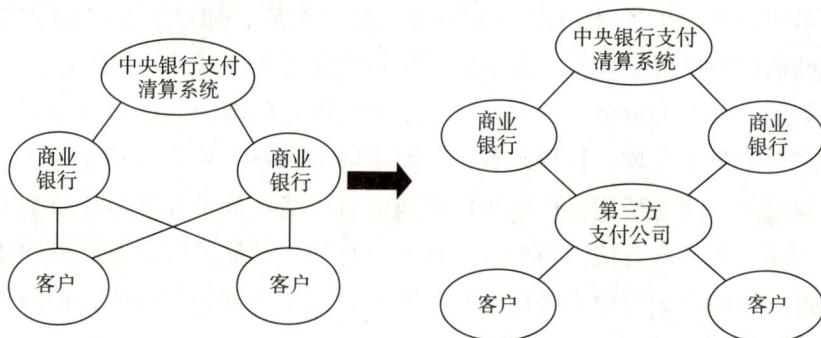

图8　具有第三方支付的清算体系

除上述影响以外，同传统金融相比，互联网金融还存在以下方面的不同，如表1所示。

互联网公司做金融和金融机构借助互联网进行发展，能否殊途同归，取决于市场、政策和技术。不管是互联网还是金融，在自身的发展中，都会顺应经济的规律、把握技术的革新、改进行业的形态、推动社会的进步。当前，互联网金融刚刚起步，想要实现信息高度对称和资源完美配置，还需要经历多次划时代的变革。

表1 互联网金融同传统金融的对比

	传统金融	互联网金融
金融对象	货币	可无实际货币资金的流通
金融方式	直接融资和间接融资	异于直接融资和间接融资的模式
金融机构	银行和非银行金融机构	近似于供求双方直接交易
金融市场	包括资本市场、货币市场、外汇市场、保险市场、衍生性金融工具市场等	更为有效，建立新型金融中介
信息处理	困难，成本较高	容易，成本较低
风险评估	信息不对称	大数据，信息更为对称
资金供求	通过银行、券商等中介实现期限和数量的匹配	自行解决
支付方式	银行支付	超级集中支付和个体移动支付
供求双方	间接交易	直接交易
交易成本	较高	较低

（二）商业银行的应对

我国的银行业正处于一个快速变革的时期，互联网金融的兴起可以说是进一步加快了这种变革，但同时也带来了机遇和启发。对商业银行来说，在互联网时代，如何适应这些变化、找准自身发展的着力点，是各家银行面临的巨大课题。面对纷繁的观点，商业银行不能人云亦云，更不能随波逐流，而是要在立足实际情况的基础之上，把握自身在资本、规模、成本、价格、网点、品牌、服务、人才和经验等方面存在的优势，从市场、客户、体验、营销、风控、运营、政策和组织等诸多方面，全方位、立体化地形成一揽子应对方略。

1. 开辟互联网金融市场，建立普遍服务的客户体系

第一，巩固传统市场地位，开辟互联网金融市场。面对互联网金融的冲击，商业银行首先不能放松对传统市场的把控，只有立足优势领域，才

能进一步发展新兴业务、开拓新兴市场。互联网金融是普惠的金融，代表了更广泛人群的利益诉求，反映了自由市场的发展方向。商业银行开辟互联网金融的新市场，同样要尊重市场的调节机制，把握规律，稳步前行。

第二，打破传统价值创造模式，由单一服务向综合服务转变。互联网金融不是一个具体的产品，而是一种综合的业务形态，因此，商业银行发展互联网金融，要打破传统的价值创造模式。首先，从支付入手，将支付结算主动渗透到用户的衣食住行等各类生活场景中；其次，通过数据的累积，逐步实现金融由支付中介向信用价值创造的演变；最后，再实现数据价值创造的升华，从而能为用户提供支付结算、投融资、消费、理财等综合化的服务。

第三，改变传统的零售客户营销定位，由主要面向精英向更加重视草根转变。随着市场竞争的日趋激烈，优质客户的营销成本不断被抬高，银行业必须转过头来，重新重视草根客户，只有这样才能形成可持续发展的能力，更好地抵御各类"宝宝"们的冲击。事实上，通过大数据和模型创新，可以改变风险管控模式，完全能够为这部分长尾客户提供高质量的金融服务。这对当前的商业银行转型具有重要意义，对金融服务实体经济、服务中小微客户同样具有重要的社会价值。

第四，改进传统的公司业务定位，将小微企业纳入重点服务范畴。商业银行须秉承"服务实体经济"的原则，在保持传统公司业务定位的基础上，围绕重点行业、重点区域拓展优质小微企业客户，实现小微企业金融业务的批量营销。依托供应链中的"三流"（资金流、物流、信息流）信息，围绕大型专业市场、高新技术园区、工业园区等产业集群，批量营销优质小微企业客户，在准确把握客户需求与风险共性的同时实现金融业务的低成本、高效率运作。

2. 创新互联网金融产品，重视客户体验管理

第一，改进模式优化流程，创新互联网金融产品。商业银行要充分借鉴并融入互联网金融在支付结算、信息处理和资源配置三个方面的优势，创新模式，以互联网思维指导产品创新和流程优化，以互联网技术保障产品研发和用户体验。向数据要价值，摸清客户需求，提升支付结算、信贷、理财、投融资和电商网购等产品价值。

第二，超越单纯交易关系，重视客户体验管理。一直以来，银行将风险和信用作为最重要的问题来考虑，在服务客户、研究客户和互动宣传等方面同互联网金融公司存在一定的差距。面临这些挑战，银行首先需要制定客户体验战略，建立客户体验导向的企业文化；其次，需要围绕客户体验打造人力资源支撑体系，保障客户体验战略的切实落地；最后，要完善客户体验相关的科技支撑，最终实现客户体验的提升。

3. 改变传统营销模式，打造一体化营销渠道

第一，改变传统营销模式，由"坐商"变"行商"。随着互联网金融的发展，尤其是第三方支付的发展，一些大城市银行网点的客户已从"熙熙攘攘"变为了"门可罗雀"。要避免客户从"离柜化"走向"脱行化"，就必须重塑营销模式，按照用户的思维方式和使用习惯，进行流程再造，不断提高服务效率。通过大数据挖掘，加强对客户信息的收集和交叉营销，变被动接触为主动营销，加快实现从"坐商"向"行商"的转变。

第二，自主构建互联网销售平台，广泛拓展社会化营销渠道。加快信息化建设的步伐，有线互联网和移动互联网双管齐下，以自主建设的互联网销售平台为核心和阵地，借助社会化思维，积极融入社交网络、电子商务等形式，广泛拓展社会化营销渠道，打造一体化的营销框架，全方位、立体化地渗透到客户生活的方方面面。

第三，借助O2O模式，提供全渠道营销体系。打破"以我为中心"的单渠道、多渠道或者跨渠道思维，建立"以客户为中心"的全渠道思维。强化渠道管理、渠道协同和资源整合，创新O2O双向模式，促进线上、线下流程的顺畅衔接，构建全渠道的营销体系，全面覆盖客户随时随地的金融需求。

第四，结合互联网模式，重新定位线下网点。对物理网点功能进行重新定位，将其从平行渠道的中心转向交互渠道的中心，从利润中心转向数据和信用中心，从交易中心转向服务和体验中心。把物理网点打造成衔接线上、线下渠道的交会点，建立"网点现场引导、客户自助发起交易、后台集中作业处理"的流程实时协同模式。

第五，"得入口者得天下"，提升对互联网入口的控制力。在互联网时

代，拥有用户、拥有流量就是拥有价值，无论是 PC 端，还是移动端，互联网入口均提供了直面客户的渠道，占据了价值创造的先机。如今，在互联网入口正处在功能多元化的高速发展时期，商业银行需要抓住契机、不拘一格，在对入口流量、入口品质、黏性系数和集聚系数这四要素进行统筹考虑的基础上，采用自主研发、集成整合、加盟联合、植入寄生等多种途径，增强银行自身对互联网入口的控制力，提高产品和渠道在互联网入口中的普及率，"先得入口，再得天下"。

4. 强化互联网金融风险防范和处置机制

第一，分级分层，设立多层次的安全策略和防范体系。根据具体业务、场景、客户及账户的不同，基于商业银行已有风险防控体系，面对互联网金融，在操作风险、市场风险和信用风险等多个方面构建多层次、立体化的安全策略和风险防控体系。针对互联网金融渠道业务，要注重操作风险的防范，在技术上融合传感器、生物识别、图像匹配等身份识别技术，构造安全认证体系和差异化的功能控制、额度控制系统，设立多层次的渠道安全策略。在互联网融资业务方面，要着眼于互联网融资与传统信贷业务在生命周期中各个阶段的不同，注重信用风险的防范，建立覆盖贷前、贷中、贷后的风险防范体系。在互联网产品设计方面，要盯住客户需求，充分调查研究，抓住市场脉搏，谨防市场风险。

第二，利用大数据，强化互联网金融风险提示、评估、计量、检测和控制手段。系统梳理各类互联网金融业务、产品的风险点，加强重要风险点防控，建立符合互联网金融业务特征的风险管理政策和措施。利用大数据技术，加强实时数据监控和客户行为分析，侦测欺诈风险，识别可疑交易，强化监控预警信息的线下联动处置。创新信用风险评价模型，强化互联网金融风险评估、计量、检测和控制手段。加强信息安全防护和客户风险提示，落实合作方客户权益保护责任，保障客户资金和信息安全。

5. 建立与互联网金融相适应的弹性运营机制

第一，打造基于互联网思维的弹性业务运行方式。基于模块化、标准化、开放式的流程和信息架构，搭建可以灵活组装、随时调整、自由扩展的弹性业务运行平台。全面梳理互联网相关业务流程、制度办法、交互方式和规则引擎，加强运行维护、资金清算、信息交互、风险监测等互联网金融运营的相关工作。制定全面互通的账户支付运营规范，明确支付对账、差错处理规则，构建全面互通的账户结算、清算、客户服务、业务监控等一体化的运营体系。

第二，健全互联网金融运营监测手段和方法。一是拓展数据来源，有效捕获网络数据，强化数据积累，提升数据整合分类能力，为运营监测提供基础数据支撑；二是建立反洗钱、反欺诈、真伪交易辨识等风险监测、预警和控制模型，提升数据分析、挖掘能力；三是搭建互联网金融业务看板，全面展示客户信息、交易信息、资金流向等业务数据，做到实时预警、及时处理。

第三，打造专业化的互联网金融运营团队。结合互联网金融运营特点，突破现有业务的条线化管理模式，建立市场营销、产品研发、业务管理、客户服务、平台监测等专业化的运营团队，特别是针对互联网金融特有的社交网络、投融资中介和电商平台等新型金融服务业态，提供有针对性的运营、营销服务和支持，有效提升服务水平和质量。

第四，将互联网金融有效纳入银行运营体系。充分利用客服中心、网络平台和实体网点等运营资源，处理好互联网金融与传统业务运营的共性和特性问题，在商业银行运营体系的大框架下开展互联网金融业务，实现资源的协同共享。

第五，强化直销银行运营支持，构建直销银行运营体系。一是建立虚拟账户系统，实现虚拟账户的独立核算，保障行内、跨行、账户联盟方面支付结算的顺畅进行。二是将直销银行纳入商业银行统一的生产运维体系，强化在线运营支持。三是从客服和互联网渠道收集用户反馈，构建以用户体验为中心的运营优化机制。

6. 完善差异化政策制度，保障互联网金融战略的推进

第一，建立互联网金融风险准备制度，保护从业人员，鼓励金融创新。新的产品、新的业态必然带来新的风险，商业银行有必要针对互联网金融的风险特性和行业现状，建立风险准备制度，对于互联网金融产品研发和创新予以内部政策优惠，减少从业人员面临的风险和损失。在坚守商业银行风险偏好的基础上，通过政策和业务流程的改造、风险限额和容忍

度的设定，以及经济资本配置等手段，给予互联网金融业务创新合理的优惠和支持政策，鼓励金融创新。

第二，建立赔付制度，保障客户利益，鼓励客户参与。面对互联网金融的冲击，商业银行在支付安全和便捷易用之间需要找到新的平衡点，有必要建立赔付制度来降低客户风险，保障客户利益。一是借助保险，赔付用户资金损失；二是依赖自有资金，垫付用户资金损失。

第三，改善利益分配结构，强化部门协同合作。互联网金融作为涵盖广泛的谱系，涉及的业务领域较为多样，在基于单一业务条线的绩效考核前提下，商业银行在推进互联网金融工作时，相关部门必然会在协作沟通、绩效评定等方面出现冲突甚至矛盾。这就需要改善部门间利益分配结构，有别于传统模式，构建多业务条线的绩效考核制度，形成部门合力，推进战略落实。

7. 打造与互联网金融相适应的科技支撑体系

第一，夯实信息系统基础架构。探索建立基于云技术的新型技术架构，全面支撑互联网金融业务创新和可持续发展。一是构建高效的基础云服务，通过对网络、存储和服务器等资源的整合、虚拟化，实现基础资源的灵活共享和高效管理；二是构建完整的数据云服务，整合处理海量的、跨地域和行业的、多结构化的数据信息，提供应用的数据支撑服务，并对数据进行有效管控；三是构建灵活的应用云服务，支持更加开放、弹性、个性化的服务方式。

第二，打造开放的互联网金融服务平台。围绕互联网金融业务的内涵特征，全面提升互联网金融平台服务能力，增大平台覆盖，丰富产品种类，拓展业务模式。

第三，建立敏捷的应用产品研发体制。打破环节多、流程长的传统"瀑布式"研发模式，面向市场和客户需求，尝试建立快速、灵活的"迭代式"研发机制和配套 IT 项目管理方式，动态优化业务流程和产品功能。扩充研发团队规模，培育互联网金融思维，提升专业技术能力，构建专业化的互联网金融研发团队。

第四，建立柔性的应用系统运行维护机制。针对互联网金融产品研发快、发布快、调整快的运作特点，优化完善 IT 系统研发流程，建立快速灵活、安全可控的云平台运维机制。构建能够适应云架构、云服务体系的技术运维团队，保障互联网金融业务系统的稳定运行和柔性变更。

8. 优化组织架构，建立专业团队

面临变化速度更快、应对周期更短的互联网金融竞争环境，商业银行需要合理优化组织架构，向扁平化方向发展，减少不必要的组织机构，提升响应速度；商业银行可以借鉴事业部制，或者有针对性地建立一支快速响应的专业化服务团队，增强集约化经营能力。

网络信贷发展的若干问题与政策研究

全国金融青联第六跨界别课题组[①]

传统贷款是在现实经济贸易与传统社会网络基础上形成的信用合约，网络信贷是由信息经济的电商、社交网络派生的债权债务关系，两者之间的演变路径，勾勒出中国金融体系从工业时代金融向服务业时代金融转型的改革方向。本文分析了我国网络信贷兴起的经济与金融背景，概括了当前网络信贷的主要创新模式，并从监管与投资者保护、大数据与风险定价、资金与流动性风险、网络贷款的法律地位、传统金融与互联网金融融合等方面探讨网络信贷的若干问题与政策。

一、网络信贷兴起的背景：经济转型与金融创新

（一）经济新常态呼唤经济新形态

我国经济正向新常态平稳过渡。"新常态"是对我国经济新阶段特征的综合性概括。新常态之"新"，不仅体现为挤压式经济追赶阶段结束，我国经济增速已稳定在新的合理区间，还在于我国经济总量在全球排位的提升（IMF 按购买力平价估计中国 GDP 水平将在 2014 年超过美国），重塑了全球贸易分工、对外投资的新环境，信息通讯、3D 打印、工业机器人等技术的发展促进了全球产业价值链的重构。新常态之"新"，不仅

---

① 课题组组长：赵宇龙，全国金融青联常委，中国保监会财务会计部（偿付能力监管部）副主任。课题组主要执笔人及联系人：卓贤，全国金融青联委员，国务院发展研究中心发展战略部研究室副主任。

意味着发展阶段和比较优势的变化带来经济的新结构，工业经济时代转向服务经济时代，物质交易主导转向物质与服务交易并重，也表现为劳动力结构和就业增长呈现新特征，增长动力正从要素投入驱动转向万众创新驱动。

经济新常态要稳定为"常"，必须有赖于新的经济形态不断成熟与发展。在微观层面，基于互联网经济平台产生了众多活跃的新产业、新业态和新产品，瓦解与重构了我国的传统经济结构。电子商务平台的崛起推动了我国创业、创意与创新经济的发展。2014 年前三季度，全国网上零售额为 18 238 亿元，同比增长 49.9%，占社会消费品零售总额的比重已经达到 9.6%。需要指出的是，电子商务平台的作用绝不仅仅限于消费领域，我国电子商务平台已经成为集信息、物流、品牌、支付、信用等为一身的生产、生活、贸易综合性平台，成为支持经济转型的重要动力。由电子商务衍生出的互联网金融、在线医疗、在线教育、在线娱乐等新商业模式依托中国庞大的人口，拓宽了服务业的市场半径，打破了国内市场的区域分割，摊薄了服务成本，对经济稳增长作出了重要贡献。

经济新常态呼唤经济新形态。虽然新的经济形态增长较快、生机勃勃，但其规模和比重仍然较小，而且在发展过程中面临着与传统产业在政策、资金、劳动力等资源上的竞争。为使我国经济真正从结构调整的"新状态"平稳过渡到稳健增长的"新常态"，金融体系必须进行转型与创新。

（二）经济新形态需要金融新业态

中国现有金融体系是顺应工业时代特征建立的。全球目前的金融体系伴随工业文明而生，强调利润最大化，追求短期高额的回报。这一工业时代的金融体系，以各式创新工具构建了基于物质生产未来现金流的信用和风险体系，在过去的 100 多年有力地支持了实体经济的发展，极大地改变了全球经济社会发展的面貌。

当前的金融体系无法适应中国经济转型新特征。中国的实体经济要持续增长，需要从模仿、追赶的阶段，转向创新、引领阶段。在前一个阶段，由于技术路线相对清晰，基础设施、基础产业等投资失败的概率较小。虽然我国金融体系也曾历经不良资产危机，但整体而言，金融体系借助于金融中介、间接融资、政府担保，在过去 30 多年发挥了大规模、高速度动员和配置金融资源的作用。目前，可以商业化、大面积推广的技术革命正在酝酿，但尚未形成像当年汽车、个人电脑、手机等那样可大规模商业应用的技术突破，因此投资路径并不清晰，新兴产业投资失败的风险高。此时，仍以传统金融结构支持实体经济，会出现两种可能：新兴产业投资狂热后的资产泡沫，或继续支持传统产业以致形成众多"僵尸企业"和"僵尸金融机构"。

我国实体经济久推不转，从金融结构的角度看，至少有三方面原因。一是杠杆率过高。金融市场发展不足，债务融资远大于股权融资，金融体系成为债务利息的食利者，而非创新收益的分享者，导致实体经济重规模、轻效益，创新动力不足。二是融资成本过高。正规金融对中小企业供给不足，不规范的民间金融抬高了融资成本，在传统产业利润下滑、新兴产业尚未成规模的情况下，实体经济背上高盈利的压力，转而将融资资金投入资产领域，形成资产泡沫，投机气氛浓，创新创业者寡。三是信息不对称严重，信用体系、金融监管、法治环境、信息披露等制度不健全，金融体系被迫采用高利率、互保联保等方式进行风险缓释，但高利率引发逆向选择，互保联保导致担保圈内企业资金链条紧、经营脆弱性高。

（三）网络信贷是金融需求与供给共同推动的创新

民间金融阳光化的需求是网络信贷产生的土壤。一方面，传统金融体系重资产、重担保的特点使其更倾向于向大企业、大客户融资，小微和民营企业难以从中获得资金支持。另一方面，由于金融市场不完善、资本管制等因素，规模庞大的民间资本也迫切需要寻找更高效的投资方式和渠道来获得收益。长期以来，我国的小微和民营企业倚重民间金融体系提供的资金链条。然而，处于监管灰色地带的民间金融体系稳定性不高、操作不规范、信息不透明、利息成本高，资本容易导入到短期投机性领域，资金链条容易断裂，常集聚行业性、区域性乃至系统性的风险。网络信贷将民间金融中的社会人情网络转移到互联网平台中，不仅增加了信息披露的透明度，还调动了更广泛的投资者，是民间金融阳光化的一种有益探索。

网络信贷是不断创新的电子商务平台的高级形态。电子商务在中国的演变路径是制度和基础设施缺陷倒逼的跨越式发展。我国第一代电子商务平台伴随着中国加入世贸组织而发展，B2B的模式直接沟通了中国众多代工厂与国外贸易商，降低了交易成本，支持了外需导向的经济增长。以淘宝为代表的C2C模式启动了第二代电子商务平台，使得具备仿制能力的代工厂能够借助没有边界的互联网，打破国内市场的区域分割，克服国内交通基础设施的不足，推动三四线城市的消费升级。第三代电子商务平台兴起的背景是2008年的国际金融危机，天猫、京东等B2C平台助推了内需导向的经济转型，并帮助国内厂商建立了自己的品牌。经过十多年的发展，我国电子商务平台已经成为集信息、物流、品牌、支付、信用为一身的生产、生活、贸易综合性平台，并在信用数据积累的基础上引入了资金流，形成了包含互联网金融功能的第四代电子商务平台。第四代电子商务平台不仅交易物品，还以P2P和股权众筹等形式交易包含创新、创意和创业思想的金融合约，成为大众创新、万众创新的重要动力。

全球风险资本的追逐助推了互联网金融企业的发展。从技术角度讲，大数据、云计算、平台建设、移动互联网等新一代技术的发展实现了信息应用环境的质变，使去中心化的连接、开放和协作更为畅通，大幅提升了金融服务的可获性、及时性和便利性（阎庆民，2014）。互联网金融企业的经营理念、运作方式和盈利模式都不同于传统金融机构，企业属性中互联网和IT界的基因比重更高。由于获得前期海量客户、业务量的需要，互联网行业属于高资本密集的行业，每一轮发展周期都有大规模风险资本介入。此轮互联网金融热潮正是通过在全球范围内寻找投资来助推快速发展的。由于我国金融体系存在巨大的供需缺口，国内外资本对我国互联网金融的介入度和热情度甚至超过国外。2014年以来，至少已有20家P2P平台宣布拿到风险投资，融资金额多在千万元/美元级别，表1列出了2014年下半年以来的投资事件。

表1   **2014 年下半年以来 P2P 平台投资案例**

平台名称	融资时间	投资方（或领投方）	投资金额	融资轮次
爱钱帮	2014 年 7 月	盛大资本	千万元人民币级	A
雪山贷	2014 年 7 月	G&Z SHARES COMPANY LIMITED	1 550 万美元	A
微美贷	2014 年 7 月	北京高通盛融投资公司	千万美元级	天使或 A 轮
投哪网	2014 年 7 月	广发证券直投公司广发信德	亿元人民币级	A
花果金融	2014 年 7 月	蓝基金（蓝色经济区产业投资基金）和首都科技集团	千万元人民币级	A
豫商贷	2014 年 8 月	中国浩睿集团北京宏融宝汇投资有限公司	未透露	A
人人聚财	2014 年 8 月	个人投资者通过博时资本单一定向资管计划领投	亿元人民币级	A
星投资	2014 年 8 月	中元国信风险管理咨询（北京）有限公司	千万元人民币级	A
银豆网	2014 年 9 月	联想之星	千万元人民币级	A
银客网	2014 年 9 月	暂未透露	千万美元级	A
积木盒子	2014 年 9 月	小米、顺为资本、银泰资本	3 719 万美元	B

数据来源：零壹财经网站。

二、我国网络信贷的创新与实践

网络信贷是在创新中不断发展的融资产品。关于网络信贷的定义，目前主要有狭义和广义两个口径：就狭义而言，网络信贷是互联网企业发起、组织的信贷活动；从广义出发，网络信贷既包括传统金融机构的"信贷网络化"，也包括互联网企业开展的"网络化信贷"。我们认为，随着互联网技术的广泛应用，金融机构与互联网企业的业务边界将趋于消失（见本文的第七部分），以信贷业务发起机构作为界定的标准并不符合网络信贷的未来趋势。因此，本文对网络信贷的定义着眼于业务本质，是指借款者和贷款者通过网络平台，实现债权债务合约在线交易的金融业务，是一种偏向于宽口径的定义。作为新生事物，且受监管政策的调整影响，全球网络信贷的外延一直处于调整变化中。当"网络信贷"概念刚引入我国时，以 Lending Club、Zopa 为代表的互联网金融公司主要提供的是汽车贷款、信用卡贷款、工薪日贷款等日常消费性贷款，借款者和投资者都以个人为主。近年来，全球网络信贷的服务范围已扩大到医疗融资、不动产抵押贷款①，借款人覆盖到小型工商户、中小企业②，投资者也从个人扩展到机构投资者。

（一）传统融资的网络化

1. 基于实体经济供应链交易平台的网络贷款

供应链贷款是商业银行常规融资业务，是指银行将供应链上的核心企业及其相关的上下游配套企业作为一个整体，围绕一家核心企业，根据供应链中企业的交易关系和行业特点，通过现货质押和未来货权质押的结合，为供应商、制造商、分销商、零售商、最终用户等供应链条上的 n 个企业提供的融资服务。供应链融资有助于解决上下游企业融资难、担保难的问题，打通上下游融资瓶颈，降低供应链条融资成本，提高核心企业及配套企业的竞争力。

信贷网络化是供应链融资发展的重要方向。常规的供应链融资存在着操作成本高、风险控制难度大的问题。供应链融资大部分期限较短、操作笔数多，由银行人工进行融资操作的效率低、成本高。另外，供应链融资的风险取决于贸易活动的稳定性、真实性，人工识别与判断的时间长、风险大。因此，网络供应链融资成为商业银行克服传统供应链融资弊端的重要举措。银行通过信息系统连接销售平台、企业 ERP 系统、企业网银和银行信贷系统等数据库（见图1），实现贷款资料电子化、信息传输系统化、信贷操作网络化，既能提升业务效率，更能保证数据来源的准确性——实时获取上下游企业的库存、结算、融资、物流数据，监测业务运行中信贷资金的具体流向、用途以及担保物的足值、有效性等情况，从而有效预判和管理风险。

2. 基于支付结算平台的互联网贷款

相比于互联网企业发展大数据的热潮，商业银行其实也沉淀了不少尚待开发的海量数据，商户 POS 机的交易数据就是其中之一。公开资料显示，银联商务的业务网络覆盖了全国所有地级以上城市，合作商户和维护

---

① 如美国的 Lending Club 公司在 2014 年 4 月收购了一家名为 Springstone Financial 的贷款公司，开始提供医疗融资服务；成立于 2013 年 9 月的美国 Lending Home 公司，专门提供不动产抵押贷款。

② 英国的 Funding Circle 公司成立于 2010 年 8 月，是英国第一家主要面向中小企业的 P2P 信贷平台，2014 年 2 月获得英国政府 4 000 万英镑的投资。

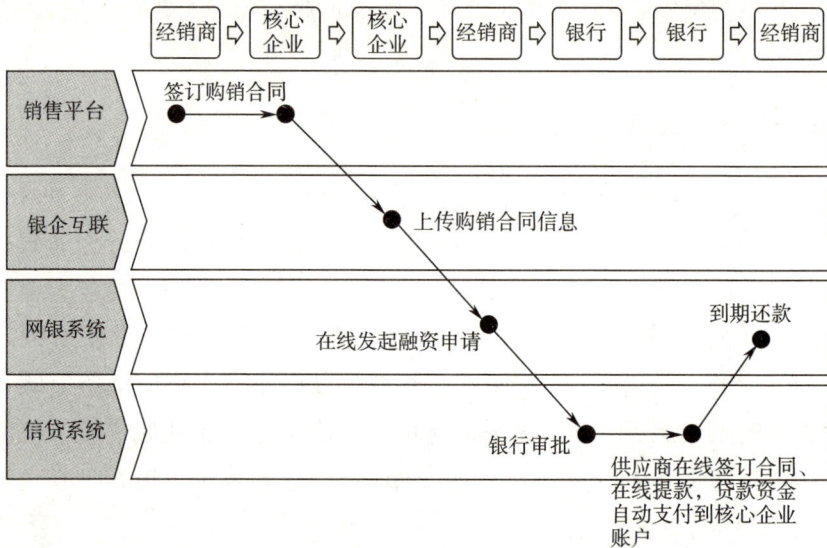

图1　网络供应链融资的操作流程

的 POS 终端分别超过 200 万户、300 万台，占银行卡收单市场 40% 的份额。通过 POS 机刷卡交易所产生的海量用户交易流水，银行可以判断企业的运营能力、资金需求等，从而掌握企业真实的信息，测算小微商户经营规模，并在线给予相应贷款。目前，光大银行、招商银行、中信银行、民生银行、平安银行等均推出了 POS 商户网络贷款，我们以光大银行的"POS 快贷"为例。小微商户安装了光大银行的 POS 机后，即可向光大银行申请 POS 快贷。根据小微企业 POS 机刷卡交易的资金结算量及稳定性的不同，小微企业最高可获得 100 万元的贷款，无须抵押、担保，并且按天计息、随借随还，最长授信期限为 2 年，一次申请可循环使用。与同类产品相比，光大银行 POS 快贷设计了标准化的申请资料及审批环节，小微商户需提交的申请资料更简化，贷款办理流程更快捷，精准契合了小微贷款需求"快"这一特性。

（二）互联网企业发起的网络贷款

1. 基于电子商务平台的网络贷款

为构建良性循环的电子商务生态系统，电商企业有动力基于网络交易数据，向商户、消费者提供网络贷款。日本的乐天、美国的亚马逊都是电商网络贷款的成功实践者。其中，乐天 2012 年金融业务收入为 1 564 亿日元，占总收入的 33%，贡献了 28% 的利润（乐天的业务结构见图 2）。相比国外电商网络贷款主要针对消费者信贷，国内电商网络贷款创新的亮点在于小微企业贷款。下文以阿里和京东的网络贷款为例。

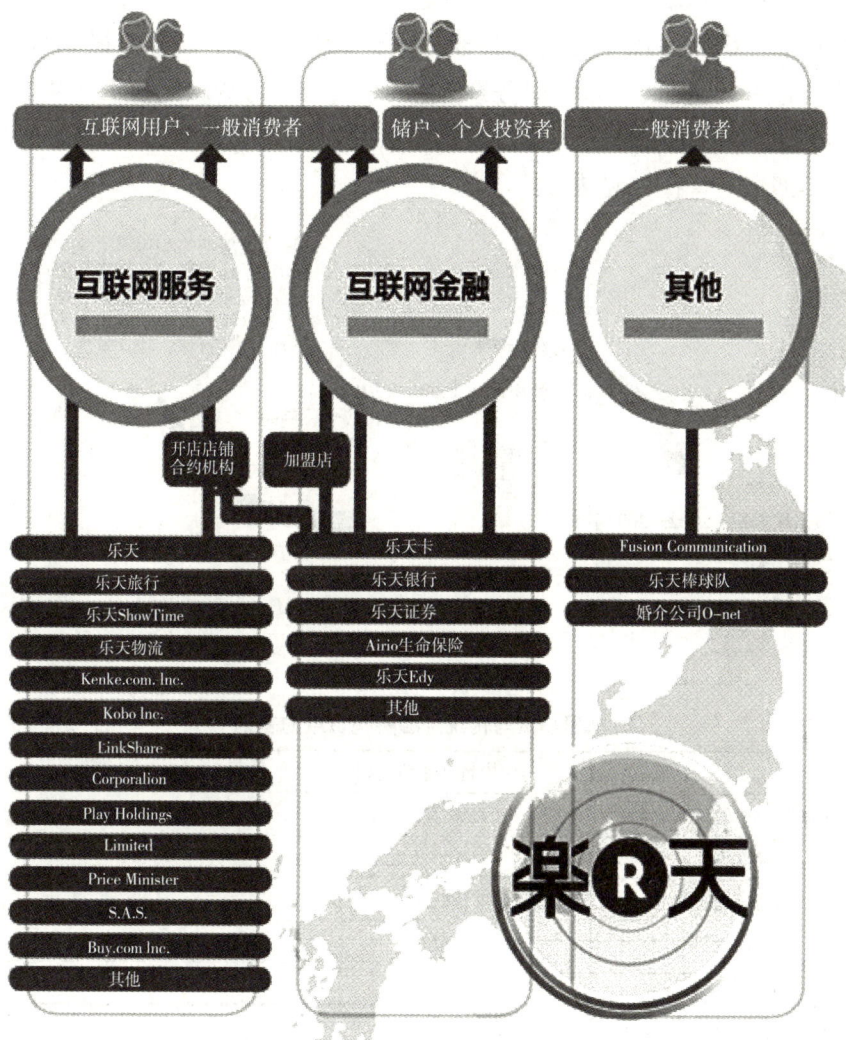

资料来源：http：//www. it. sohu. com/20130922/n386962458. shtml。

图 2　乐天公司的业务结构

（1）阿里的小额信用贷款。经过用户数据积累期以及与商业银行合作的经验积累期以后，阿里巴巴进入了独立发展期（见图3），于2010年和2011年先后成立了浙江阿里巴巴小额贷款股份有限公司及重庆市阿里巴巴小额贷款有限公司。阿里小贷通过B2B业务、淘宝和天猫三个平台上的数据沉淀，对电商平台的交易数据、社交网络的用户信息和行为习惯进行分析处理，形成网络信用评级体系和风险计算模型，并据此向小微企业、个人创业者提供纯信用小额贷款服务。截至2013年末，阿里金融累计贷款总额超过1 600亿元，累计服务客户65万人，户均贷款额度低于4万元，不良率约1%。相比于传统银行和小贷公司，阿里小贷具有利率低、额度小、周期短等特征（见表2）。

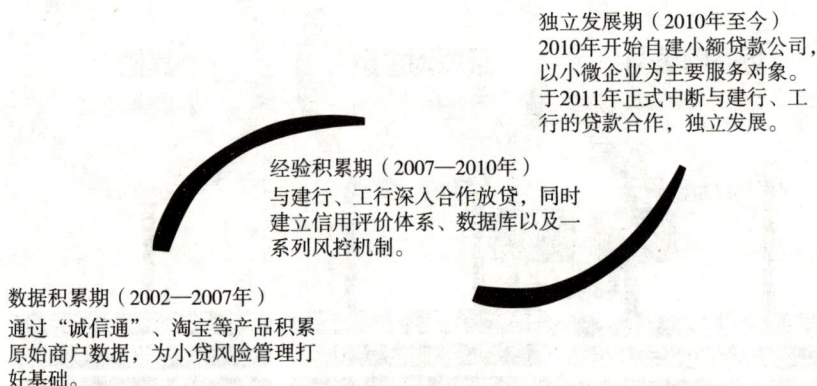

独立发展期（2010年至今）
2010年开始自建小额贷款公司，以小微企业为主要服务对象。于2011年正式中断与建行、工行的贷款合作，独立发展。

经验积累期（2007—2010年）
与建行、工行深入合作放贷，同时建立信用评价体系、数据库以及一系列风控机制。

数据积累期（2002—2007年）
通过"诚信通"、淘宝等产品积累原始商户数据，为小贷风险管理打好基础。

图3　阿里小贷发展历程

表2　　　　　　　　　　　　阿里小贷与传统金融机构贷款的差别

	传统银行和小贷公司	阿里小贷
小微企业年化利率成本	15%以上	6.70%
贷款额度	平均150万元	户均3.5万元
单笔信贷成本	2 000元	2~3元
审批周期	最快3天	最快几分钟
小微企业不良贷款率	2%~3%	约1%

资料来源：阿里集团调研材料。

（2）京东商城的电商供应链融资。相比阿里小贷，京东的网络贷款属于"供应链金融"的范畴。最初，京东不直接进行贷款发放，而是与其他金融机构合作为供应商贷款，京东只作为信息中介，不承担信贷风险。
2013 年 12 月 6 日，京东正式上线名为"京保贝"的自有资金贷款业务。
京东平台上万家供应商可凭采购、销售等数据快速获得融资，且无须任何
担保和抵押，能有效地提高企业营运资金周转速度。"京保贝"通过对京
东平台上的采购、销售、财务等数据进行集成和处理，完成自动化审批和
风险控制。由于整个流程都在线进行，实现放款的时间可由以前按天计算
缩短到 3 分钟以内，融资成本为年化 14% ~24%，融资期限最长达 90 天。

2. 基于债权交易 P2P 平台的网络贷款

P2P 网络信贷平台是电子商务发展的高级形态。最初，电子商务平台
是基于货物贸易而产生的，在这个阶段互联网平台交易的是信息流和物
流。随着互联网商业化应用的发展，电子商务平台又将交易内容扩展到服
务贸易，包括在线教育、在线旅游、在线医疗等。为了满足货物贸易时空
分割以及服务贸易非物质交易的特点，电子商务平台衍生出第三方支付的
功能，在信息流、物流的基础上增加了资金流的元素。资金流的沉淀产生
了投资需求，电子商务平台又将可交易的内容拓宽到了理财产品。理财产
品需要连接投资端和融资端，于是电子商务平台进一步演变为债权债务合
约交易的平台，直接沟通互联网上众多的投资者和借款者，形成了点对点
的 P2P（Peer to Peer）网络信贷平台。从严格意义上来说，P2P 平台只承
担信息中介的功能，不履行信用中介的功能，不事先归集现金，不进行金
额与期限的错配。传统 P2P 平台的投资端和融资端都是个人，随着业务的
发展，国际、国内都出现了个人对企业 P2B（Person – to – Business）、机构
对机构 B2B（Business – to – Business）的网络信贷模式。

截至 2014 年 9 月 30 日，我国 P2P 平台共 1 227 家（见图 4）。在地域
上的分布集中度方面，广东 244 家平台，占到总数的 19.9%；浙江和北京
分别以 178 家和 126 家位列第二、第三位；山东省平台数也达到 110 家。
四个数量过百的省（直辖市）平台数合计占到全国平台总数的 53.6%。

从理论上看，网络信贷能够提高我国金融运行的效率，缓解金融体系
的风险。依靠互联网辐射范围广、资金成本低、信息对称性高、交易速度
快等优势，网络信贷能降低银行运营和融资成本，推动利率市场化和民间
金融阳光化，将融资覆盖面扩大到创新企业、落后地区等被传统金融忽视

家

244

178

126
110

201
148
112 91
101 76
73 55 52
45 41 40 39 39
28 26 31 29 29 28 27 27 24 18
21 17 14 12 11 11 10 8 7 5 3 3 3 2 2 1
12 10 10 10 9 5 6 4 3 3 3 1 2 1

广东 浙江 北京 山东 上海 江苏 四川 湖北 湖南 福建 安徽 重庆 河南 江西 河北 广西 陕西 天津 云南 贵州 内蒙古 辽宁 山西 宁夏 新疆 黑龙江 海南 甘肃 吉林

■ 正常　■ 问题

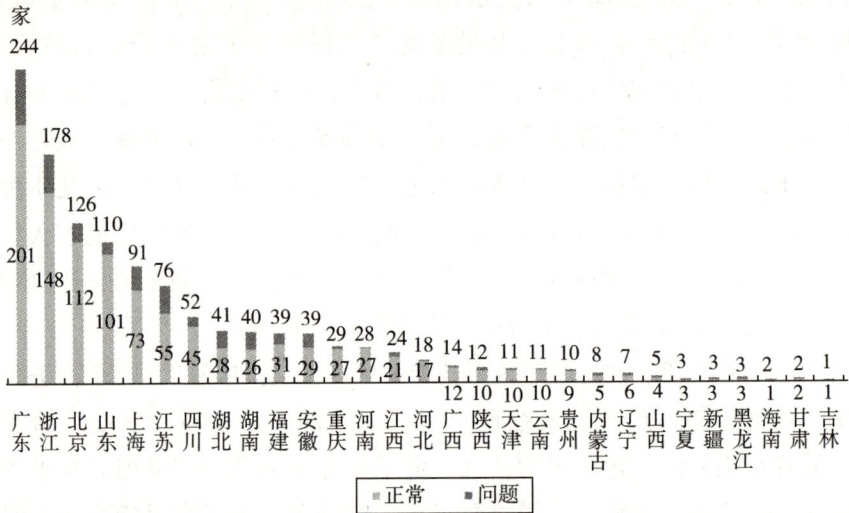

注：柱状图上方的数字为该地区所有平台数量，即正常平台和问题平台之和。

数据来源：零壹财经网站。

图 4　全国 1 227 家 P2P 平台地域分布情况（截至 2014 年 9 月 30 日）

的领域。在风险方面，其小而分散的特质缓解了淤积于传统金融体系的风险集中度；又因其改善了电子商务生态，可降低中小企业资金链断裂风险；同时，其融资过程本身也是项目市场价值试验的过程，这为实体经济提供了更多的试错机会，降低了项目失败风险。然而，在发展过程中，网络信贷也面临不少问题与政策选择，下文从五个方面择其重要者进行论述。

三、问题与政策讨论之一：风险、监管与投资者保护

网络信贷在为更广泛的借款人提供融资便利的同时，也已经暴露出不可回避的风险。目前，在上一节介绍的四种模式中，P2P 网络信贷平台的风险尤为突出。许多 P2P 平台超越了信息中介的功能，承担了信用中介和资金中介的角色，并提供本息担保承诺，成为风险的汇聚者和管理者，表现为以下四方面风险。一是恶意诈骗风险。一些 P2P 平台以抽资跑路为最终目的，利用"庞氏骗局"的手段，通过高收益率的投资项目吸引投资

者，再利用后续投资者的资金偿还之前投资者的本息，造成平台高收益的假象，最终使得投资者血本无归。二是非法集资风险。部分 P2P 平台伪造投资项目，将投资资金挪为己用。一旦母公司或负责人不能及时归还本息，就会造成资金链断裂。三是资金池期限错配的风险。为提高业务量，有些 P2P 平台在没有借贷项目时虚构借款信息，先向投资者筹集资金，构建资金池，然后再进行期限拆标以匹配项目。四是无序竞争风险。不受监管约束的网络信贷，不仅引发了互联网金融机构之间竞相主动降低手续费的价格竞争，同时也借监管套利的渠道引发了互联网金融机构与传统金融机构之间的恶性竞争。截至 2014 年 9 月 30 日，已经出现问题的 P2P 平台共 207 家，广东、浙江、江苏三省的问题平台数量共计 93 家，占问题平台的 44.93%（见图 5）。由于互联网信贷参与者众多，外部性特征突出，风险涉及面广泛，互联网信贷风险的爆发有可能导致金融体系遭受系统性冲击。

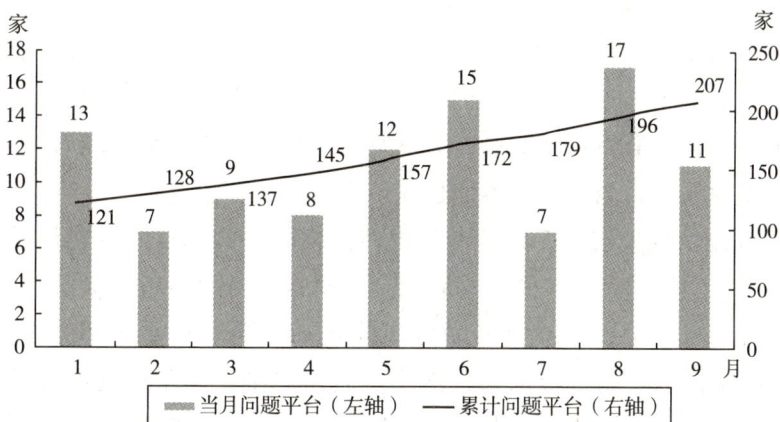

数据来源：零壹财经网站。

图 5　2014 年 1~9 月问题平台情况

（一）监管立规，促进网络信贷阳光化、制度化和规范化

监管门槛缺失导致网络信贷平台出现"劣币驱逐良币"的现象。在我们调研的过程中，多家互联网金融企业都表示，希望监管规则早日出台，

以规范行业竞争、提高行业声誉、降低过度竞争导致的高成本。金融是牌照特许经营的行业，监管部门设置的准入门槛、经营规范、退出机制等产生了特许权价值，而特许权价值的存在有助于减少金融机构的道德风险。在监管空白和监管真空下，互联网金融机构并没有受到特许权价值的约束，恶性竞争将导致优质、理性的互联网金融机构被迫退出。从国际经验看，出于保护创新的考虑，全球对网络信贷监管也处于探索阶段，尚未像银行业那样有巴塞尔协议这样的全球化约束。即使是在英国，尽管全球第一家 P2P 平台 Zopa 2005 年 3 月就开始运营，英国政府也只是在 2014 年 4月 1 日出台规定，将 P2P 网贷纳入政府监管范围。对于发展迅速而缺乏规范的我国网络信贷而言，需从以下几方面设定监管规则。

1. 变机构监管为行为监管。我国金融监管框架以机构监管为主，这与互联网金融跨行业经营、交叉型业务的特征并不相符。应改革现行监管方式，变机构监管为行为监管，通过部门间的协作配合，促进监管信息交流和资源共享，提高监管透明度和监管效率。

2. 设置准入门槛。P2P 信息平台作为遴选信息、信用分析的机构，具有很强的专业性，应有一定的门槛，对从业机构应该有明确的注册资本、高管人员专业背景和从业年限、组织架构完整规范等要求，同时对其风险控制、IT 设备、资金托管等方面也应该有合理的资质要求。

3. 强制信息披露。提高各参与主体的信息披露程度，可以揭示风险，有效保护金融消费者。首先，互联网金融机构本身要向市场披露自身的管理和运营信息，也要向投资者做好风险提示，开展必要的外部审计。其次，要明确投资者的资金来源，落实实名制原则，避免违反反洗钱法规。最后，融资人必须接受债权大众的公开监督，在债务到期日，定期公布资金使用状况、经营现状及到期还本付息现金流情况，任何债权人均应被赋予监督和调查评测融资人经营的权力。

4. 明确业务边界。P2P 机构要遵循 P2P 信息中介业务的本质，明确其为小额借贷提供信息服务的机构定位，不能持有投资者的资金，不能建立资金池，不能将信用风险传导到金融主体，防止出现类银行化的监管套利。

5. 建立健全互联网金融机构的退出机制。退出机制是保障互联网金融健康发展的必要选择。可考虑通过行业协会建立风险共担基金或投资者保护基金，由互联网金融企业依据业务规模和风险状况，按一定比例缴存资金，避免因个别互联网金融机构经营失败造成系统性恐慌。

（二）依靠自律，实现创新型网络信贷业务的自治和规范

行业自律是政府监管的必要补充。自律组织要在网络信贷标准的发起、成熟、推广等方面发挥主导性作用。对于创新层出不穷的互联网金融，监管的调整往往不能同步适应。而自律相对灵活，对于监管成本过高的领域，通过自律可以实现业务自治和规范。完善互联网金融行业自律体系，能够适当填补立法、修法过程中的监管空白，引导互联网金融企业规范经营行为，是维护良好市场秩序的重要保证。长期以来，英国政府一直没有专门的机构和法规对 P2P 平台进行监管，反而是自律组织 P2P 金融协会发挥了有效的作用。该协会覆盖了英国 95% 的 P2P 市场，提出了最低运营资本金要求、客户资金隔离、信用和支付能力评估、反洗钱和反欺诈措施等十大行业规则。

（三）平衡风险，从简单的担保转向多元化的投资者保护工具

为了吸引投资者，国内不少 P2P 平台都提供本金担保的服务，许多 P2P 网站甚至承诺保息。担保方式有三种：一是平台自身提供的自担保，二是平台所在集团的子公司提供的担保，三是第三方担保机构提供的担保。在未来的监管法规中，对于第一种担保方式应明确禁止，以免形成类银行经营的监管套利；对于第二种担保方式，在业务比例上也应该有所限制，防止关联企业间的风险传导；第三方担保方式虽然可行，但"去担保化"是网络信贷的发展趋势，过分强调担保的作用不利于网络信贷覆盖更广泛借款人的初衷，而且网络信贷的规模发展起来后，对第三方担保机构资本金存量有一定的杠杆要求，过度依赖第三方担保实际上会限制网络信贷业务的扩张。

我们必须在去担保化和投资者保护中找到一种平衡。借鉴国际经验，有必要发展多元化的投资者保护工具，实现市场化的风险分担。一是安全保障基金。Zopa 对借款者会收取一定的借款手续费，这笔手续费一部分会

存到第三方 P2PS 保管的安全保障基金里（Zopa 无权使用安全保障基金），用于贷款违约时的本息偿还。二是借款保险。英国的 Lending Works 公司在安全保障基金之外，还采取了保险政策来防止贷款风险，该保险可对最多 10% 的借款总额进行违约保护，这一比例远高于其预期的 1.54% 的违约损失率。

（四）把握门槛，防止不知情投资和过度投资

目前，许多 P2P 信贷平台的宣传点是"低门槛投资"，用所谓的"预期高收益"来吸引眼球、做大规模，没有充分披露信息、如实揭示风险，甚至误导投资者将大量资金集中投资到高风险项目，违背了网络信贷风险分散的原则。为此，既要设置一定标准的投资者准入门槛，又要对单笔投资额度有所控制。

首先，应该从财富标准、风险偏好、风险承受能力等方面制定投资者准入标准。在具体实践中，要使用投资者偏好程度在线测试，开展投资者风险承诺在线抄写，让投资者充分知悉项目风险，打消"刚性兑付"的预期。

其次，要遵循 P2P 信贷小额、分散化投资的原则。小额、分散化投资是降低网络信贷风险的重要手段。国内有些 P2P 平台通过"高收益、低风险"的宣传，吸引资金雄厚的投资者进行大额投资。例如，在我们的调研中，一家 P2P 公司并没有设置单笔投资限额，有的投资者的单笔投资达到 10 万元，这大大超出了国际同业的标准：Zopa 会自动将 2 000 英镑以下投资者的资金分成 N 组 10 英镑借给借款者，美国的 Kiva 与 Prosper 都建议投资者将资金分成 25 美元。监管规则必须对投资者单笔投资额的上限作出明确规定。

四、问题与政策讨论之二：大数据还是信息孤岛

准确的风险定价能力是金融企业的核心竞争力，而基于大数据和云计算的风险定价能力更被视为互联网金融区别于传统金融的重要特征。在理论上，网络信贷的比较优势是基于开放、透明信息的风险定价能力，它能取代担保的功能，拓宽融资可得性边界。如图 6 所示，我国银行业的数据

利用强度高于其他所有行业。但是，由于我国征信、税务、工商、水电费、环保、房产、国土、公安、司法等公共信息共享程度不够，人民银行征信系统暂不对 P2P 企业开放，少数几个大型电商平台形成的自用"闭环"信息也不对外，网络信贷尚未充分发挥信息优势，大部分互联网金融平台仍然需要靠抵押或担保消除信息不对称。因此，与 Lending Club 等国外 P2P 网络信贷平台凭借完善的征信体系进行纯线上交易的模式不同，我国大部分网络信贷平台采用了线上与线下结合的 O2O 模式，依靠线下力量"单打独斗"地实地核实借款人的资信情况。实际上，除了大型电商平台以外，我国大量网络信贷企业并不拥有信息优势，而是形成了众多零散的信息孤岛，网络信贷市场的信息不对称程度甚至要高于传统金融系统。由于无法准确定价，一些 P2P 平台不得不提高综合借款费率以覆盖风险，而

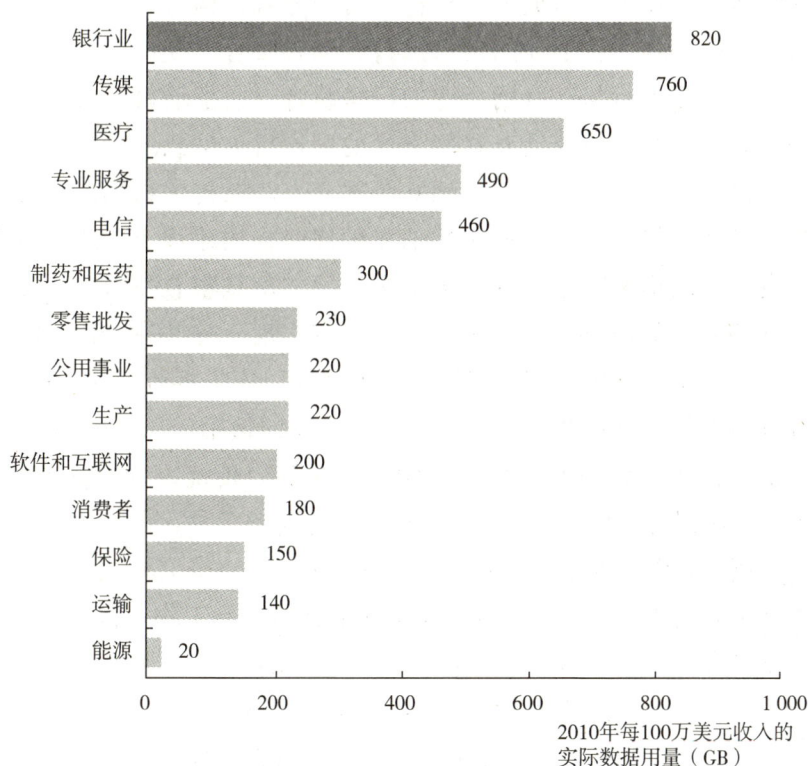

数据来源：BCG、中国农业银行（2014）。

图 6　我国各行业数据信息使用与产出比

这又加剧了借款人的违约风险。为发挥网络信贷潜在的信息优势，我们认为需要循序渐进地开展以下四方面工作。

首先，构建开放式的数据基础设施和数据共享机制。一是公共政务信息的整合。建议由国家统计局牵头，从个人、企业和机构三个维度来整合人民银行征信、税务、工商、水电费、环保、房产、国土、公安、司法等相关层面的信息，构建出单一主体的多层次信用信息。二是官方与民间征信系统整合。人民银行的征信系统收录自然人 8.3 亿人、企业及其他组织近 2 000 万户，但其中有 5 亿人与银行没有信贷交易关系，大量企业没有纳入征信系统。这些被挡在传统金融高门槛之外的个人和企业在电商平台和社交网络上却留下了海量的交易、支付、交流等信息，成为潜在的征信资源。可探索由相关信息提供方（金融机构、互联网企业、征信机构）以混合入股成立征信平台的方式，构建一个公平的数据交换机制，促使各方将个体的信息进行共享和整合，提供覆盖面更广的征信产品。三是银行与互联网企业的信息整合。应推动银行与互联网企业的战略合作，既充分挖掘互联网海量的用户行为信息的价值，又要挖掘银行在网上银行、电话银行、ATM 等媒介上非结构化数据的潜力并发挥客户经理实地尽职调查获取定性信息的优势，构建线上、线下全方位的借款者信用图谱。四是互联网金融企业间的信息整合。目前，互联网金融企业之间犹如信息孤岛，客户信息没有实现充分共享，这既降低了市场效率，也带来了客户多头过度融资的风险。应发挥行业协会的作用，建立互联网金融企业信息共享平台，改变互联网信用信息割裂的状态。

其次，通过创新的模式对电商和社交网络以及传统银行的数据进行整合。中国人民银行征信管理局开展的征信工作是自上而下的，但面临横向部门间的制度障碍，以及纵向同业间的竞争障碍。以既有模式整合数据形成大数据下的信用评级产品，是一项非常艰难的基础工作。目前，自下而上的数据整合模式在中国已经开始了探索，例如在聚信立网站上，申请贷款的用户可以开放自己的各类账号，包括网络银行账号、支付宝账号、公用事业缴费账号，网站可以自动抓取账户里的数据，最后形成一份资信报告。这类报告在中国现有的自上而下的征信体系中是难以实现的，商业模式的创新使得更多人和企业获得被定价的可能。

　　再次，充分发挥大数据分析在网络信贷中的风险定价功能。虽然完善的征信评级体系可以为网络信贷定价提供数据基础，但这仍然不足以覆盖所有潜在融资者。即使是征信评级体系较为完善的美国，在 FICO 信用评分模型中，分数低于 600 的人群占比也达到了 15%（如图 7 所示），这部分人很难被传统金融服务机构所覆盖。移动互联时代为大数据应用创造了条件。随着信息技术的发展特别是移动互联网的普及，个人和企业的行为越来越多地被数字化，在电子商务、社交网络等平台上形成海量信息。这些数据不仅包括营业收入、信用记录等传统信息，还沉淀了电商活跃度、用户满意度、人际关系、兴趣、购物习惯等记录。个人和企业的行为信息被有效采集，并借助云计算等技术进行高速处理和分析后，就有可能刻画出个人或企业的风险行为和风险特征。美国互联网信用评估企业 ZestFinance 对每位信贷申请人的超过 1 万条原始数据进行分析，并得出超过 7 万个可对其行为作出预测的指标。有些信息看似微不足道，例如用户输入姓名时是否采用首字母大写的正确方式等，但 ZestFinance 认为这反映了借款人对贷款申请的谨慎程度与还款意愿。再如，阿里小贷对于没有贷款记录的青年，根据网购收货地址所反映的租金或住宅价值评估其还款能力，根据支付宝中的水电费支付情况分析其还款意愿。基于成千上万类似的信

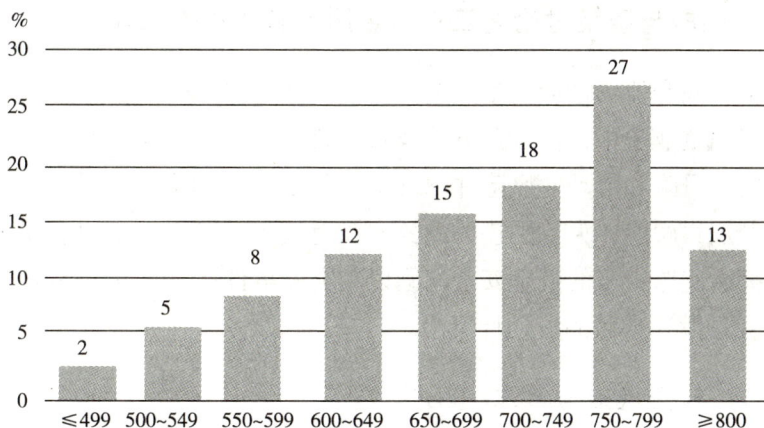

数据来源：刘新海、丁伟（2014）。

图 7　美国 FICO 信用评分人群分布

息进行模型分析，借款人的风险偏好、诚信程度就有可能被勾勒出来，而不再需要用担保的方式降低信息不对称。

最后，关注未来物联网可能产生的海量数据。在万物互联的世界里，物联网将产生更多有价值的连续性信息。目前，大数据更多地来源于电商平台、社交网络，但物联网是未来更大的数据来源。例如，在车联网中，安装在汽车上的传感器能记录驾车者行驶的轨迹、时间和习惯，从而可以评判用户驾驶的安全性和稳健度，能为其汽车保险制定出一个更为精准的保险费率。目前，物联网的一个重要的发展领域就是可穿戴设备，使用者在 24 小时的行为信息都能被数据化。2013 年好奇纸尿裤巴西分公司推出一款新产品，在纸尿裤里安装了传感器，当婴儿的尿布需要更换时就会给用户的 Twitter 发送提醒信息。由此，Twitter 上可记录该用户对换尿布的响应时间。虽然 Twitter 尚未利用这一数据，但我们可以设想，如果一个用户积累了两三年及时换尿布的数据，他有很大可能是一个家庭责任感强的人，在大数据的分析框架下，这个人的贷款违约概率就会小一些。区别于传统征信模式下依据零散时点数据进行定价，大数据通过搜集借款人连续的行为数据来预测其未来的违约概率，物联网所能提供的连续性时间序列数据将是大数据精准定价的重要数据源。

五、问题与政策讨论之三：资金风险和流动性风险

资金风险和流动性风险是当前网络信贷的主要风险。在银行和电商开展的网络信贷业务中，信贷业务涉及自有资金，信贷风险主要体现为信用风险，资金风险和流动性风险并不突出。对于 P2P 网络信贷平台而言，由于业务开展得较晚，大范围违约现象并没有发生，风险更多地表现为平台负责人携款跑路带来的资金安全问题以及突发事件（如网络黑客攻击引发的投资者恐慌）导致的流动性风险。

（一）资金风险与第三方托管

1. 现有第三方支付机构托管所存在的问题

当前网络信贷所暴露出的资金风险，很大一部分原因在于现有第三方资金托管独立性不强、隔离度不高、监督作用不足、透明度不够。

目前，P2P 信贷资金的托管功能主要由第三方支付机构承担。P2P 信贷资金并非平台自有资金，需要由第三方支付机构进行托管，以便在 P2P 平台公司和投资者之间建立一道"资金防火墙"，防止平台公司挪用投资者资金。由于第三方支付机构可以处理不同银行卡的付款需求，方便投资者的资金转账，P2P 平台一般都会与第三方支付机构合作，进行资金的归集和清算。由于掌握了支付环节，大部分第三方支付机构还会提供以下两种类型的资金托管服务，但都主要停留在结算层面，无法有效降低平台负责人挪用资金的风险。

通道型托管是资金安全的"马其诺防线"。绝大部分 P2P 平台会在宣传材料上表明平台资金交由独立第三方托管，但有很大一部分平台并没有为每一个投资者开立独立的账户。在具体操作上，第三方支付采用的是备付金管理方法和预付款的形式，投资者通过 P2P 平台的网页进行充值，资金归集到平台自身的中间账户，支付机构只起通道作用，不对账户的资金用途作出限制或管理，平台对账户内资金拥有事实上的支配权。这种通道型托管并不属于严格意义上的托管业务，平台负责人挪用账户资金的风险极大。

隔离型托管缺乏投资监督的功能。相比于形同虚设的通道型托管，一些较为成熟的第三方支付机构采取了隔离型托管的模式：第三方支付机构为所有用户开设二级账户，用户的资金存储到独立的二级账户，平台无法直接干涉借贷双方的资金流向。隔离型托管虽然保证了账户的独立性，但受业务范围和专业能力制约，第三方支付机构并不能对交易的有效性、真实性与合法性进行监督和管理。在实际操作中，P2P 平台仍然可以通过构造虚假项目触发资金转移条件，使用户的资金转移至平台控制的账户。

2. 在网络信贷一级市场上引入全流程银行资产托管体系

目前，第三方支付机构提供的资金托管服务仅仅是资产托管业务的一个方面，主要停留在资金清算结算的层面。成熟的资产托管业务还应具备会计核算、投资监督、信息披露等职能。目前，工商银行、中国银行、交通银行、招商银行、平安银行、江苏银行等银行已经开始或正在洽谈关于 P2P 资金托管的合作事宜，但从公开资料来看，商业银行目前仍只介入到用户独立账户开立、资金隔离清算环节，尚未发挥投资监督与信息披露的职能[1]。未来，商业银行应该为 P2P 网络信贷提供包括账户开立、资金清算、投资监督和信息披露等全流程的资产托管服务。前两项功能与目前第三方支付机构所提供的服务类似，本部分重点分析后两项功能。

（1）投资监督功能。托管银行应当对借款人信息的真实性进行一定的技术性审核，辨别电子签名的真伪，确认借款行为的有效性和合法性，并根据借款合同及托管协议约定，在借款合同生效之后，严格监督信贷资金的用途、使用限制、关联方交易、虚假借款项目、反洗钱等。若发现平台公司出现疑似虚设项目、套取资金的行为，托管银行首先要第一时间质询平台公司，并同时依法报告监管部门。

（2）信息披露功能。监管部门应当出台 P2P 网络信贷的信息披露指导标准，让平台和托管银行共同对信息披露的真实性、合理性负责。托管银行应当根据法律法规以及托管协议，按月、按季度、按年披露 P2P 平台整体的财务报告、风险情况，以及每一个项目的收费标准、信贷合同、借款人财务状况等。经审核后的信息披露报告要及时向相关监管部门上报，并通过 P2P 信贷平台的网站向社会公布。

（二）流动性风险与第三方债权登记结算机构

建立完善的网络信贷二级市场，能够为网络信贷投资提供有效的退出渠道，提高投资的流动性和吸引力，降低网络信贷市场的流动性风险，并有利于形成均衡合理的市场利率。美国两大 P2P 平台 Lending Club 和 Prosper 公司在完成 SEC 注册后，都与 Foliofn[2] 合作设立了二级交易平台。目前，国内网络信贷二级市场的基本形态为平台内部债权转让，已有陆金所、有利网、一起好、宜人贷、人人贷等不少网络信贷平台开展了内部债权二级市场（见表3）。

---

① 如 2014 年 1 月，招商银行上海分行与人人贷开始风险保证金托管合作，招商银行公布的托管报告注明"我行不承担资金来源及投资安全的审核责任，贵公司与基础业务相对对方产生的经济纠纷由贵公司自行协商解决，我行不承担任何责任"。

② Foliofn 是 1999 年在美国证券交易委员会注册成立的自我清算的经纪交易商。

表3   **各P2P平台债权转让相关信息**

平台名称	上线时间	最短持有期	转让价格	有效时间
陆金所	2012 年 12 月	由最初 180 天陆续降至 60 天	自定义转让：折扣 3% 内	72 小时
			竞拍转让：加价上限为当期利息	1 小时
有利网	2013 年 2 月	不限	自定义，折扣 0.5%~7.5%	不限
一起好	2013 年 2 月	15 天	自定义，只可转让一次	3 小时
宜人贷	2013 年 6 月	90 天	剩余本金	未知
人人贷	2013 年 10 月	90 天	自定义，可拆分	不限
爱投资	2013 年 11 月	30~90 天	自定义，可部分转让	72 小时
投资宝	2013 年 11 月	不限	自定义	不限
人人聚财	2013 年 11 月	不限	自定义	自定
你我贷	2014 年 4 月	90 天	自定义，折扣 2% 内	24 小时
ppmoney	2014 年 6 月	30 天	自定义，本金到本息之间	72 小时

数据来源：零壹财经网站。

    然而，由于目前二级市场呈现的是分割的格局，交易活跃度低，信贷合约标准大相径庭，市场的深度与广度不足，只是形成了有限的流动性。为降低网络信贷二级市场的流动性风险，需要形成一个债权合约托管、流转的统一平台，而其中的关键在于建立第三方债权登记结算机构。对此，我们可以借鉴证券市场的相关做法。在证券市场上，为了避免证券公司虚拟、伪造交易，证券二级市场上设立了"证券登记结算公司"这样一个第三方机构，为证券交易提供集中的登记、托管与结算服务。托管银行要根据证券登记结算公司的交易结算数据和证券公司的证券交易、股份管理的数据进行清算核对。证券登记结算公司的建立，降低了证券二级市场的信息不对称，增加了二级市场上交易撮合成功的概率，提高了市场的流动性。同样地，在网络信贷市场上，也可以建立独立的第三方债权登记结算中心，既可以在一级市场对信贷合同进行独立保存和审查，降低 P2P 平台公司虚设项目、挪用资金的风险，也可以为二级市场提供集中的登记、托管与结算服务，便利二级市场交易，提高网络信贷的流动性。

六、问题与政策讨论之四：健全网络信贷的电子签名法律认定体系

在司法实践中，网络信贷的法律有效性并不明确。按照现行银行业监管规则，商业银行必须具备线下实体网点，向客户提供面对面的金融服务，以控制风险。而网络信贷运用互联网技术工具进行在线签名来规范借贷双方的权利和义务，所涉及的交易环节，如点击合同、浏览合同、网上签约等行为发生在虚拟的网络空间。虽然我国已出台《电子签名法》，但由于实践案例不多，司法实践对网络信贷电子签名的有效性、正当性、合规性认识不一，通过法律途径进行催收的难度较高。例如，法院判断借贷关系是否成立的一个重要依据是银行交易的流水，而当前大部分平台通过第三方支付机构进行资金交易，无法提供银行结算凭证，法院对第三方支付机构所提供的证据普遍不予采信。根据我们的调研，在杭州市的网络信贷实践中，当网络信贷出现违约而诉诸司法时，迄今只有一个阿里小贷的案例被法院认为是有效的信贷合同。因此，应尽快明确《电子签名法》的具体司法解释，指导各级法院有效公正地应对各类法律纠纷。

（一）电子签名对于确立网络信贷法律关系意义重大

只有通过交易前的实名认证、交易中的电子签名认证等信息安全保障手段以及交易后的第三方纠纷调解、电子数据司法鉴定、律师服务等，才能确保网络信贷交易的健康发展。电子签名的法律效力在于具有"表明身份"和"确认接受所签署合同所载内容约束"的双重效力。在互联网环境下，交易双方难以面对面签署文件，无法实现传统的手写签字及盖章，而与手写签字盖章等效的电子签名可以用来作为鉴别交易方身份及表示认可的文件。电子签名认证的目的在于使互联网金融交易违约方承担相应的法律责任，藉以维护网络交易公平和安全。

以 P2P 交易为例，电子签章系统已能够在电子文件中识别交易参与者的真实身份，保证交易的安全性和真实性，起到与手写签名或者盖章同等效力的作用。具体而言，电子签名主要有三个作用：（1）证明文件的来源，即识别签名人；（2）表明签名人对文件内容的确认；（3）构成签名人

对文件内容正确性和完整性负责的根据。

（二）应以行业立法立规方式推进互联网金融电子签名技术应用

1. 规范网络信贷电子签名应用。根据网络信贷业务的具体模式，研究制定电子签名应用规范，确保电子签名的可靠性，使电子签名成为明确互联网金融参与者责、权、利、险的最基本的保障。

2. 降低电子签名交叉认证成本。电子签名和电子认证制度的设立是为了减少网络虚拟所带来的当事人之间的不信任，而目前的《电子签名法》与《电子认证服务管理办法》存在交叉认证。不同电子认证机构之间如果不能实现交叉认证，势必给电子签名应用带来障碍及成本的抬升。以交叉认证模式实现不同合法认证机构间的信息共享，也恰恰是互联网金融最重要的理念。

3. 进一步完善电子凭证司法鉴定体系。一方面，监管部门需要对电子认证服务机构进行规范管理，对其成立条件、认证服务的开展及法律责任做严格规定。另一方面，应对电子签名相关技术标准做统一认定，以便在未来移动互联网的快速发展过程中保证电子签名的真实、可信、有效。

七、问题与政策讨论之五：传统金融与互联网金融的互动

传统金融机构与互联网金融机构之间的竞争与合作关系，更多地应表现为互动互补，而非互相替代。互联网金融机构的优势在于先进的信息技术、海量的客户数据、优化的服务体验、广阔的平台渠道等，而传统金融机构仍然在很长时间内具有巨大的资金规模、扎实的线下服务能力、完整的风控能力等优势。传统金融机构和互联网金融机构应立足于不同的比较优势和细分市场，朝着便捷、高效、普惠的共同方向发展，在优势互补、业务互动的过程中寻找到融合的交会点。我们认为，在传统金融机构与互联网金融机构之间的关系上，分工大于竞争，共享大于封闭，合作大于分割，两者之间的互动模式有以下几类。

1. 客户共享的战略合作联盟模式。一家经历初创、成长、成熟、转型等完整生命周期的企业，在不同阶段需要不同类型的金融服务供给。虽然互联网金融机构发展壮大得很快，但其信贷业务规模、目标客户定位等都

与传统商业银行有较大的差异，更适合于小微企业、创新型企业和创业人群。从动态的视角看，互联网金融所服务的对象会有一部分在若干年后成长为中型乃至大型企业，并衍生出上市、并购、证券化、租赁等综合性金融服务需求，而这正是传统金融机构所擅长的。如果互联网金融机构和传统金融机构之间形成战略合作联盟的关系，共享客户信息，就能够为任何生命周期的任何企业提供全口径服务。2013 年，美国的巨人银行与 Lending Club 合作，承诺向 Lending Club 推荐无法达到巨人银行借款标准的用户。这既帮助 Lending Club 以低成本获得了更广阔的客户群体，也为巨人银行建立了良好口碑——当低信用借款者求助于巨人银行而不得时，仍将会得到其合作伙伴 Lending Club 的支持。另外，传统金融机构提供线下结构化的信息（企业规模、经营收入等），互联网金融提供线上的非结构化信息（网上交易记录、物流信息等），在战略联盟模式下能够形成合力，提供更为精准的风险定价。

2. 批发—零售的分工模式。传统金融机构可以凭借网点优势、规模效应、高信用获得低成本的资金，再将资金批发给众多互联网金融机构，让后者凭借信息优势向中小企业融资。还是以 Lending Club 为例，目前已有至少 7 家银行与其达成协议，购买占平台贷款余额 10% 的贷款。同样地，银行也可以将已经发放的小微企业贷款移出表外，放到网络信贷平台上进行销售，Lending Club 与巨人银行的合作内容中就有这么一项。批发—零售的分工模式将促进专业化分工，分散风险，完善金融生态体系。

3. 投资—参与模式。国际上，互联网金融企业正在吸引银行、券商、保险、养老基金等传统金融主体成为平台贷款的投资者，Lending Club、Prosper 和 Funding Circle 等公司都在出借端引入了大量的投资者和银行。而在国内，互联网金融和传统金融则通过股权投资加速融合。目前，已经有 5 家银行涉足了 P2P 领域，包括平安集团旗下的陆金所、国家开发银行陕西省分行和陕西金融控股集团推出的金开贷、招商银行的小企业 e 家、民生银行的民生易贷和包商银行的小马 bank。

当然，在传统金融机构与互联网金融机构互动的过程中，我们也要防止监管套利的出现，既要防止传统金融机构借此规避贷款额度、存贷比、拨贷比等监管，也要避免资质不足的互联网企业过早、过度涉足风险较大的金融业务。

参考文献

［1］Thorsten L Beck, Leora F Klapper, Juan Carlos Mendoza, 2008, "The Typology of Partial Credit Guarantee Funds Around the World", World Bank Working Paper, No. 4771.

［2］BCG：《互联网金融生态系统2020：新动力、新格局、新战略》，BCG 报告，2014。

［3］BCG、中国农业银行：《大数据在海内外金融机构的应用实践》，微金融50 人论坛讨论资料，2014。

［4］Bill Briggs：《技术趋势2014》，德勤研究报告，2014。

［5］McKinsey Global Institute, "China's digital transformation", Mckinsey Company, 2014.

［6］Tracy Alloway, "Jobs Act to simplify capital raising boosts crowdfunding", Financial Times, Nov. 4, 2014.

［7］曾刚：《互联网金融与传统银行之间合作大于竞争》，载《清华金融评论》，2014（2）。

［8］陈文、王飞：《网络借贷与中小企业融资》，北京，经济管理出版社，2014。

［9］顾崇伦：《细聊P2P 资金托管之路》，财新网，2014。

［10］韩渌：《分析中国的P2P 行业三大方向——基于美国与英国行业之路》，未央网，2014。

［11］廖理、贺裴菲：《从 Lending Club 业务模式转变看P2P 监管》，载《清华金融评论》，2014（2）。

［12］零壹财经：《中国P2P 借贷服务行业白皮书（2014）》，北京，中国经济出版社，2014。

［13］刘新海、丁伟：《大数据征信应用与启示——以美国互联网金融公司 ZestFinance 为例》，载《清华金融评论》，2014（10）。

［14］潘沩：《互联网金融"新大陆"：征信脱网的5 亿"陌生人"》，载《21 世纪经济报道》，2014 – 07 – 26。

［15］施继元等：《信用担保新论》，北京，中国金融出版社，2013。

［16］魏国雄：《银行信贷风险管理的反思》，载《中国金融》，2014（11）。

［17］谢平、邹传伟、刘海二：《互联网金融手册》，北京，中国人民大学出版社，2014。

［18］阎庆民：《互联网金融热潮——根源、风险与监管》，载《21世纪经济报道》，2014-07-26。

［19］张建国：《大数据时代的金融业》，载《中国金融》，2014（5）。

［20］卓贤：《经济新常态呼唤经济新形态》，载《中国经济时报》，2014-10-27。

［21］卓贤：《从互保联保贷款到互联网金融》，载《财经》，2014（30）。

金融大数据挖掘与互联网征信体系设计

全国金融青联第七跨界别课题组[①]

第一部分　互联网金融状况

一、互联网金融概念架构

（一）互联网金融概念

互联网金融（Internet Finance）是由谢平等人于 2012 年提出的概念。该概念涵盖了受互联网技术和互联网精神的影响，从传统银行、证券、保险、交易所等金融中介和市场，到瓦尔拉斯一般均衡对应的无金融中介或市场情形之间的所有金融交易和组织形式。

互联网金融是一个谱系（Spectrum）的概念，它的两端，一端是传统银行、证券、保险、交易所等金融中介和市场，另一端是瓦尔拉斯一般均衡对应的无金融中介或市场情形，介于两端之间的所有金融交易和组织形式，都属于互联网金融的范畴。

（二）互联网金融三支柱

互联网金融发展有三大支柱，分别为支付、信息处理和金融资源

---

　　① 课题组组长：尹铭，全国金融青联常委，中国人寿电子商务有限公司副总裁。课题组主要执笔人及联系人：邓超，中国人寿电子商务有限公司财务会计部负责人；谢向鹏，中国人寿电子商务有限公司财务会计部。

配置。

1. 支付

支付作为金融的基础设施，在一定程度上决定了金融活动的形态。互联网金融中的支付，以移动支付和第三方支付为基础，通常活跃在银行主导的传统支付清算体系之外，显著降低了交易成本。不仅如此，互联网金融中的支付往往还与金融产品挂钩，促进、丰富了商业模式。此外，由于支付与货币的紧密联系，互联网金融中还会出现互联网货币。

2. 信息处理

信息是金融的核心，构成金融资源配置的基础。在互联网金融中，大数据被广泛应用于信息处理，有效提高了风险定价和风险管理效率，显著降低了信息不对称程度。互联网金融的信息处理方式，是其与商业银行间接融资模式，以及资本市场直接融资模式的最大区别。

3. 金融资源配置

金融资源配置是指金融资源通过何种方式从资金供给者配置给资金需求者。金融资源配置是金融活动的最终目标，互联网金融的资源配置效率是其存在的基础。在互联网金融中，金融产品与实体经济结合紧密，交易可能性边界得到极大拓展，不再需要通过银行、证券公司或交易所等传统金融中介和市场进行资金供求的期限和数量匹配，而可以由交易双方自行解决。

（三）互联网金融主要类型

按照目前各种互联网金融形态在支付、信息处理、金融资源配置三大支柱上的差异，可以将它们划分成六种主要类型。

1. 金融互联网化

金融互联网化体现了互联网对金融中介和市场的物理网点、人工服务等的替代，包括：（1）网络银行和手机银行，以 ING Direct（欧洲）、M - Pesa（肯尼亚）为代表；（2）网络证券公司，以 Charles Schwab（美国）为代表；（3）网络保险公司；（4）网络金融交易平台，以 SecondMarket、SharesPost（美国）、前海股权交易所为代表；（5）金融产品的网络销售，通过网络销售金融产品，以 Bankrate（美国）、余额宝、百度金融、融

360、东方财富网为代表。

2. 移动支付和第三方支付

移动支付和第三方支付体现了互联网对金融支付的影响，以 PayPal（美国）、支付宝（阿里）、财付通和微信支付（腾讯）为代表。移动支付存在的基础是移动终端的普及和移动互联网的发展，可移动性是其最大的特色。第三方支付的最大特色是在结算过程中，客户不直接与银行进行支付清算，起到类似中央银行的作用。

3. 互联网货币

互联网货币体现了互联网对货币形态的影响，以比特币（BTC）、Q币、亚马逊币为代表。

4. 基于大数据的征信和网络贷款

因为贷款的核心技术是信用评估，这里将基于大数据的征信和网络贷款放在一起讨论。基于大数据的征信，以 ZestFinance（美国）为代表。基于大数据的网络贷款，以 Kabbage（美国）、阿里小贷为代表。云计算和搜索引擎的发展使得对大数据的高效分析成为可能。

5. P2P 网络贷款

P2P 网络贷款是互联网上个人之间的借贷，其核心技术是内部信用评级和贷款利率定价。以 Prosper、Lending Club（美国）、Zopa（英国）、宜信、陆金所、拍拍贷、人人贷为代表。其个人对个人借贷的模式弥补了正规金融机构一直未能有效解决的中小企业融资问题。

6. 众筹融资

众筹融资主要指互联网上的股权融资，以 Kickstarter（美国）、天使汇为代表。

互联网金融谱系的各种形态之间不存在清晰界限，而且是动态变化的。例如，保险业出现了根据汽车使用情况确定费率的车险（Usage-based Insurance），证券研究发现社交网络的活跃度对股价有预测力，未来大数据与保险精算、证券投资结合，会促成许多新商业模式。所以，这里对互联网金融六种类型的划分，还达不到严格分类应有的"不重复，不遗漏"标准（Mutually Exclusive & Collectively Exhaustive）。

二、互联网金融发展现状

2012 年，国内掀起了金融创新的热潮，阿里金融模式横空出世、P2P 平台如雨后春笋般出现、第三方支付日渐成熟、众筹网站生根发芽。这一年被业内称为互联网金融元年。

互联网金融源自互联网与金融的互相渗透，金融具有天然的数字属性（金融产品可以看作是数据的组合，金融活动也可以看作是数据的移动），因此，作为一种本质上与互联网具有相同数字基因的行业，在条件成熟时，两者间的相互介入则成为必然。中国互联网行业近几年来的发展，以及金融体系中长期存在的一些低效率或扭曲的因素，为互联网金融的发展提供了这样的条件。

互联网金融的发展历程主要体现在以下几个方面。

（一）支付方式的发展

以移动支付、第三方支付为基础的新型支付体系正在逐渐兴起，以互联网货币为媒介的货币形态正在悄悄"走"来。对于在支付方式演变中出现的代理风险与电子货币风险，目前中国人民银行采取了统一发放牌照的监管方式，从法律层面监管第三方支付企业融资的准入门槛；某些第三方支付机构也通过设定赎回上限监控防止出现资金兑付恐慌。

随着移动终端普及率的提高，在未来，移动支付完全有可能替代现金和银行卡，成为电子货币形态的一种主要表现形式。根据艾瑞咨询的数据显示，截至 2013 年上半年，中国移动支付交易规模总额达到 1 224 亿元，与第一季度相比增加 77%，整体呈现爆发式的增长态势。预计到 2016 年中国移动支付交易规模将达到 13 583 亿元。与此同时，移动互联网和多网融合的发展在一定程度上也加速了移动支付的发展。

截至 2013 年 7 月，人民银行已经给 250 家企业发放了第三方支付牌照。第三方支付促进了支付体系与互联网的融合，并成为互联网金融的"基础设施"。目前，第三方支付涉及的行业已经涵盖基金、保险、企业支付、网购、公共事业费用代缴等银行业的传统业务领地，部分第三方支付企业已经将银行的个人客户和企业客户服务作为其重要的业务战略。金融产品的网络销售和网络金融交易平台也日渐普遍，越来越多的人开始习惯在网络上购买金融产品及服务，并进行金融交易。随着互联网金融的发展，数据商品与实物商品之间的界限越来越模糊。网络支付与电子支付的高度整合带来了虚拟货币这一互联网货币的雏形，比如比特币、Q币、Facebook Credits、Amazon Coins、魔兽世界 G 币等。这些虚拟货币已经催生了复杂的市场机制。比特币作为一套绕过银行的数字货币流通体系，在无须第三方介入的条件下，能够解决防伪造及防重复支付的问题。

（二）信息处理方式的发展

以社交网络、搜索引擎、云计算、大数据为代表的信息处理方式，通过大数据、云计算识别风险、管理风险，能够更好地为中小企业融资提供金融需求服务。

云计算作为一种基于互联网的计算方式，有效保障了移动支付所需要的存储和计算能力，保障了资金供需双方的信息通过社交网络得以揭示和传播，被搜索引擎组织和标准化，最终形成时间连续、动态变化的信息序列，由此可以以极低的成本给出任何资金需求者（机构）的风险定价或动态违约概率，有效降低了运营成本。这一信息处理方式的优化促使互联网金融模式替代了商业银行和证券公司的主要功能。代表性的云服务商有亚马逊、谷歌、盛大、华为等。

云计算和搜索引擎的发展使得对大数据的高效分析成为可能。以阿里小贷、ZestFinance、Kreditech 为代表的网络贷款模式基于大数据方法对信贷申请人进行全面评估，不仅在一定程度上能够解决中小企业融资难的问题，而且能够为资金方提供庞大的数据支撑和信用基础，从而有效控制信用风险、操作风险。根据中国互联网金融行业协会转载的数据，阿里小微信贷的贷款不良率为0.87%，低于中国银行业0.96%的水平。根据中国金融新闻网转载的有关报道，供应商利用京东供应链金融平台获得融资的资金成本为每日0.019%，相当于7%的年化利率，远低于同类银行贷款产品的年利率。大数据本质上是一种针对非结构化数据的算法，所以不需要针对其引入专门的监管措施。

三、资源配置方式的发展

以 P2P 网络贷款、众筹模式为代表的新型资源配置方式已经发展成为一个全球性的新兴产业。从全球第一家 P2P 网络贷款平台 Zopa 的成立开始，Kiva、Prosper、Lending Club、陆金所、拍拍贷、红岭创投、阿里小贷等融资模式纷纷出现。以美国的 Lending Club 为例，从 2007 年建立至 2013 年 10 月末，已经累计促成 27.7 亿美元的借贷交易，产生了 2.5 亿美元的利息收入，一跃成为全球最大的 P2P 网络贷款平台。据网贷之家统计，截至 2013 年末，中国 P2P 公司已经达到 1 000 多家，总成交量 1 058 亿元，贷款存量 268 亿元。这种个体之间的直接金融交易由于突破了传统的安全边界和商业可行边界，在一定程度上解决了中小企业融资难的问题。

相较于 P2P 债权融资方式，众筹融资作为一种互联网上的融资方式，发展迅速，其规模也不可小觑。

Massolution 数据显示，全球众筹融资产业规模从 2009 年的 36.1 亿元飙升至 2012 年的 173 亿元，3 年增长了 380%。仅 2012 年，全球众筹融资交易规模就达到 168 亿元，年增长率为 83%。以 Kickstarter、天使汇、点名时间为代表的模式已经对传统的证券业模式提出革命性的挑战。众筹融资具有强大的连接投资群体的能力，能较为轻松地获得运作资金。

另外，未来互联网金融还有一些有待挖掘的亮点，比如大数据在证券投资中的应用及在保险精算中的应用等，大数据的思维方式和逻辑架构给企业的经营效率注入新活力。

第二部分　大数据在金融领域的应用

一、金融行业大数据应用背景

2012 年 11 月，党的十八大提出将金融改革列为未来十年发展的重中之重，中国主要的金融企业也都制定了"十二五"发展规划，将依靠构建智慧型的数据分析体系（MIS）充分挖掘业务规律，以支持业务创新与服务创新。

从未来发展看，中国金融行业在"十二五"时期将重点实现发展方式转型：一是中国金融行业将建立全面的风险管理体制，向严监管转型；二是从粗放式管理向精细化管理转型，信息化重点也将从业务信息化向管理信息化转变；三是从"以利润为中心"和"以保单为中心"向"以客户为中心"转型。

为实现发展方式的转型，近几年来中国金融行业的 IT 投资规模呈现持续增长态势（见表1）。

表1　　　　　　　　2011—2012 年中国金融行业 IT 投资结构　　　　单位：亿元,%

类别	2011 年	2012 年	同比增长
银行	664.07	728.71	9.70
证券	157.54	180.24	14.40
保险	175.49	196.83	12.20
总计	997.10	1 105.78	10.90

数据来源：赛迪顾问，2013 年 6 月。

2012 年，金融行业 IT 投资规模为 1 105.78 亿元，同比增长 10.9%。"十二五"期间，金融行业 IT 投资将保持快速增长，预计到 2015 年，金融行业 IT 投资将达到 1 598.35 亿元。

数据是金融机构的核心资产，处理信息不对称和规模效益是金融机构的两大特点。而这两大特点都要求金融机构拥有大规模、高质量的数据。大数据量必然要求金融企业 IT 基础设施更易于数据的整合与集中、扩展与伸缩，以及管理与维护，同时还必须具备良好的可靠性、可控性、安全性。近年来，随着 X86 架构 CPU 处理器制程、内部计算架构设计推陈出新，性能已逐渐赶上 RISC 服务器，同时，在稳定性、可用性及服务性也足以胜任海量数据对基础架构能力的要求，因此，具备高扩展性的开放架构正逐步成为金融行业应对大数据的优选方案。

大数据改变了传统数据及其分析方法，对金融领域产生了重要的甚至革命性的影响。这主要体现在大数据给传统金融中介提供了新的分析工具，使得传统金融机构能够利用大数据丰富客户资源、开拓新的市场、提升内部管理和运营水平。

2012 年中国金融行业大数据应用市场投资为 2.98 亿元，其中银行投资占整体投资的 41.1%，证券和保险分列第二、第三位（见图 1）。

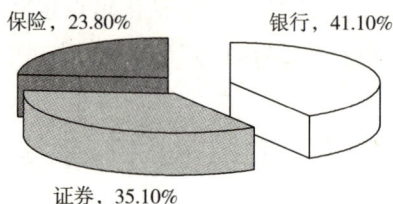

保险，23.80%　　银行，41.10%

证券，35.10%

图 1　2012 年中国金融行业大数据应用投资结构

二、金融大数据形态及作用

（一）金融大数据形态

传统金融机构数据类型主要以记录类型为主，包括客户基本信息、财务信息、与金融机构交易往来信息等。大数据大大拓宽了金融机构可用数据的种类。在大数据条件下，金融机构可以采集并应用图片、视频、社交网络信息等非结构化数据。比如，银行信用卡中心应用智能语音云产品对海量语音信息进行处理，从语音数据中提出丰富的客户信息，包括客户身份信息、客户偏好信息、服务质量信息、市场动态信息、竞争对手信息等。

（二）大数据在金融领域的作用

1. 大数据在加强风险管控、精细化管理、业务创新等业务转型中将起到重要作用

首先，大数据能够加强风险的可审性和管理力度，支持业务的精细化管理。当前中国银行业利率市场化改革已经起步，利率市场化必然会对银行业提出精细化管理的新要求。其次，大数据支持服务创新，能够更好地实现"以客户为中心"理念，通过对客户消费行为模式进行分析（比如事件关联性分析），提高客户转化率，开发出不同的产品以满足不同客户的市场需求，实现差异化竞争。

2. 在高频金融交易、小额信贷、精准营销等领域加速推进

目前大数据应用已经在金融业逐步推开，并取得了良好的效果，形成了一些较为典型的业务类型，如高频金融交易、小额信贷、精准营销等。

高频金融交易的主要特点是实时性要求高和数据规模大。目前沪深两市每天 4 个小时的交易时间会产生 3 亿条以上逐笔成交数据，随着时间的积累，数据规模非常可观。与一般日志数据不同的是，这些数据在金融工程领域有较高的分析价值，金融投资研究机构需要对历史和实时数据进行挖掘创新，以创造和改进数量化交易模型，并将之应用在基于计算机模型的实时证券交易过程中。

小额信贷是另一个大数据应用领域，阿里巴巴和建设银行在 2007 年推出一个专注于小企业的贷款计划——e 贷通，阿里巴巴拥有大量用户信息，并汇集了他们详细的信用记录，利用淘宝等交易平台掌握企业交易数据，通过大数据技术自动分析判定是否给予企业贷款；而建设银行坐拥巨额资金，希望贷款给无信用记录但发展势头良好的小企业。到 2012 年末，阿里巴巴累计服务小微企业已经超过 20 万家，放贷 300 多亿元，坏账率仅为 0.3% 左右，低于商业银行水平。

3. 在精准营销方面，各大金融机构也纷纷开始行动

招商银行通过数据分析识别出招商银行信用卡高价值客户经常出现在星巴克、DQ、麦当劳等场所后，通过"多倍积分累计""积分店面兑换"等活动吸引优质客户；通过构建客户流失预警模型，对流失率等级前 20% 的客户发售高收益理财产品予以挽留，使得金卡和金葵花卡客户流失率分别降低了 15 个和 7 个百分点；通过对客户交易记录进行分析，有效识别出潜在的小微企业客户，并利用远程银行和云转介平台实施交叉销售，取得了良好成效。

三、金融大数据应用案例

（一）大数据在银行业的应用

中信银行信用卡中心是国内银行业为数不多的几家分行级信用卡专营机构之一，也是国内具有竞争力的股份制商业银行信用卡中心之一。近年

来，中信银行信用卡中心的发卡量迅速增长，2008 年银行向消费者发卡约 500 万张，而这个数字在 2010 年增加了 1 倍。随着业务的迅猛增长，业务数据规模也急剧膨胀。中信银行信用卡中心无论在数据存储、系统维护等方面，还是在有效地利用客户数据方面，都面临着越来越大的压力。

中信银行信用卡中心迫切需要一个可扩展、高性能的数据仓库解决方案，支持其数据分析战略，提升业务的敏捷性。通过建立以数据仓库为核心的分析平台，实现业务数据集中和整合，以支持多样化和复杂化的数据分析，比如卡、账户、客户、交易等主题的业务统计和 OLAP（联机分析处理）多维分析等，提升卡中心的业务效率；通过从数据仓库提取数据，改进和推动有针对性的营销活动。

从 2010 年 4 月到 2011 年 5 月，中信银行信用卡中心实施了 EMC Greenplum 数据仓库解决方案。Greenplum 解决方案的一个核心的功能是，它采用了"无共享"的开放平台的 MPP 架构，此架构是为商业智能（BI）和海量数据分析处理而设计。

实施 EMC Greenplum 解决方案之后，中信银行信用卡中心实现了近似实时的商业智能（BI）和秒级营销，运营效率得到全面提升。2011 年，中信银行信用卡中心通过其数据库营销平台进行了 1 286 个宣传活动，每个营销活动配置平均时间从 2 周缩短到 2~3 天。2011 年前三个季度，中信银行信用卡中心交易量增加 65%，比股份制商业银行的平均水平高 14%，比中国所有银行的平均值高 4%。中信银行信用卡中心电话销售中心将所有外呼营销历史整合到数据仓库，通过对大量历史数据分析后调整客户提取和营销策略，在上线后的第一个月单位工时创收提升 33%、笔均贷款额提升 18%，目前银行正在开发针对每个产品的营销响应模型，以进一步提升产能。

（二）大数据在保险精算中的应用

从目前文献看，非寿险精算中出现了大数据应用案例，代表者是基于使用的保险（usage - based insurance），它是一种根据汽车使用情况厘定费率的车险。

这种车险要求汽车配备 GPS、测速器和无线电装置。保险公司掌握车型、开车时间（如是否在交通高峰期）、行驶里程（如是否长期开车不休息）、行驶地点（如是否在容易出事故的地点）、驾驶习惯（如开车时是否打电话）等信息，这些都会成为厘定费率的依据，也便于理赔时参考。

在寿险精算方面，大数据应用还不多。尽管基因、家族遗传、生活习惯、职业等对一个人的寿命有显著影响，气候变化、环境污染等自然条件也会影响人的寿命，但这些因素还难以纳入生命表的分析框架中。

（三）大数据在征信行业中的应用

征信主要是根据客户的财务状况、行为特征、行业环境、信用记录等信息对客户的贷款能力、还款意愿进行评估。征信本质上是一个分类问题，是根据违约可能性高低，将企业和个人分类，相对传统征信而言，基于大数据的征信主要是引入新的数据来源。

征信数据来源主要有两个途径，一个途径是在开发核心业务的过程中，逐渐产生了传统银行所不具备的客户行为数据，而这些数据在一定程度上更能反映客户的社会关系和经济行为特征，更能反映客户的贷款需求和信用状况。另一个途径则是通过客户授权的关联账户取得数据信息。

例如，阿里巴巴主要拥有电商交易数据和客户评价的信用数据。在当前的数据挖掘能力水平上，这两种数据更容易分析出商业价值。除此之外，阿里巴巴还通过投资微博和高德掌握了部分社会公众的社交数据。这些数据可以用于分析客户的生活行为，预测客户行为，形成客户信用信息的全息图。

这种情况在 ZestFinance 公司尤为明显。ZestFinance 公司有这样一句话"所有的数据都是信用数据"。与 FICO 的不到 50 条参考变量相比，ZestFinance 参考的数据变量多达上万条，并采用非线性化的、更前沿的技术来进行分析，从而防止客户的"模型套利"现象，更精准地评估消费者信用风险。对 ZestFinance 而言，数据的类型极其广泛：一个人的网页浏览历史、手机付费记录、超市购物清单都可以成为重要的参考依据，甚至在用户填写信贷申请表时是使用大写字母还是小写字母都可成为数据变量。大数据和互联网技术的发展为这种广泛数据维度的收集提供了便利。

经过上文的介绍，可以大体了解互联网金融和大数据的发展应用情况，接下来将重点对征信行业展开研究，比较分析美国、欧洲、日本各发达国家征信模式，着重研究我国当前征信监管情况，并尝试对我国征信行业体系建设提出建议。

第三部分　美国、欧洲及日本征信模式研究

一、发达国家征信行业模式介绍

发达国家征信行业主要可以分为三种模式，分别为以美国为代表的私营模式、以欧洲大陆为代表的公共模式和以日本为代表的会员模式。以下分别介绍美国、欧洲大陆和日本征信行业[①]的情况。

（一）美国征信行业模式

美国征信行业主要可分为个人征信服务和机构征信服务两大部分，其中机构征信服务又可分为针对企业及针对上市公司和债券等的征信服务。在个人征信产业链上，主要包括以下机构和个人：数据提供机构、征信服务公司、信用评分模型公司、产品使用机构和个人。

1. 数据提供机构

信用数据提供是个人征信服务公司业务开展的始点，是信用产品与服务开发的基础。美国个人征信基础数据提供机构主要包括信用授予方，如银行、储蓄信贷机构、信贷公会（Credit Union）、银行卡公司、零售商、抵押贷款的借款人、企业雇主等；收账协会，政府部门以及专业性行业协会，如公寓租赁协会等。大多数数据提供机构都愿意将客户的信用信息主动提供给征信服务公司，而且信息提供方提供的信息都是免费的，甚至有些信息提供方如银行、信用卡公司和大型零售商等为此还专门配备设备和人员。

2. 征信服务公司

在个人征信服务领域，从 1860 年第一家个人征信服务公司成立，到20 世纪 70 年代个人征信服务公司达到 2 200 多家的高峰，经过充分的竞争

---

① 本分析主要针对个人征信行业，机构征信行业仅作简要介绍以供参考。

和兼并重组，目前已形成益百利（Experian）、艾可飞（Equifax）、全联（Trans Union）3 家全国性的公司占据市场主导地位，其余 400 余家小型或地方型个人征信服务公司共存的市场格局。一方面，这些征信服务公司相互竞争，促使产品质量和服务不断提高与完善，促进了整个行业的发展；另一方面，各征信服务公司也相互合作，合作内容包括数据共享、行业标准和规范的制定等。

在具体运作和产品上，征信服务公司首先将收集到的信用信息经过多道程序筛选，使之成为"合格"的数据后再将其放入数据库，如益百利公司将数据提供方提供的原始数据经过六个步骤进行处理，审核其真实性、合法性及标准性之后再将其放入数据库中，然后再对数据库中的信息进行加工，形成信用产品与服务提供给需求方。对信用数据反复筛选和加工是个人征信公司的核心竞争力，因此，每家个人征信服务公司都非常重视信用产品与服务的开发。目前，美国个人征信服务公司提供的产品和服务主要包括三个层次，即个人征信报告、个人信用评分以及衍生产品和服务。

个人征信报告是个人征信服务公司的基本产品，是它们赖以生存与发展的基础。随着美国信用交易额的不断增加，社会对信用报告的需求呈现大幅度上升的情形，20 世纪 70 年代，每年报告的需求量在 1 亿份左右，2001 年达到了 11.4 亿份。

个人征信服务公司提供的信用打分是信用授予方提供授信的重要依据。虽然银行无须按照个人征信服务公司对客户的打分发放贷款，但是如果征信服务公司对某客户的打分较高，银行一般不再审核客户的信用状况，直接给予贷款；如果客户分值较低，银行基本就直接拒绝放贷。

衍生产品与服务主要是征信服务公司利用个人信息开发的除了信用报告和信用打分之外的其他产品和服务。衍生产品与服务种类繁多，大致包括两个方面：一是针对客户需求而开发的衍生产品与服务，如帮助客户寻找目标客户和新的业务、帮助客户对其客户进行管理等。二是针对个人需求开发的衍生产品与服务，例如，艾可飞公司针对个人身份欺诈开发出的"信用监视"，[1] 每月支付 14.95 美元，艾可飞公司每天将客户发生的影响

---

① 信息来源于艾可飞官网（http：//www.equifax.com）。

个人信用的重要变化通过电子邮件发给客户，客户可以随时了解自己的信用状况和信用评分。

3. 信用评分模型公司

Fair Isaac & Company 成立于 20 世纪 50 年代，该公司开发的 FICO 信用分数模型是美国最为广泛使用的信用评分模型。该模型建立在工程师 Bill Fair 和数学家 Earl Isaac 发明的一个信用分的统计模型的基础上，20 世纪 80 年代开始在美国流行。美国几乎所有零售银行的信用风险分析都是从 FICO 模型开始的，迄今为止，还没有发现能替代 FICO 的模型。FICO 模型的具体使用方式是将收集整理后的数据输入 FICO 模型，输出个人信用评分。美国三大个人征信服务公司各自输出自己的 FICO 信用分数，范围从 300 分到 850 分，分数越高，信用记录越好，三大个人征信服务公司的分数不能完全替代使用，但差别不大。FICO 由以下五个部分构成①：

（1）付款记录。这部分约占整个分数权重的35%。所有账户的偿还情况，包括信用卡账户、商户赊销账户、分期付款贷款、金融公司账户和房屋抵押贷款；破产、抵押品丧失、收入强制抵扣欠款等，时间越近、数量越大就越严重，破产的记录将在信用记录上保持 7~10 年；拖欠债务的时间、次数、金额以及距出具分数的时间；未发生延期支付的账户数。

（2）借款情况。这部分约占整个分数权重的30%。所有账户的借款总额和不同账户的借款额；某些账户上显示借款余额的情况；含有借款的账户数目；信用额度使用比率；分期付款的总借款金额和偿还进度。

（3）信用历史的长短。这部分约占整个分数权重的15%。信用账户建立的期间，包括最早开立账户、最近开立账户以及平均的账户开立时间；特殊信用账户开立的期间；某些信用账户的使用期间。

（4）新信用账户。这部分约占整个分数权重的10%。具有多少新的账户；新账户开立的期间时间长度；申请新信用卡的次数；上一次贷款人要求信用报告到现在的时间；过去的支付问题发生后，现在的信用记录是否良好。

（5）信用产品的种类。这部分约占整个分数权重的10%。已使用信用

---

① FICO 模型的说明来源于其官网。

产品的种类的组合情况，以及各种类的账户数量。

4. 产品使用机构和个人

在美国，对个人征信报告的使用有专门的规定，《公平信用报告法》规定个人有权取得自身的征信报告和复本，其他使用征信报告只能用于信用交易、雇佣、保险、颁发资格许可等合法目的，否则都属于违法行为。但是对非征信报告产品与服务的销售没有限制性规定。

对于个人征信产品，使用方主要包括银行、信用卡公司、大型零售商及个人，目前每家银行在发放个人信用贷款时均购买征信服务公司的征信报告，都将个人征信报告作为贷款决策的重要依据，有些信用卡公司不仅将个人征信报告作为发卡的依据，而且将其作为监控信用卡持有人信用状况的工具。对信用报告的购买和使用通常有两种方式：一是"在线销售"，银行等客户和征信服务公司进行网络连接，征信服务公司对每位客户都给予特定密码，客户可以根据需要，随时登录征信服务公司的产品库，搜索需要的信息，征信服务公司根据客户的登记记录就知道需求方的使用情况，从而收取相应的费用。二是出售纸质信用报告。

对于非征信产品，例如，征信公司利用其获得的庞大的个人数据库，根据公司客户的要求进行数据分析，以帮助客户寻找新的目标客户，对现有客户进行生命周期管理及新价值挖掘等，相关产品使用方不仅包括金融行业，还涉及通讯、保健、零售等多个行业。

5. 行业规模

益百利、艾可飞、全联 3 家全国性的公司占据了个人征信服务市场的大部分份额，其 2013 年年收入分别约为 48 亿美元、23 亿美元、12 亿美元[①]。

（二）欧洲大陆征信行业模式

以欧洲大陆为代表的征信行业模式可称为公共模式，在这种模式下，征信机构由政府出资建立，隶属于中央银行或金融管理部门，服务于政府的宏观决策。

---

① 收入数据来自于征信公司官网及相关财经网站。

在公共征信模式下，信用信息的采集是由公共信用信息系统进行的。1992 年，欧洲中央银行行长委员会将公共信用信息系统定义为一个旨在向商业银行、中央银行及其他银行监管机构提供有关公司和个人对整个银行体系负债情况的信息系统。大体做法是中央银行或金融管理部门建立中央信贷登记系统，主要是由政府出资，不以盈利为目的，建立全国数据库的网络系统，征信加工信息的服务对象也只限于金融机构，服务于商业银行防范贷款风险和金融监管及货币政策决策。

欧洲的公共信用信息系统通常强制中央银行监管之下的所有金融机构必须参加，在奥地利、法国和西班牙，参加机构扩展到财务公司，在葡萄牙还扩展到信用卡公司，在德国扩展到保险公司。欧洲各国公共信用信息系统之间最主要的差距在于对报告贷款的最低规模要求、所搜集信息的类型和记忆功能设计。德国和奥地利的最低贷款规模要求非常高，其公共信用信息系统只侧重于大型借款人，葡萄牙、西班牙、法国的最低贷款规模要求很低，甚至为零；在所搜集信息类型方面，不同国家对正面信息和负面信息的要求不同。德国、意大利、比利时、葡萄牙、西班牙既要求报告正面信息，也要求报告负面数据；奥地利只要求报告正面信息；法国公用信息系统只搜集负面信息。

需要说明的是，虽然公共征信模式以欧洲大陆为典型代表，并不意味着欧洲大陆不存在私营模式的征信公司，事实上，除了法国和比利时外，几乎其他所有国家都存在市场化运作的征信公司。

（三）日本征信行业模式

日本是会员制模式的典型代表，在这种模式下，银行等行业协会牵头建立征信机构，负责在行业内部收集、整理、加工个人征信信息，征信信息可以在会员或相关组织之间共享。会员制征信机构在收集与提供信息服务时通常会收费，是否盈利由发起方确定，一般不以盈利为目的，征信产品定价采取浮动制，以支定收。由于各会员银行均为征信机构成员，因此银行与征信机构之间对市场需求、信息采集等问题可方便地达成一致。

目前，日本有三大个人征信机构，即全国银行个人信用信息中心（KSC）、信用卡信息中心（CIC）、日本信用信息中心（JIC），分别由全国银行业协会、信用卡产业协会及全国信用信息联合会创办，三家信息中心都采用会员制，信用信息的来源和使用都限于会员单位。各家信息中心数据集中处理，只向查询者提供原始资料，不做深加工处理。各家信息中心均独自经营，在指标设计、数据管理和系统运作方面采用不同的标准。信息中心运行费用在会员之间结算，提供和使用信息均采用收费形式，以保持中心的发展，但不以盈利为目的。除此之外，社会上还广泛存在一些商业性征信公司，如帝国数据银行等，对社会提供企业信用调查服务。

全国银行个人信用信息中心（KSC）最初由东京银行协会建立，按地区范围提供会员服务，后随着消费者融资市场的快速发展，其他 24 个银行协会也逐渐加入，最终于 1988 年成立了整个日本银行个人信用信息中心，信息数据库实现统一运作和管理。KSC 以银行等金融机构为会员，在 1 582 家会员中包括 131 家商业银行、1 230 家非银行金融机构、220 家银行附属公司和 1 家信用卡公司，其信息的主要来源是会员银行。KSC 的运行费用在会员之间结算，提供信息或使用信息均采用收费的方式，以维护系统的运行和不断扩大。KSC 还与其他协会的数据中心就个人的不良信用记录进行业务交换，建立了信息的交换制度和系统。

信用卡信息中心（CIC）是向商业信用授信机构（赊销厂商）提供消费者信用调查的消费者征信机构，业务量在日本消费者征信体系及其产业中是最大的，其前身包括以汽车系统和流通系统的信用卡公司为中心的"信用信息交换所"和以家电系统的信用公司为中心建立的"日本信用信息中心"等，其会员主要是由各信用销售公司和信用卡公司组成，对会员的要求较严格，如要编制"企业内部统制程序"、设置"消费者信息管理主任"等，同时与其他信用机构相比，在信息的管理和安全保密方面也很明确。

日本信用信息中心（JIC）是由日本信用信息中心联合会管理，由作为其股东的全国 33 所信息中心组成，每个信息中心都是独立的公司，各地区的消费金融公司是其会员股东，其中，1972 年设立的株式会社 Lender's Exchange 是最早的机构，之后各地信息中心快速发展，1976 年 10 家机构第一次组成联合会，1984 年形成全国规模的网络。该中心成立以来，为保证消费者信用信息的准确和及时，每年进行的信息更新、修改近

20 万件，同时还雇用大量的调查员、分析员为客户提供电话信息咨询服务和搜集、整理官方报刊发布的破产公告等信息服务。

二、各征信模式的比较分析

（一）各征信模式的主要特点

1. 机构组成和主要职能

私营征信机构主要由私人和法人投资，独立于政府和各类金融机构之外，依法自由经营信用调查和信用管理业务。主要目的是规范商业道德行为，提高经济中的透明度，促进更为公平的商业基础的形成，以便利风险评估及商业和金融交易的完成。

公共征信机构主要由各国的中央银行或银行监管机构开设，并由中央银行负责运行管理，主要目的是为了满足商业银行的贷款决策和风险管理需要，便于金融监管当局对金融机构风险暴露的监管，以及为货币政策的制定和宏观经济的分析提供数据服务等。

会员征信机构主要由银行业（或其他）行业协会牵头设立，为各会员单位提供数据服务，满足会员单位的贷款决策和风险管理需要。

2. 信用数据的获取

私营征信系统的数据来源主要依靠数据提供机构自愿提供，信息来源相对广泛，征信机构收集、加工和分发放款机构提供的有关借款人信用情况数据。通常以协议或合同的方式采集数据，数据主要来源包括提供信用工具和服务的金融机构（包括租赁公司、信用卡发卡机构），政府掌握并对公众开放的公共记录（如破产、欠税），零售商、批发商之间的信用交易及给予消费者的消费信贷等。

公共信用信息系统强制要求所监管的所有金融机构必须加入该系统，定期将所拥有的信用信息数据报告给该系统，但并不搜集所有的贷款资料，与市场化的征信机构相比，该系统的信用信息来源渠道要窄得多，如它不包括非金融机构的信息。

会员征信系统通过会员章程的约定收集会员单位掌握的相关信用数据，信息的来源仅限于会员单位。

3. 信用数据的使用

私营征信模式下，征信公司可以向法律所允许的社会主体出售信用信息和咨询服务，甚至包括向公共征信系统提供数据。

公共征信模式下，信用数据只在金融系统内部之间流动，产品服务对象一般只限于提供数据来源的金融机构，如中央银行及金融监管部门。

会员征信模式下，征信信息的使用仅限于会员单位。

4. 产品定价和盈利模式

私营征信机构以市场化机制确定产品价格，机构运作以盈利为目的。

公共征信机构由政府确定征信产品价格，不以盈利为目的。

会员征信机构由会员大会授权管理层确定产品价格，是否盈利由会员大会确定，一般不以盈利为目的，征信产品定价采取浮动制，以支定收。

5. 产品开发和服务意识

私营征信机构以满足市场需求为目的开发产品，征信产品和服务的种类十分丰富，而且服务意识强。

公共征信机构提供的产品种类一般由政府限定，产品种类较少，服务意识较差。

会员征信机构以会员需求为导向开发征信产品，服务意识介于上述两者之间（见表2）。

表2　各模式特点总结比较情况

项目	私营模式	公共模式	会员模式
机构组成和主要职能	私人投资，独立于政府和各类金融机构之外。主要职能是评估风险，促进商业和金融交易	中央银行或银行监管机构开设。主要职能是满足商业银行的贷款决策和风险管理需要，以及金融监管和宏观调控	行业协会牵头设立。主要职能是满足会员单位的贷款决策和风险管理需要
信用数据的获取	通常以协议或合同的方式，金融机构等自发提供	法律强制要求相关金融机构定期提供数据	根据会员章程的约定，由会员单位提供
信用数据的使用	征信公司可以向法律所允许的社会主体出售信用信息和咨询服务	一般只限于提供数据来源的金融机构，中央银行以及金融监管部门	仅限于会员单位

续表

项目	私营模式	公共模式	会员模式
产品定价和是否以盈利为目的	市场化定价，以盈利为目的	政府确定价格，不以盈利为目的	一般定价采取浮动制，以支定收，不以盈利为目的
产品开发和服务意识	以满足市场需求为目的，征信产品种类丰富，服务意识强	产品种类一般由政府限定，产品种类较少，服务意识较差	以会员需求为导向开发征信产品，服务意识介于两者之间

（二）各征信模式优缺点分析

1. 公共模式优点

（1）信息安全。征信机构是中央银行的一个非营利性部门，征信数据由国家中央银行下属部门掌控，这种模式可避免金融系统的信息外流，可保证金融信息的安全性，进而有利于保护金融消费者个人隐私，特别是防止个人信用信息被滥用。

（2）规避信贷风险。由于公共征信系统由中央银行主导建立，相关金融机构强制提供数据，数据覆盖面广，能够在一定程度上规避金融机构的信贷风险。

（3）有利于金融监管。征信基础数据覆盖面广、质量高，有利于监管机构对金融机构风险暴露的监管，以及为货币政策的制定和宏观经济的分析提供数据基础。

2. 公共模式缺点

（1）成本高。由于公共征信系统具有非盈利性质，即使与中央银行实行某种形式的脱钩，也仍是由中央银行管理、政府财政投资，不仅建立数据库的投资较大，数据库的管理维护和更新成本也较高，非市场化运营和管理将难以形成良性的投入产出机制。

（2）服务范围窄。从信息内容、服务对象等方面看，公共征信系统的实质是银行业的同业征信，不大可能满足社会各方面对征信的需求。征信机构不以盈利为目的，缺少盈利动机驱动，提供的征信产品种类较少，向社会提供的服务范围窄，不利于将不同类别的信用信息整合并渗透到社会更多方面，对扩大全社会的信用规模、带动经济增长的作用有限。

（3）限制征信市场。公共模式下监管较为严格，使得商业化征信机构的发展受到更多的约束，因此很难全面、大规模地推动征信市场的发展。

3. 私营模式优点

（1）投入产出合理。私营机构明确以利润最大化为经营目标，因而具有良好的投入产出保障机制，政府财政一般不需投入，能充分调动民间投资的积极性。

（2）服务范围广。由于市场化程度较高，市场空间较大，能够根据市场的需求提供多样化的、贴身的征信产品和征信服务，对扩大社会信用规模，带动经济增长具有良好的推动作用。

（3）信息全面。为满足多样化的市场需求，征信机构需要主动地、多渠道地获取相对全面的信息，不仅能够提高信用评估的准确性，还进一步扩大了信用信息市场。

4. 私营模式缺点

（1）个体发展困难。私营征信机构缺少行政性手段支撑，很难在较短时间内覆盖大多数信息主体，单个机构发展速度相对较低，难以在较短时间内形成覆盖范围广、市场占有率高的征信机构。

（2）重复投资。私营模式容易导致征信系统重复建设。征信行业具有明显的自然垄断属性，征信机构必须不断成长壮大，才能不断提升自身竞争力，对于整个征信行业而言，则会经历快速发展到恶性竞争再到寡头垄断，征信系统重复建设也难以避免。

（3）信息不对称。征信活动旨在解决交易过程中的信息不对称问题，而独自作战的各个私营征信机构之间虽存在一定程度的信息共享，但相互之间也存在着一定的信息不对称，尤其是在市场发育初期，尚未形成覆盖范围广的大征信公司时。

（4）信息滥用风险。私营模式下，征信公司有不断扩大个人信息收集和披露范围的冲动，在相关法律法规不够健全的情况下，有可能大规模地产生滥用信用信息资源和侵害个人隐私权等问题。

5. 会员模式优缺点

会员模式既不是完全提供公共服务，也不是完全市场化，因此其既具有部分公共模式的优缺点，也具有部分私营模式的优缺点。例如，会员模式下征信机构信息收集能够很快覆盖多个主体，但运营成本相对较高；信息相对安全，但提供的产品和服务相对较少等（见表3）。

表3　　　　　　　　各征信模式优缺点比较分析

模式	优点	缺点
公共模式	1. 中央银行下属部门运作，信息相对安全； 2. 全部金融机构共享数据，规避信贷风险； 3. 有利于金融监管和宏观调控。	1. 建立和维护数据库的成本高； 2. 提供服务范围窄； 3. 监管较为严格，限制征信市场发展。
私营模式	1. 市场化运作，投入产出合理； 2. 根据市场需求提供服务，服务范围广； 3. 满足多样化需求，需收集全面的信息。	1. 短期内个体难以形成较大规模； 2. 具有明显的自然垄断属性，容易导致重复投资； 3. 征信公司规模小时，容易造成信息不对称； 4. 法律不健全时，信息滥用风险高。
会员模式	兼具公共模式和私营模式的优缺点	

三、发达国家征信业发展的主要启示

（一）私营模式下征信业最终会形成寡头垄断的局面

征信行业天生具有垄断性。一方面，是因为只有大型征信公司才能够搭建覆盖众多机构的信息收集网络，收集较为完整的信息数据，提供准确的风险评估结果；另一方面，依赖于数据的征信行业在数据收集和加工处理环节具有显著的规模效应，大型征信机构可以在全国甚至全球范围内收集共享数据资源，通过计算机技术进行标准化的加工处理，使得数据处理效率大大提高，单位数据收集整理成本显著降低，小型征信机构难以与其竞争。

（二）私营模式下征信业寡头垄断的局面是通过兼并形成的

从发达国家，尤其是美国征信业的发展路径看，征信行业形成垄断局面的主要方式是公司兼并。1996 年，英国的 The Great Universal Stores PCL 兼并了当时美国最大的 TRW 公司的个人信用部之后，又被英国的 CCN 公司兼并，组成益百利。全联兼并了45 家地区性信用局，拥有了220 家代办处。通过这种横向兼并，提高了征信行业资本集中度，扩大了公司规模，降低平均成本，大幅提高生产效率，有效降低过度竞争带来的负面效应。经过多次的兼并重组，美国才形成目前的益百利、艾可飞、全联三大公司寡头垄断的局面。

（三）独立性和中立性是美国个人征信公司的基础

美国个人征信公司全部是私营的，是独立于金融机构、政府部门和消费者的第三方，普遍具有较强的独立性和中立性，其保持独立性和中立性的基本理念是：如果征信公司与政府关系密切，人们就会认为其是否贯彻了政府的某种旨意（和美国自由主义观点的流行相关，美国公民普遍存在不完全信赖政府），而如果和银行关系密切，人们就会认为其是否和银行有某种交易，而且征信公司和一家银行关系过于紧密，会导致其他银行怀疑其中立性而不愿与其开展合作。正是这种独立性和中立性保证了美国个人征信公司自身较高的信用。

（四）产品不断创新是美国个人征信公司的生存之道

美国三大个人征信服务公司获取的关于个人信用数据基本一致，都采取统一的信用报告格式，它们的征信报告差别不是很大，竞争主要集中体现在信用报告的价格上，目前个人征信报告的价格可以低至 1 美元[①]。根据了解，目前美国各征信公司出售最基础的信用报告并不赚钱，甚至赔钱，征信公司通过价格竞争出售征信报告的主要目的是利用征信报告保持住自己的客户，在保持现有客户的基础上再向客户提供进一步的增值服务，依靠提供各种增值服务获取利润。

第四部分　中国征信行业发展状况及监管环境

一、当前我国征信行业监管体系

从世界各国的经验来看，政府对征信行业的监管方式与该国的信用

---

① 数据源自益百利官网 www.experian.com。

管理法律法规体系状况密切相关。法律法规越完善，政府的直接管理职能就越弱化，征信行业的发展也较规范；法律法规不健全，政府或中央银行的直接管理职能就显得非常重要，行业的发展就更容易受政府行为的干预。

我国征信行业的真正发展是随着金融体制改革的深化、金融市场的逐步完善而开始的，起步于20世纪90年代末，发展于2003年至2013年期间。由于起步较晚，行业监管体系建设以政府主导为主。

（一）行业监管主体

我国征信行业监管主体是中国人民银行。2003年，国务院赋予中国人民银行"管理信贷征信业，推动建立社会信用体系"职责，批准设立征信管理局，具体负责征信业管理工作，组织推动社会信用体系建设，拟定征信业发展规划、规章制度及行业标准，拟定征信机构、征信业务管理办法及有关信用风险评价准则，受理征信业务投诉。

另外，人民银行36家一级分支机构均设置了征信管理处，负责当地征信行业管理及企业和个人征信系统建设，推动辖区社会信用体系建设。

（二）其他监管主体

1. 中国人民银行征信中心

2006年，中国人民银行设立"中国人民银行征信中心"，作为直属事业单位专门负责企业和个人信用信息基础数据库（金融信用信息基础数据库）的建设、运行和维护，以及应收账款质押登记系统的建设和运行。

2. 国家发展和改革委员会

为统筹各方资源，建立社会信用体系，2007年国务院建立社会信用体系建设部际联席会议制度，由人民银行牵头建立社会信用体系。2012年，将发展改革委增加为部际联席会议牵头单位，与人民银行一同牵头社会信用体系建设。具体工作由发展改革委财政金融司负责。

（三）行业协会

目前，我国尚未成立全国性的征信行业协会，北京、上海、广州、深圳、天津等经济较为发达地区分别成立有各自的信用评级协会或信用服务协会。

二、当前我国征信行业监管法律法规体系

目前，我国征信行业法律法规建设相对滞后，行业立法仅停留在行政法规层面，主要由行政法规、部门规章、规范文件和行业标准组成。

从法规规范范围来看，征信业法规体系可分为行业管理办法、机构管理办法、金融信用信息基础数据库管理办法及规范文件、信用评级管理文件、行业技术标准规范文件和其他征信业相关法律法规（见表4）。

表4 我国征信行业监管法律法规体系

类别	法规名称	法律效力	发布单位
一、行业管理			
	征信业管理条例	行政法规	国务院
二、机构管理			
	征信机构管理办法	部门规章	人民银行
三、数据库管理			
	1. 个人信用信息基础数据库管理暂行办法	部门规章	人民银行
	2. 个人信用信息基础数据库数据报送管理规程（暂行）	规范文件	人民银行
	3. 个人信用信息基础数据库数据金融机构用户管理办法（暂行）	规范文件	人民银行
	4. 中国人民银行 中国银行业监督管理委员会关于印发《融资性担保公司接入征信系统管理暂行规定》的通知	规范文件	人民银行
	5. 中国人民银行办公厅《关于小额贷款公司接入人民银行征信系统及相关管理工作的通知》	规范文件	人民银行
	6. 银行信贷登记咨询管理办法（试行）	部门规章	人民银行
四、信用评级			
	1. 中国人民银行信用评级管理指导意见	规范文件	人民银行
	2. 中国人民银行征信管理局关于加强银行间债券市场信用评级管理的通知	规范文件	人民银行
	3. 中国人民银行关于加强银行间债券市场信用评级作业管理的通知	规范文件	人民银行

类别	法规名称	法律效力	发布单位
五、行业标准			
	1. 征信数据元注册与管理办法	行业标准	征信管理局
	2. 征信数据元——数据元设计与管理	行业标准	征信管理局
	3. 征信数据元——个人征信数据元	行业标准	征信管理局
	4. 征信数据元——信用评级数据元	行业标准	征信管理局
	5. 征信数据交换格式——信用评级违约率数据采集格式	行业标准	征信管理局
	6. 信贷市场和银行间债券市场信用评级规范——信用评级主体规范	行业标准	征信管理局
	7. 信贷市场和银行间债券市场信用评级规范——信用评级业务规范	行业标准	征信管理局
	8. 信贷市场和银行间债券市场信用评级规范——信用评级业务管理规范	行业标准	征信管理局
六、其他相关			
	1. 中华人民共和国物权法	法律	全国人大
	2. 应收账款质押登记办法	部门规章	人民银行
	3. 中华人民共和国政府信息公开条例	行政法规	国务院
	4. 关于在行政管理事项中使用信用记录和信用报告的若干意见的通知	规范文件	发改委
	5. 关于加强企业发债过程中信用建设的通知	规范文件	发改委

（一）《征信业管理条例》

《征信业管理条例》（以下简称《条例》）自 2013 年 3 月 15 日施行。《条例》的出台使得征信业发展有法可依，并明确规定中国人民银行及其派出机构依法对征信业进行监督管理。

《条例》主要包括征信机构、征信业务、异议及投诉、监督管理、法律责任等相关管理规定。

1. 适用范围

《条例》适用于在我国境内从事个人或企业信用信息的采集、整理、保存、加工，并向信息使用者提供的征信业务及相关活动。规范的对象主要是征信机构的业务活动及对征信机构的监督管理。

国家机关及法律法规授权的具有管理公共事务职能的组织依照法律、行政法规和国务院的规定，为履行职责而进行的企业和个人信息的采集、整理、保存、加工和公布，不适用《条例》，比如税务机关依照《税收征收管理法》公布纳税人的欠税信息，有关政府部门依法公布对违法行为人给予行政处罚的信息，人民法院依照《民事诉讼法》公布被执行人不执行生效法律文书的信息等情况。

2. 征信机构管理

《条例》对从事个人征信业务的征信机构和从事企业征信业务的征信机构规定了不同的设立条件。

考虑到个人信用信息的高度敏感性，既适应信用经济发展和社会信用体系建设的合理需求，又切实加强对个人信息的保护，防止侵犯个人隐私，《条例》对设立从事个人征信业务的征信机构的管理相对严格，除符合《公司法》规定的条件外，还需具备主要股东信誉良好，最近 3 年无重大违法违规记录，注册资本不少于 5 000 万元，有符合规定的保障信息安全的设施、设备和制度、措施，董事、监事和高级管理人员取得任职资格等条件，并经国务院征信业监督管理部门批准，取得个人征信业务经营许可证后方可办理登记。

而《条例》对设立从事企业征信业务的征信机构的管理相对宽松。只需依照公司设立登记的法律法规向工商行政管理部门办理登记，自登记之日起 30 日内向所在地的国务院征信业监督管理部门的派出机构备案即可，不需另行审批。

3. 个人信息安全保护

为切实保护个人信息安全，《条例》对征信业务活动作出了以下规定：

一是严格规范个人征信业务规则，包括：除依法公开的个人信息外，采集个人信息应当经信息主体本人同意，未经同意不得采集；向征信机构提供个人不良信息的，应当事先告知信息主体本人；征信机构对个人不良信息的保存期限不得超过 5 年，超过的应予删除；除法律另有规定外，他人向征信机构查询个人信息的，应当取得信息主体本人的书面同意并约定用途，征信机构不得违反规定提供个人信息。

二是明确规定禁止和限制征信机构采集的个人信息，包括：禁止采集个人的宗教信仰、基因、指纹、血型、疾病和病史信息及法律、行政法规规定禁止采集的其他个人信息；征信机构不得采集个人的收入、存款、有价证券、不动产的信息和纳税数额信息，但征信机构明确告知信息主体提供该信息可能产生的不利后果，并取得其书面同意采集的除外。

三是明确规定个人对本人信息享有查询、异议和投诉等权利，包括：个人可以每年免费两次向征信机构查询自己的信用报告；个人认为信息错误、遗漏的，可以向征信机构或信息提供者提出异议，异议受理部门应当在规定时限内处理；个人认为合法权益受到侵害的，可以向征信业监督管理部门投诉，征信业监督管理部门应当及时核查处理并限期答复。个人对违反《条例》规定，侵犯自己合法权利的行为，还可以依法直接向人民法院提起诉讼。

四是严格法律责任，对征信机构或信息提供者、信息使用者违反《条例》规定，侵犯个人权益的，由监管部门依照《条例》的规定给予行政处罚；造成损失的，依法承担民事责任；构成犯罪的，依法追究刑事责任。

4. 金融信用信息基础数据库管理

《条例》规定，金融信用信息基础数据库由国家设立，不以盈利为目的，由人民银行征信中心负责建设、运行和维护。

《条例》规定，从事信贷业务的机构有义务向金融信用信息基础数据库提供个人和企业的信贷信息，提供时需要取得信息主体的书面同意，提供个人不良信息应提前通知信息主体。金融信用信息基础数据库为信息主体和取得信息主体书面同意的金融机构和其他使用者提供查询服务，并收取查询服务费。

5. 监督管理

《条例》规定，征信业监督管理部门及其派出机构依法履行对征信业和金融信用信息基础数据库运行机构的监督管理职责，能够对征信机构、金融信用信息基础数据库运行机构进行现场检查，要求其对与被调查事件有关的事项作出说明，查阅、复制与被调查事件有关的文件、资料，对可能被转移、销毁、隐匿或者篡改的文件、资料予以封存。

（二）《征信机构管理办法》

《征信机构管理办法》（以下简称《办法》）自 2013 年 12 月 20 日起施行，作为《条例》的配套制度，在规范征信机构设立和退出、加强对征信机构日常管理等方面制定具体的、便于操作执行的要求，对完善征信业管理制度框架方面具有重要作用。

1. 主要内容

《办法》以规范征信机构设立、变更和终止为主线，以征信机构公司治理、风险防控和信息安全为管理重点，整个框架包括六章、三十九条。

《办法》主要规范了征信机构及其分支机构的设立条件和申请、备案程序，规范了征信机构的董事、监事和高级管理人员的任职资格核准、备案条件和程序，明确了征信管理部门对征信机构的管理事项、管理措施以及征信机构的违规责任。

2. 个人征信机构管理

《办法》对个人征信机构重大事项变更、分支机构的设立等作出了明确规定，并完善了个人征信机构市场退出程序，着重解决了数据库处理流程和征信机构退出流程的衔接问题，防止信用信息在征信机构退出过程中出现泄露。

3. 高管任职资格

《办法》根据《条例》的规定，细化了个人征信机构高级任职人员取得任职资格的条件和程序。

个人征信机构的董事、监事和高级管理人员，应当在任职前取得中国人民银行核准的任职资格。

《办法》规定，个人征信机构的董事、监事和高级管理人员的学历要求具备大专以上、工作经历要求从事征信工作 3 年以上或从事金融、法律、会计、经济工作 5 年以上，具有履行职责所需的管理能力，熟悉与征信业务相关的法律法规和专业知识等。同时，规定因贪污、贿赂、侵占财产、挪用财产或者破坏社会主义市场经济秩序，被判处刑罚，或者因犯罪被剥夺政治权利，执行期满未逾 5 年的，或者最近 3 年有重大违法违规记录的，不得担任个人征信机构董事、监事和高级管理人员。

4. 细化监管措施

《办法》在规范征信机构设立、变更、退出的基础上，进一步细化了对征信机构的管理措施。

一是建立征信机构报告制度。要求征信机构按规定报送统计报表、财务会计报告、审计报告等资料，定期对信用信息系统安全情况进行测评并及时报告。

二是建立重点监管制度。征信机构出现严重违法违规行为、可能发生信息泄露、出现财务状况异常或严重亏损以及被大量投诉等影响到征信机构健康发展、损害信息主体合法权益的情形时，人民银行可以将其列为重点监管对象，酌情缩短业务开展情况报告周期、信息系统安全测评周期，并采取相应的监管措施。

（三）信用评级管理

为规范评级机构在银行间债券市场和信贷市场信用评级执业行为，人民银行相继出台了《信用评级管理指导意见》、《关于加强银行间债券市场信用评级管理的通知》、《关于加强银行间债券市场信用评级作业管理的通知》等文件。

1. 《信用评级管理指导意见》

该指导意见明确了信用评级机构的工作制度和内部管理制度、评级原则、评级内容和评级程序等内容，对评级机构从事金融产品信用评级、借款企业信用评级和担保机构信用评级业务进行管理和指导，并对信用评级要素、等级标识进行了定义和规范。

2. 相关通知

各相关通知对建立信用评级机构入场报备制度、评级报告报送制度和跟踪评级报告制度，并对评级机构在银行间债券市场评级的现场访谈作业、评级作业时间进行了规范。

（四）信用登记相关系统

目前，人民银行建设维护的信用登记系统包括金融信用信息基础数据库、应收账款质押登记系统和银行信贷登记咨询系统。

1. 金融信用信息基础数据库

金融信用信息基础数据库是国家统一设立的征信系统，不以盈利为目的，由中国人民银行征信中心建设、运行和维护。

金融信用信息基础数据库包括企业和个人信用信息基础数据库，基本上为国内每个有信用活动的企业和个人建立了信用档案，截至 2013 年 12 月末，企业征信系统共收录企业及其他组织信息 1 919.3 万户，其中 453.8 万户有信贷记录；个人征信系统收录自然人数约 8.39 亿人，其中 3.21 亿人有信贷记录①。

2. 应收账款质押登记系统

应收账款质押登记系统由人民银行征信中心在 2007 年建成并对外提供服务，用于登记应收账款质押信息，并为社会公众提供查询服务。

3. 银行信贷登记咨询系统

银行信贷登记咨询系统主要通过贷款卡管理，登记金融机构信贷业务和借款人信息，全面反映借款人资信情况，并已于 2005 年全面升级为全国集中统一的企业信用信息基础数据库。

三、征信行业监管存在的问题

一般而言，一个健全的金融监管模式应当是四位一体，即行政监管、行业自律、机构内控和社会监督。如果以此角度观察，我国征信行业监管存在如下问题。

(一) 征信法律体系建设滞后且法律效力等级较低

当前征信行业仅有两项监管法规，即《征信业管理条例》和《征信机构管理办法》，两项法规也都是在 2013 年先后施行。而且，《征信业管理条例》相关配套制度体系尚不健全，规范信息提供者、信息使用者、征信机构的个人征信业务和企业征信业务的征信业务活动管理规范未能及时出台。

另外，除《条例》为国务院行政法规外，当前征信行业其他监管制度全部是部门规章或规范文件，法律效力等级较低。

---

① 数据来源：中国人民银行 2013 年年报。

（二）缺乏有效的市场监管机制

根据信用发达国家经验，征信体系的建设需要全国性的统一协调指导机构和建设规划，而在我国，征信行业监管主体为中国人民银行征信管理局，行业监管行政级别较低，且未能脱离银行信用管理的条框。

另外，从美国征信行业发展经验看，行业协会自律管理是美国信用业管理的一大特色，国家信用管理协会（NACM）是全美信用信息行业最大的自律性组织，其会员包括2万多家机构，包括私人征信机构、信用信息细分行业自律组织、地区性信用自律组织、金融管理机构等，有效地促进了美国信用行业良性竞争。相比之下，我国还没有建立起具有较强影响力的全国统一的征信业协会，行业自律无从谈起。

（三）征信机构市场竞争力较弱

从美国和日本征信市场发展历史来看，经过市场竞争，征信市场最终会形成几家大公司垄断的局面，市场集中程度非常高。

在日本，帝国数据银行和东京商工两家占据了市场份额的60%～70%，而在美国，经过100多年的发展，基本形成了七大机构垄断征信市场的情况，益百利、艾可飞、全联三大信用局几乎垄断了美国个人资信数据，标准普尔（S&P）、穆迪（Moody's）、惠誉（Fitch Group）主要面向参与资本市场融资运作的企业和金融机构，垄断了美国机构信用评级，邓白氏几乎垄断了美国针对企业的征信市场。

根据《中国征信业发展报告（2003—2013）》统计，截至2012年末，我国有各类征信机构150多家，征信行业收入为20多亿元。其中，政府背景的信用信息服务机构20家左右，社会征信机构50家左右，信用评级机构70多家。与发达国家相比，我国征信市场无论是在市场规模、市场主体数量，还是在市场集中程度方面均有很大差距。

（四）社会征信文化基础薄弱

在信用发达国家，信用报告已经成为企业和个人的"经济身份证"，"珍爱信用记录"已经成为一种生活习惯。而在我国，人们虽知道信用在经济生活中的重要性，但由于长期信用文化缺失，社会信用环境不容乐观，社会监督基础薄弱。

四、征信行业监管发展展望

征信法规制度建设是一个不断丰富和完善的建设过程，行业监管法规未来发展的主要方向应该是以《征信业管理条例》为基础，逐步建立和完善保障征信市场健康运行、保护信息主体权益的多层次的征信法律制度。

（一）征信行业监管法规建设方面

《征信业管理条例》的出台确立了征信经营活动统一遵循的制度规范和监管依据，解决了征信业发展中的法律保障问题。但是，除了在征信机构管理方面已经出台《征信机构管理办法》之外，尚未出台其他细化规则与之相配套。

因此，可以判断行业监管法规下一步发展方向应该是围绕《征信业管理条例》，以《征信机构管理办法》为模式，逐步出台相配套的、细化的、操作性较强的管理办法，如征信业务活动管理办法、金融信用信息基础数据库的管理制度、征信业务投诉管理规定等。

（二）信用评级业务制度建设方面

随着P2P、众筹等新兴互联网金融业务迅猛发展，信用评级业务将会有广阔的发展空间和市场潜力，但信用评级管理制度体系却相对单薄，目前仅有以规范文件形式存在的指导意见和相关通知，制度法律效力和政策严肃性均不足，难以对市场发展形成有效监管。

因此，预计在信用评级业务监管方面，人民银行接下来将会在信用评级、互联网金融征信方面出台相关监管制度或业务指导意见。

（三）金融信用信息数据库建设方面

根据《社会信用体系建设规划纲要（2014—2020年）》，国家将加快推进信用信息系统建设和应用，以信用信息数据库为基础建设金融业统一征信平台，推动银行、证券、保险、外汇等金融管理部门之间信用信息系统的链接，推进金融监管部门信用信息的交换与共享。

由此可以看到，未来金融信用信息数据库将在现有基础上进行大规模的数据扩容，改变数据库单一的信贷数据信息，通过对接银行、证券、保险、外汇等金融管理部门之间信用信息系统，扩充个人和企业的信用信息维度，建成整个金融业统一的征信平台。

为应对数据扩容带来的管理问题，预计人民银行将在数据库管理、数据库用户规范和数据库信息安全方面出台相关的监管政策或执行标准，进一步完善征信标准化体系建设。

（四）社会信用体系建设方面

根据《社会信用体系建设规划纲要（2014—2020年)》，国家计划到2020年，基本建立社会信用基础性法律法规和标准体系，基本建成以信用信息资源共享为基础的覆盖全社会的征信系统。

可以合理预见，在征信行业未来发展中，无论是个人信用还是企业信用，在信用评级时将不会再仅凭单一维度的金融信用信息，而是综合参考个人或企业的政务、司法、生产、商务、金融、环保、交通、生活等各领域的信用信息，形成个人或企业的"信用全景图"，届时将会为征信行业带来最为难得的发展机遇，但同时也会给征信行业数据库管理和模型构建带来巨大的挑战。

第五部分　互联网征信体系设计

一、互联网征信产业链设计

（一）征信行业产业链

征信行业产业链较为简单清晰，主要是上游的数据供应商、中游的征信机构和下游的征信使用方（见图2）。

数据供应商主要包括银行、电商、水电煤供应商、电信运营商、教育部门、医疗部门、公安部门、社保部门及其他部门（旅游、交通运输部

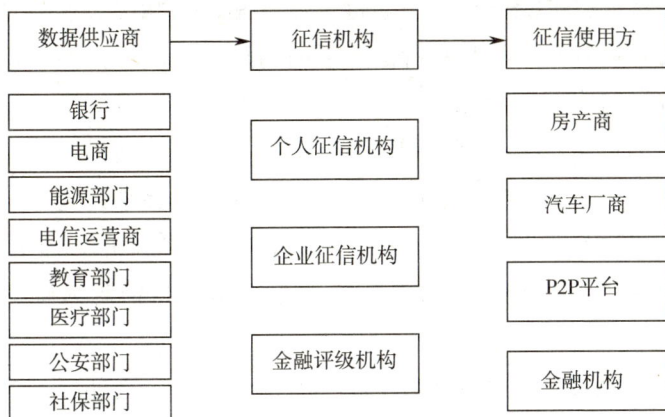

资料来源：方正证券研究所。

图2 征信行业产业链

门）等，几乎涉及人们生活的方方面面。

征信机构从数据供应商处获得数据通过一定的模型进行加工处理得到信用评级结果，主要分为个人征信机构、企业征信机构和金融评级机构，个人征信和企业征信可以由一个机构提供。

征信报告使用方主要有房地产商、汽车厂商、P2P平台、金融机构等，多数发生在个人购房和购车、个人小额信贷、企业信贷、债券买卖等场景。

（二）互联网征信产业链设计

与传统的征信行业相同，互联网征信同样面临数据来源、数据处理、数据使用的核心环节。

1. 数据来源

互联网的普及使信用交易记录同步转化为信用记录，并通过联网实现在线查询，极大地节约了数据征集、传递和整理的时间，降低了数据处理成本。同时，信息技术实现了信息收集、储存智能化和自动化，使低成本且大规模的个人信用评分成为可能。

由于互联网企业在开发核心业务的过程中，逐渐产生了传统银行所不具备的客户行为数据，而这些数据在一定程度上更能反映客户的社会关系和经济行为特征，更能反映客户的贷款需求和信用状况。这与官方大数据库相比，两者具有明显的互补特征。下面通过对中国官方的征信大数据和互联网大数据的比较进行说明：

（1）现有的征信大数据主要来源于银行，主要是对已有贷款客户的信用记录。例如，中国人民银行征信中心的大数据主要来自金融机构采集的客户贷款信用交易信息和对信用主体有直接、明确影响的非信用交易信息，而且以金融行业的信贷数据为主、非信用交易信息为辅，具体包括五类：

一是银监会批设的授信机构所产生的信贷信息。这部分是征信中心的主要数据源，已由行政法规保障征信中心对相关数据的强制性采集权。授信类金融机构的信息化程度一般较高，数据库中的数据质量较好。例如，商业银行的客户信用信息。

二是非银监会批设的授信机构所产生的信贷信息。这类数据是补充数据来源，同样由行政法规来确保征信中心的数据采集权。这类机构的规模较小，而且信息化程度参差不齐，因此，数据的质量也参差不齐。例如，小额贷款公司、小额担保公司、典当行的客户信用信息。

三是公用事业单位所提供的具备信用特征的相关数据，例如，社会公众的电信缴费记录数据。这类数据一般以许可或协商方式采集，数据的质量受到公用事业单位信息化水平的影响。

四是政府部门在行政执法过程中所产生的信用及合法行为类信息。这类数据对信用主体的信用报告具有重要影响。随着政府行政信息的逐步公开，这类信息可从公开渠道查询采集。

五是法院在案件审理过程中所产生的立案、诉讼、判决、执行等信息。这类信息对信用主体的信用报告也有重要影响。除特殊情况外的司法信息将会公开，也将逐渐可从公开渠道搜寻采集。

（2）互联网金融企业的数据来源于核心业务，主要是初始的核心业务，但也有一些公司通过客户授权的关联账户取得数据信息。例如，百度主要拥有两种具有优势的大数据：以用户搜索为基础表现出的客户需求数据；以爬虫和阿拉丁为基础获取的公共网络数据。而阿里巴巴主要拥有电商交易数据和客户评价的信用数据（见表5）。在当前的数据挖掘能力水平上，这两种数据更容易分析出商业价值。除此之外，阿里巴巴还通过投资微博和高德掌握了部分社会公众的社交数据。腾讯则拥有用户关系数据以及由此产生的社交网络数据，这些数据可以用于分析客户的生活行为，并从中挖掘出社会、政治、商业、文化、健康等领域的信息，甚至用于预测客户或市场的未来趋势。

表5 阿里巴巴征信系统的数据源

系统		阿里巴巴征信系统	中国人民银行征信中心
商户数/ 人数	企业征信	企业征信600多万户（仅淘宝）	1 000多万户
	个人征信	个人征信1.45亿人（仅淘宝）	6亿人
征信内容	企业征信	卖家的身份信息、商品交易量、商铺活跃度、用户满意度、库存、现金流、水电缴纳等所有与店铺运营有关数据	企业的身份信息、信贷信息、环保信息、缴纳各类社会保障费用和住房公积金、质检信息、拖欠工资信息，以及缴纳电信信息费等
	个人征信	买家信息同企业征信系统；买家身份信息、网购支出、生活缴费、社交活跃度等	个人的银行信贷信息、身份信息、缴纳各类社会保障费用和住房公积金信息等
数据来源		系统自动记录	商业银行和政府部门

资料来源：财新《新世纪》2012年11月19日。

2. 数据处理

数据处理是征信中心对客户的相关信用信息进行筛选、分类、加工。征信中心的数据处理框架可以初步概括为六个部分，分别为数据提供层、数据交换层、基础数据层、数据处理层、产品加工层和数据迁移。

（1）数据提供层。通过队列、文件、数据库等方式从应用系统中抽取数据。

（2）数据交换层。对数据进行格式和逻辑上的校验，并加载到基础库中。

（3）基础数据层。保存校验后的数据，作为贴源数据层，为数据和产品加工提供数据源。

（4）数据处理层。主数据管理，对信用主体进行识别和整合；共用信息库，对交易数据进行粗加工，供数据集市使用。

（5）产品加工层。进行产品加工，包括基础产品和增值产品。

（6）数据迁移。包括调度、数据交换和格式转换等。

征信中心对数据进行校验、清洗、匹配、存储和管理后，根据产品设计与研发成果，将数据加工成对应产品。征信中心定位为"金融信用信息基础数据库"，主要服务对象是授信机构，同时也为信用主体和政府机关提供相关服务。

根据客户规模和需求的不同，征信中心目前规划了五类产品：数据类产品、工具类产品、解决方案类产品、外包服务类产品、信用主体服务类产品。

数据分析在阿里金融的业务决策中处于核心位置，目标是向公司管理层提供科学、客观的分析结果及建议，并对业务流程提出优化改进方案。具体而言，数据分析主要为微贷、理财、保险和消费等方面的业务决策提供服务，从而为公司的市场营销、信贷审批、授信、支用、监控、催收等各项工作提供支持。

信用评估有定性和定量两类方法，基于大数据的征信必须兼顾两种方法。定性方法的代表是"5C"评估，主要是根据专家判断，从品德（Character）、能力（Capacity）、资本（Capital）、条件（Condition）、抵押担保（Collateral）五个维度评估信用。随着统计方法和技术手段的完善，定量方法起的作用越来越大。在大数据征信评估中，比较经典的方法是Merton 模型、CDS 模型、Logit 模型和贝叶斯判别法。其中，Logit 模型和贝叶斯判别法对企业和个人的信用评估都适用，根据企业和个人的特征、属性和历史信息等预测信用状况。Merton 模型、CDS 模型则只分别适用于有股票、CDS 交易的企业，从股价、CDS 价差等市场信息中推导出信用状况，隐含前提是市场能反映信用信息。此外，Merton 模型是从因果关系角度看待信用风险，称为结构化模型（Structural Model）；其他三个模型则是从相关关系角度对信用风险进行预测，称为简约化模型（Reduced Form Model）。

3. 数据使用

（1）互联网公司小额信贷。阿里金融通过数据化的平台将商户的信贷风险控制在较低的程度，从而能够实现日均 100 万元左右的利息收入。公开数据显示阿里巴巴在 2011 年商铺数达到 1 000 万户，而从事小额贷款的客户仅为 12 万户左右，占总商铺数的 1.2%，绝大多数为优质客户，能够确保平台的信贷不良率控制在 0.9%，大幅领先于银行的小微贷业务。2010 年阿里巴巴成立小额贷款公司，截至 2014 年 2 月，累计发放 1 700 亿元贷款。

其他电商，苏宁、腾讯、京东等，不管是自己开展小贷业务，还是和银行合作开发信贷产品，所利用的也无非是电商平台上的客户数据，因为这部分数据是开展类银行业务的征信的最好范本。在互联网金融的具体业务模式中，第三方支付的电商金融之所以能够依赖电商平台开展内部的商户信贷业务，并通过频繁的资产交易做大规模，最本质的优势在于电商用户的交易数据丰富性和高频率，这是个人征信系统极其重要的部分。

（2）P2P 行业。P2P 公司作为互联网金融的重要类型，本质上也需要利用平台或者其他渠道的互联网数据进行数据征信分析。

根据艾瑞咨询的统计，截至 2012 年，我国共有 P2P 贷款公司近 300 家，放贷规模达到 228.6 亿元，同比增长 271.4%，到 2013 年放贷规模达到 680.3 亿元。

艾瑞咨询预计，贷款规模未来两年内仍将保持超过 100% 的增速，预计到 2016 年中国 P2P 贷款交易的规模将从 2012 年的 228.6 亿元增长到 3 482.7 亿元。

数据显示，在 2009 年，国内 P2P 借贷平台只有 9 家；到 2012 年末，已增长至 110 家；而截至 2013 年末已经至少有 800 家 P2P 借贷机构，2014 年初已超过 1 000 家。

P2P，简称人人贷，就是陌生人之间的网上借贷，在不相识的人之间开展借贷业务，投资者就需要借助对借款人的数据分析来完成信用评估。

征信系统的完善包括对个人和企业两个主体，包含社保、教育、犯罪等多个类型的数据完善。征信系统完善后将凭借个人信用记录判断其还款的概率，大大降低还款风险，也直接大大降低了 P2P 平台的经营压力。P2P 平台的个人和机构股东均有信用分数，如果没有经营压力，在极为重视个人和企业信用的环境中，其卷款潜逃的概率将大大降低。

二、互联网征信存在的问题及相关建议

大数据支撑及推动了互联网征信的蓬勃发展，但这一领域也存在一定的问题，初步归纳如下。

（一）互联网征信存在的问题

1. 缺乏核心技术

尽管信息技术迅速发展、网络交易数据成倍增加，但中国在研究设计大数据挖掘平台工具方面能力非常薄弱。从技术角度分析，大数据挖掘越来越依赖于 Hadoop 平台，这一平台也越来越影响到中国大数据分析技术的发展方向，中国在这一平台的构建方面如无突破性创新发展，将来必然受制于人。

2. 忽视基础数据库建设

尽管国内许多企业或专家在宣扬大数据的作用，社会公众对大数据的关注程度也空前高涨，但对于如何发展大数据产业以及如何在互联网征信领域更大程度地发挥大数据的作用，仍未找到合适的方向。同时，人们在大肆宣扬大数据在非结构化数据分析方面的功能的同时，往往忽视了基础信息资源建设。

3. 大数据挖掘的变量选择仍有待精确

数据挖掘的基本问题是数据的数量、质量和维数，选择准确的分析变量有利于提高数据挖掘的效率，数据模拟及预测的准确程度。国内现有的互联网征信资料表明，互联网征信大数据的变量选择仍有较大的提升空间。

4. 大数据分析模型与方法仍有待提高

数据模型包括概念数据模型、逻辑数据模型、计量模型等。数据挖掘的模型也有多种，如采集模型、处理模型及其他模型，但无论哪种模型都不同程度地存在缺陷。改进和完善现有模型、探索和建立新的模型，是大数据在互联网征信领域进一步发挥作用的前提。同时，大数据是海量的，在海量数据中挖掘数据之间的内在联系及预测数据变化趋势，特别是对客户属性、交易记录、评价信息及商品信息进行合理预测，至今都还没有统

一的标准；同时，数据挖掘过程中出现的大量非标准化数据格式，也给数据高效挖掘带来了困难。

5. 数据挖掘涉及信息的私有性与安全性

首先，互联网征信面临的重要风险之一是操作风险，计算机网络系统的故障和中断、网络黑客攻击及内部操作人员失误等，都会造成客户隐私性数据泄露的风险。其次，大数据挖掘涉及大量客户的个人隐私数据，过度挖掘必然会影响到人们的日常生活。

（二）完善互联网征信体系建议

1. 完善征信行业法律法规体系

继续丰富和完善征信行业法律法规体系，以《征信业管理条例》为基础，逐步建立和完善保障征信市场健康运行、保护信息主体权益的多层次的征信法律制度。

逐步健全《征信业管理条例》相关配套制度，相继出台规范信息提供者、信息使用者、征信机构的个人征信业务和企业征信业务等方面的配套法律法规。

根据互联网征信行业特点，完善互联网企业对接金融基础数据库相关规范制度，陆续出台相关技术标准。

2. 健全征信行业监管主体职能

根据信用发达国家经验，建设全国性的统一协调指导机构和建设规划，提高中国人民银行征信管理局的征信行业监管主体地位。逐步实现征信行业监管由狭义的银行信贷信用管理过渡至全社会信用体系建设。

充分发挥征信行业自律职能，建立全国统一的征信行业协会，研究制定行业发展规划，协调不同作业链条上各市场主体，监管征信数据真实性和基础数据库安全性，严防个人信息泄露，有效保护信息提供者和信息使用者权益。

3. 加快行业发展，丰富数据来源

逐步放松市场主体资格监管，积极推进小贷公司、P2P 公司与中央银行基础金融数据库对接，建立全社会统一的征信数据库，建立个人唯一信用账户，多方采集数据；完善法律法规，鼓励公共事业部门、互联网信息

平台、小微金融等市场主体提供个人信用数据。

结语

征信行业发展对金融行业和社会发展有着重大的意义，是互联网金融发展的基础性设施，在即将到来的个人消费金融浪潮中，征信业信用评定功能将愈发重要。

中国征信行业发展模式将带有中国经济发展的特色，预计将形成以"中央银行金融征信为主，其他信息征集为辅"的多层级的征信体系。

根据《社会信用体系建设规划纲要（2014—2020年)》，国家计划到2020年，基本建立社会信用基础性法律法规和标准体系，基本建成以信用信息资源共享为基础的覆盖全社会的征信系统。

可以合理预见，在征信行业未来发展中，无论是个人信用还是企业信用，在信用评级时将不会再仅凭单一维度的金融信用信息，而是综合参考个人或企业的政务、司法、生产、商务、金融、环保、交通、生活等各领域的信用信息，形成个人或企业的"信用全景图"，届时将会为征信行业带来最为难得的发展机遇，但同时也会给征信行业数据库管理和模型构建带来巨大的挑战。

参考文献

［1］谢平：2014互联网金融报告。

［2］赛迪顾问股份有限公司：《中国金融行业大数据应用市场研究白皮书》，2013年6月。

［3］中国人民银行2013年年报。

［4］中国人民银行《中国征信业发展报告》编写组：《中国征信业发展报告（2003—2013)》。

［5］方正证券：《征信行业深度研究：千亿蓝海即将开启》。

变革与转型：
互联网金融未来发展的重点和趋势①

全国金融青联第八跨界别课题组②

一、引言

（一）信息重构商业，客户决定未来

随着信息技术的快速发展，金融业所处的商业环境与交易模式正在发生深刻变革。近十年以来，随着 2G、3G、4G 的更新换代以及 WiFi 技术的快速发展；互联网对信息、资金、商品、人员的交互与流转产生重要影响，并进一步延伸为政府、企事业单位、个人的工作模式、业务流程、消费行为的变化，以商业银行为主体的金融业在客户营销、交易服务、业务发展、内部管理模式方面正在发生深刻变革，金融服务与客户需求的一体化融合趋势更加明显。

（二）传统商业银行"渠道为王，垄断制胜"的业务模型与盈利模式已经不能适应时代的发展变化

目前，客户的定义、业务的范围、管理的边界更加模糊，交易与交流、客户与员工、竞争与合作的融合更加紧密，"开放融合、数据制胜"

---

① 鉴于我国商业银行在金融业中的主体地位，报告以商业银行为主，重点研究了互联网金融未来发展的重点和趋势。

② 课题组组长：王小青，全国金融青联常委，中国人保资产管理股份有限公司副总裁。课题组主要执笔人及联系人：陈新跃，全国金融青联委员，中国工商银行财务会计部管理会计处处长。

成为客户拓展、产品渗透与业务盈利的关键。传统商业银行以渠道网络为基础所形成的客户吸附能力与自然垄断优势将被开放融合的商业模式所替代。

（三）商业模式和客户行为发生深刻变化，商业银行的竞争优势和持续盈利能力面临重大挑战

当前客户在向移动互联网迁移与积聚过程中，银行仍停留在"厅堂制胜"、"等客上门"的传统业务惯性中，对客户行为研究关注的较少，更多地将客户的流失、业务的下滑归因于网点投入不够、人员配置不足，导致在新的商务模式下，客户黏性不足、质量下降。事实上，由社会信息化触发的客户消费行为变革已经成为趋势，移动互联网已经成为未来人们生产生活的主要媒介。当前的业务模型和服务模式已经不能适应客户对移动商务、大数据支持、行为积聚的发展要求。

因此，在过去一段时期金融脱媒对传统存贷款业务替代、利率市场化改革进一步压缩传统存贷款利差收益的情况下，互联网快速发展，以阿里巴巴为典型企业代表、以淘宝为新型业态代表的新兴商业模式对商业银行传统结算、支付等非信贷业务的替代挤出效应迫使商业银行加快经营转型、尽快建立以移动互联网和手机银行为主要渠道，开放融合的新型业务模型和盈利模式。当前，商业银行需要乘势而上、顺势而为，变挑战为机遇，重构商业模型与盈利模式。

二、全面推进经营转型，重构商业银行未来业务模型

（一）准确把握信息化社会的信用特征

信息社会、网络经济最大的特点是极大地降低了用户的信息采集、加工、传输、发布成本，实现了对现实社会和经济活动中人、财、物相关信息的全面收集，人与人之间的交流、商品之间的交易、资金（产）之间的划转都将通过网络完成或通过网络达成契约，最终形成与现实实体社会相对应的网络虚拟社会。因此，网络虚拟社会与现实实体社会之间通过信息和信用建立其内在的映射关系，二者之间是相辅相成的关系。其中网络虚

拟社会借助于较低的信息成本，解决交易和交流问题；现实实体社会根据网络虚拟社会达成的契约，减少以往由于信息不对称和不确定性造成的实体社会重复劳动与资源浪费问题，最大限度地降低实际成本支出。

在信息社会，无论是企业还是个人，都会形成现实实体社会与网络虚拟社会内在的对应关系。但在社会信息化过程中，即信息社会的形成过程中，网络虚拟社会从无到有、从小到大，其与现实实体社会是不完全对等和对应的，一些企业与个人可能在网络上很强大，但在现实实体社会很弱小，一些传统的企业与个人在现实实体社会很强大，但在虚拟社会很弱小。如腾讯在网络上拥有 4.5 亿注册账户，但在现实实体社会中仅有 2 万名员工，而国内大型商业银行在现实实体社会很强大，动辄有数亿个人客户，数万家网点，但在网络上客户相对有限。

因此，对于商业银行来讲，如果在现实实体社会中的网络渠道很庞大，服务能力很强，而网络虚拟社会上影响力不大，客户不多的话，其在现实实体社会的实际服务能力就会形成闲置和浪费。同理，如果在网络虚拟社会的影响力很强大，用户群体很大，而在现实实体社会的服务能力很弱，对于需要现实实体社会提供实体服务的业务，则会形成信用风险，失去在网络虚拟社会的信任与业务。

（二）清晰认识商业银行核心功能与信用优势，重构商业银行业务模型与盈利模式

网络虚拟社会的生存与发展需要实体社会对应的人、财、物的支撑。信息社会首先是信用社会，通过信用建立起实体社会与信息虚拟社会人、财、物的一一对应关系，据此进行责、权、利保全和追溯，降低和规避经营欺诈、非法洗钱、社会保障、公众舆论、财政税收的社会管理成本。目前主流互联网企业的竞争优势在于网络应用、服务和客户优势，短板是自身在实体社会对应的支撑不足。传统商业银行作为信用中介，在日常的资金交易中，已经建立了完善的身份认证、资信调查的信用管理体系。商业银行既有的传统渠道与信用管理优势是目前实体社会中唯一可以直接承担实体社会与网络虚拟社会相互转换和匹配职能的群体。

在信息社会，互联网环境下商业银行未来转型的业务模型体系将主要

包括：（1）线上客户综合交互平台，包括商品展示平台、资金划转平台、物流实时监控平台和公众交流评价平台，主要满足客户对网络虚拟社会的交易与交流的需要，目的在于提高客户黏性，为线下庞大的资源投入建立稳定的客户基础；（2）线下客户综合服务平台，主要以强大的物理网络为基础，主要解决客户线上交易在线下实体社会和经济实现过程中的身份认证、业务核实、风险识别等信用风险管理问题；（3）信息综合服务平台，主要为客户提供在线上客户综合交互平台所产生的各类大数据的存储、访问和计算服务，即云服务（见图1）。

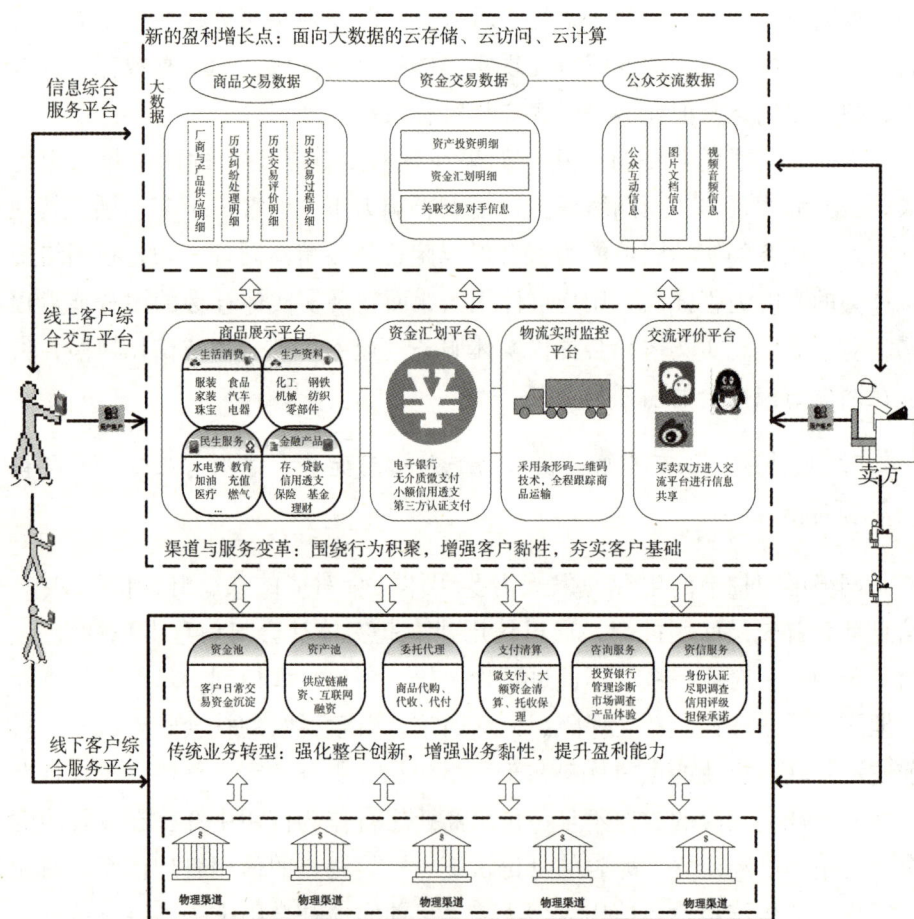

图1　商业银行未来业务模型与盈利模式

三、以提升交易黏性和客户质量为重点，夯实经营转型升级的客户基础

随着传统手机智能化，智能手机平板化，手机已经成为用户最为普及的互联网应用终端，74.5%的手机上网比例，进一步巩固了第一大上网终端的地位。随着移动互联网的发展和其便利性，客户交易和交流成本极大降低，有效地促进了人们社会交流、商品交易、信息发布、休闲娱乐等生活、消费行为向互联网的迁移和积聚。但是目前商业银行活跃手机银行用户占比较低，显然不能适应和满足客户行为发展要求，在客户行为积聚和迁移过程中，传统柜面和其他电子渠道对客户的黏性将逐步降低。因此，商业银行要适应客户对移动互联网快速发展的要求，全面构建以手机等移动智能终端为载体的银行渠道服务模式，提高客户的渠道黏性，形成与物理渠道相匹配的网络服务能力，夯实转型发展的客户基础。

（一）从战略上提高对加快发展手机银行的认识

互联网经济的最大特点是先发优势，从腾讯的微信公众交流平台、阿里的电子商务平台这类成功案例可以看出，由于在互联网平台中存在和嵌入了客户在商品交易、社会交流、生活娱乐等方面大量的历史数据、明细数据和关联信息等大数据，一旦客户在某一互联网平台的使用行为形成和固化，受制于客户自身和关联群体存量大数据迁移和使用习惯问题，客户黏性与忠诚度将非常高（如日常更换手机、手机换号等）。同时，由于互联网开放和互联互通的特点，客户在手机上的电子购物、社会交流、信息搜索、资讯服务、休闲娱乐众多应用将会进一步整合和积聚，而那些自我封闭、游离于主流之外的手机应用将被淘汰。因此，加快手机银行建设，加强与主流手机应用的相互融合是商业银行未来取得先发优势，建设信息化银行，增强客户交易黏性的重要基础。

（二）从策略上创新手机银行的推广普及方式

鉴于以往商业银行物理网络相对封闭、业务相对独立，与新兴移动互联网应用开放融合的水平相对较低的特点，当前手机银行的推广与普及必

须突破银行"厅堂制胜"的传统业务发展思路，突出强强联合、先发制胜的思维，进行嵌入式批量推广，按照方便、快捷、实用的互联网应用理念，降低客户的使用成本，真正让客户"看得见、摸得着、用得上"。

一是加强与苹果、三星、联想、华为等手机制造商的强强战略合作，将手机银行作为手机的初始化应用软件，嵌入手机，使客户在第一时间可以接触到手机银行，将手机银行客户端软件的查找、下载、安装及版本兼容等使用中可能出现问题的解决方案前移，降低手机银行的启用成本，提高客户的应用体验效果，解决好目前手机银行推广中较为普遍存在的"被动开户率高、主动启用率低"的问题，切实将其打造成为客户"看得见"银行。

二是优化业务和服务流程，降低手机银行初始化应用推广壁垒。在解决好客户"看得见"手机银行的基础上，目前客户应用最大的障碍是烦琐的开户注册程序。对此，建议按照客户不同的应用内容和业务的风险等级，细化用户注册要件，使不同类型的交易风险控制在可接受的范围内，避免将客户挡在注册环节。在增加安全保障的前提下，对所有用户自动开通基于账号或别名的业务查询功能等，如首次使用时，由银行主动向预留手机或信箱发送使用提示等，使客户可以便利查询相关交易账户主要交易情况及其他关联信息。对于手机银行的成熟应用客户，可以为客户提供基于自助机具、网银等渠道的身份认证体系，以微型、小额交易为主，对交易金额进行限制，提高客户的便利性和业务黏性；对于超过一定规模的大额交易，需以柜面开户为准，提升客户资金安全性。同时研究启用以指纹为基础的身份认证体系，提高客户的便利性和安全性。

（三）适应无边界经营的发展趋势，加快渠道开放，丰富渠道内容，加强与主流互联网平台的主动融合，提高手机银行渠道吸引力和竞争力

传统商业银行最大的优势是网络优势和客户吸附能力，互联网打破了传统银行对网络渠道的垄断，业务的边界更加模糊，交易与交流的联动更加紧密，竞争与合作的关系更加难以区分，使大银行与小银行站在同一平台上参与竞争。在互联网环境下，渠道对客户吸附能力主要体现在可以为客户提供的服务内容上，可以更多、更便利地满足客户需求。如苹果手机

强大的客户吸附能力，在于"苹果商店"可以为客户提供生活、工作、教育、商务、旅游、娱乐等各类 APP 客户应用。腾讯微信的成功在于将资讯、社交、支付等功能的结合，阿里的成功在于将全商品供给、物流、社交、支付和融资的结合，传统新浪、搜狐等所谓门户网站对客户影响力和吸附能力显著下降。如淘宝推出余额宝仅 4 个月，客户达到 1 600 万户，募集资金达到 1 300 亿元。

因此，商业银行要加大与主流互联网企业的开放与融合力度，加强与阿里、京东、苏宁云商等主流电子商务平台企业的无缝隙融合，解决客户的商务需求；加强与腾讯、FACEBOOK、TWITTER 等主流社交平台的融合，满足客户交流需求；加强与百度、谷歌等搜索引擎平台的融合，满足客户信息搜索需求；加强与新浪、搜狐等门户网站的合作，满足客户的日常资讯服务需求。在融合方式上，应互为客户，要能够满足相互嵌入式访问的要求，所有商业银行客户在手机或网上银行界面可以通过自身银行账号别名，无须二次注册，直接进行交易和自动访问相关信息，或接收相关信息，为客户提供集社会交流、商品交易、财富管理、信息发布、休闲娱乐等内容于一体的综合服务内容，提高手机银行的吸引力和渠道黏性，全面提升客户活跃度和客户质量。

（四）加强物理渠道建设，建立覆盖城乡、布局合理、对信息社会更加强大的信用支撑能力

手机银行的发展，不是要削弱银行传统物理渠道的作用，而是要推进传统网络渠道的转型。随着社会信息化程度的不断提高，信息社会对线上业务的线下认证需求将日趋增多，未来银行传统物理渠道将在建设信息社会信用体系过程中发挥更大作用，身份认证、尽职调查、商务代理、担保承诺等将随着信息社会的发展，成为商业银行转型方向和新业务增长点。因此，商业银行需要按照未来信息社会对于信用体系建设的要求，加快业务转型，建立覆盖城乡、布局合理的更加强大的物理渠道服务体系。

四、适应客户行为变化趋势，加快传统业务的转型升级

移动互联网的发展导致客户质量下降，业务黏性降低，进一步呈现为

商业银行传统的存、贷、汇业务正在被挤出和替代，经营成本呈现刚性增长，加快传统业务的经营转型升级是当前商业银行盘活存量资源、实现可持续增长的关键。

（一）以中小企业身份认证、尽职调查、信用评级和担保承诺为重点，做大资信服务业务

信息社会的核心是信用管理，电子商务环境下，交易对手之间通过网络无法准确确定对方的身份、信息的真实性，在较大程度上影响了交易效率。相对于大中型企业自身具有强大的实体支撑能力和品牌，中小企业缺少品牌和公众认知度，因此，可以借助于商业银行庞大的网络优势和信用，通过尽职调查，为中小企业进行身份认证、信用评级和担保承诺，为商户打上商业银行的信用标签，提高客户对中小企业的商户认知水平，为中小企业打开网络市场提供帮助。同时在电子商务中，对于需要交易对手之间现场核实的商务环节，商业银行可以为客户提供尽职调查，出具调查报告，为客户节省时间成本、人力成本和货币成本。

（二）以投资银行、管理诊断、市场调查和产品体验为重点，做大中小企业咨询服务市场

资金短缺、管理不规范、产品研发能力不强是中小企业经常遇到的困难，对此，可以以银行的对公和私人银行客户为基础，为优秀的中小企业提供天使基金、风险投资、私募以及公开发行等投资银行业务。借助于线上或线下的服务渠道优势，以及银行员工群体，为客户提供市场调查和产品体验服务，并出具相关报告，为中小企业产品获取客户认可提供帮助。

（三）以微支付、托收保理和大额资金清算为重点，做大支付结算业务

随着电子商务的普及与发展，目前围绕日常生活日用品、医疗保险、公共交通、公共事业费缴纳等小额支付越来越普遍，虽然这些业务投入大、效益低，但可以提高客户黏性。同时要借助商业银行的渠道优势，做好客户的托收保理业务，为客户提供更加强大的现金管理服务支持。

（四）以供应链融资和互联网金融为重点，做大资产池，提高收益水平

在利率市场化后，银行对大客户的议价能力在降低。相比之下，对中小企业和个人客户的议价能力相对较强。对此，要进一步加强基于电子商务的供应链融资业务，做大个人消费贷款、经营性贷款和贸易融资。同时，可以借助于线下物理渠道和人员的尽职调查支持，做大 P2P（Peer to Peer，网络借贷平台）业务。

（五）做大客户资金池，增强客户沉淀资金收益

数据显示，当前作为商业银行利润主要来源的活期沉淀资金呈现下降趋势，主要原因是单纯的银行业务对客户的黏性和吸引力不强。随着线上线下服务联动，增强了客户的渠道黏性，通过提高商业银行作为客户主交易行的覆盖水平，将商业银行打造成客户日常交易的资金池，做大客户沉淀资金规模和收益。

（六）以商品代购、代卖、代收、代付为重点，创新委托代理的业务范围

目前网上团购的业务实质为代购，核心是将普通的散客打包与厂商进行议价，降低客户的成本。因此，可以借助于银行的渠道优势和客户优势，在个人客户与对公客户之间建立代购、代卖服务。此外，对于客户自身不便进行的商品收付，开展银行网点代收代付业务。这些业务目前而言市场规模还较小，主要目的在于增强客户黏性，效益测算暂不体现。

五、适应大数据和云服务发展要求，培育新的利润增长点

随着社会信息化水平的提升，客户在日常社会交流、商品交易、资金管理、休闲娱乐等日常行为的信息化、数据化程度进一步提升，各类视频、音频、图像、交易明细、电子档案、生活生产信息呈爆炸式增长，传统基于硬盘的数据存储、计算和访问方式已经不能满足未来客户对 7×24 小时移动互联网发展的要求。特别是对于庞大的个人客户群体和中小企

业，自身缺少专业设备和维护人员，目前苹果（每年 50G 收费 640 元）、阿里（每年 50G 收费 350 元）、百度（每年 50G 收费 365 元；下载 10G 收费 8 元）、谷歌（每年 50G 收费 60 美元）、微软（专业开发者每年 50G 收费 90 美元）等拥有庞大客户群体的互联网企业为客户提供的云服务、云访问、云计算开始出现，并呈现快速增长模式，基于云的商业模型和盈利模式已经成熟。

对于商业银行来讲，庞大的客户群体未来将是一个巨大的云服务市场，因此，能否借助商业银行科技领先优势，充分结合不同客户群体、性别特征、年龄阶段、职（行）业特点、生活习惯、企业规模的用户需求，建立集商品交易、资金交易、公众交流于一体的大数据体系和云服务体系，并借助于商业银行长期以来积累的数据安全管理经验，高效、安全、便捷地为客户提供各类云服务，将直接决定商业银行信息化银行建设和经营转型的成败。结合目前云市场情况，未来大型商业银行云服务的业务范围可以涉及：（1）资金交易数据，云端可以存放客户的资产投资明细、资金汇划明细、关联交易方信息，同时加入财务分析功能，对用户提供其入账记录和汇款消费记录的分析，有助于客户进行理财规划和理性消费。（2）公众交流数据，如互联网应用中的图片、音频、视频、视频流、文本及社交平台的交流记录等。（3）商品交易数据，为电商平台上的商户和消费者提供服务，保存商户的历史交易过程明细、历史交易评价明细、历史纠纷处理明细、厂商与产品供应明细等。（4）海量数据的灾备和恢复，如企业的各种电子档案信息、交通部门的监控视频、证券历史交易数据、科研原始数据等。

六、强化政策引导，实现金融业整体良性健康发展

互联网金融发展与传统金融发展的最大区别是，互联网金融是由互联网和信息化技术大量普及所触发的"由外向内"的金融变革，与传统金融来自于自身的金融创新，在管理理念、推动主体、影响广度上存在较大差异，传统金融发展的规则已不能适应互联网金融发展的要求。因此，如何有效实现互联网金融与传统金融发展模式、管理机制、资源配置上的有效衔接直接关系到金融业和整个经济运行的质量和效率。对此，一是建议

"一行三会"（人民银行、银监会、证监会、保监会）从国家战略层面制定互联网金融 2015—2025 年十年发展规划，明确互联网金融在国家经济中的功能定位、监管政策要求，避免以新兴互联网企业为主体的新金融群体与传统金融群体之间陷入恶性竞争，造成整个社会资源的闲置与浪费。二是建议各金融行业协会制定互联网金融产业发展指引，从产业的良性发展角度，明确互联网环境下银行、证券、保险等主要产业发展转型的目标以及时间表、路线图。三是建议推动新兴互联网企业与传统金融企业之间的开放融合，要将新兴互联网企业在客户管理、产品创新、营销推广、数据处理等领域的线上领先优势，与传统金融企业在身份认证、资信评估、尽职调查及渠道网络、人员队伍等线下领先优势进行有机结合，形成合力，共同提升金融服务实体经济的能力和水平。

各类新型互联网
金融服务的风险和监管重点

全国金融青联第九跨界别课题组[①]

第一部分　第三方支付及其衍生业务

第三方支付是指一些和国内外银行签约，具备一定实力和信誉保障的第三方独立机构提供的交易支持平台。通过第三方支付交易平台，买方选好商品后首先将货款转入第三方支付平台；由第三方通知卖家货款已经到达，提醒卖家进行发货；买方收货并检验商品无误后，就可以通知第三方支付平台确认收货；第三方再将货款转到卖家账户。

截至 2014 年 9 月，我国第三方支付平台发放牌照增至 269 家，经过近十年的快速发展，第三方支付产业已步入一片红海。但是行业集中趋势明显，真正有实力占据市场主体的支付平台仅包括支付宝、财付通、银联网上支付等 10 余家左右。第三方支付的优势使其在短时间内得到蓬勃发展，形成强大的资金规模，然而，其在资金安全性、经营操作规范性及行业道德等层面存在的问题也日益凸显，并引起了各方面的广泛关注。

一、风险类型与成因

（一）资金风险

第三方支付平台的资金风险指无法及时变现的流动性危机，其风险来

---

① 课题组组长：谢志斌，中国出口信用保险公司总经理助理，呼和浩特市委常委、呼和浩特市人民政府副市长（挂职）。课题组主要执笔人及联系人：李建军，全国金融青联委员，中央财经大学金融学院副院长。

源主要包括三个方面：虚拟货币风险、营业能力不足风险和沉淀资金风险。虚拟货币能够通过第三方支付平台或其他途径与实体货币进行兑换，并用于购买商品，因此理论上具备实体货币的职能。第三方支付平台利用出售虚拟货币获得的资金进行投资，当用户要求赎回虚拟货币时，平台可能面临投资资产无法立即变现的流动性风险。同时随着第三方支付的迅猛发展，行业格局由分散走向集中，出现支付宝、财付通、银联等少数企业占据绝大部分市场份额的情况。大量中小型平台由于激烈的竞争和狭窄的利润空间，很容易因盈利能力不足面临资金流转困难和流动性危机。

另外，由于第三方支付平台实现了买家付款与卖家收款时间上的分离，具有在一段时间内保管客户在途资金的权利。与银行相比，第三方支付的在途资金沉淀时间相对更长，加上买方、卖方暂时保管在支付平台账户上的资金，资金沉淀量非常巨大。若平台利用滞留在平台内的沉淀资金进行风险投资来谋取收益，一旦出现危机就会出现管理者跑路现象，商家和消费者将面临难以估量的损失。

（二）技术风险

第三方支付平台的技术风险指在操作层面上因信息系统不健全、内部控制体系不完善、工作人员违规操作等原因引起的风险，其风险来源包括软性和硬性两个方面。

软性方面主要指制度上不完善带来的风险，包括不法分子利用平台支付工具的隐蔽性和匿名性进行网络洗钱、信用卡套现等违法行为。由于平台只能保证资金交易技术上的安全性，很难辨别出资金的真实来源和去处，因此为赌博、诈骗、逃税漏税等违法行为提供了一定的资金渠道。另外，当第三方支付公司面临倒闭或暂停时，客户资金面临如何退出和赔偿的风险，客户资料、档案面临如何受到保护不被遗失的风险。

硬性方面主要指第三方支付平台的运作必须依赖网络和信息技术的支撑，网络的开放性带来的诸多缺点必然引发数据存储安全、数据运行安全、网络软硬件设施安全等方面的问题。如果现在的第三方支付平台的网络信息安全技术不过关，一旦服务器遭到黑客攻击，数据被窃取、篡改或者遗失，就会给客户造成重大损失，机构自身信誉也会遭到损失，大量客户流失。同时，随着第三方支付用户的增加，在数据容量、数量和运营状况方面需要不间断地监视和扩充。这也就要求第三方支付平台在操作层面上，加强技术革新，保障信息安全，防止出现技术风险。

（三）道德风险

第三方支付平台作为支付中介和信用中介，为交易双方提供方便快捷的交易平台，在一定程度上弥补了我国信用体系不足，但同样不可避免地带来双方的道德风险。根据参与交易的对象划分，第三方支付的道德风险包括买方风险和卖方风险两个方面。

一方面，当买方未按照合约执行时，会造成支付平台运营成本提升，不良用户比例上升，为平台日常运营带来一定风险；另一方面，买方资金来源的合法性、是否存在暗箱操作、利用虚假身份进行洗钱、欺诈、信用卡套现逃税漏税、骗取平台信任等行为，都给第三方支付公司带来一定的道德风险，扰乱我国市场经济的健康秩序，阻碍网络交易的健康发展。

另外，卖方也存在无法按时提供买方所需商品或者商品名不副实，欺诈、隐瞒等道德风险，从而造成买方退换货费用、协商费用及时间成本等相关损失，导致平台信誉损失集合运营成本增加。

二、国际经验与借鉴

作为第三方支付平台起源和发展的地方，美国和欧盟国家在促进第三方支付平台监管目标、监管原则、监管措施等方面已经构建一套成熟的风险管理体系，虽然风险防控和监管手段不尽相同，但都取得了可观的效果。

（一）欧洲做法

在对第三方支付的监管模式方面，欧洲主要采取机构监管模式，对涉及第三方支付的机构做了明确的界定。除此之外，针对第三方支付这一平台，欧盟委员会专门制定了一系列法律法规对其进行规范性管理。欧盟先后颁布了《电子签名共同框架指引》、《电子货币指引》、《电子货币机构指引》、《关于电子货币机构业务开办、经营与审慎监管的 2000/46/EC 指令》、《境内市场支付服务指令》（2007/64/EC 指令）、《关于电子货币机构业务开办、经营和审慎监管的 2009/110/EC 指令》等具有针对性的法律法规。针对反洗钱行为，欧盟通过了《反洗钱和反恐怖融资指令》，对"洗钱"进行了广泛的界定，建立了客户识别、可疑交易报告、交易记录以及内部控制等反洗钱制度，并对电子货币存储限额和交易限额做了明确的规定。

在市场准入方面，欧盟规定在第三方支付平台上只能使用商业银行货币及电子货币。也就是说涉及第三方支付的机构必须取得银行业或者电子货币公司的执照才可以进入这一行业。此外，欧盟在《电子货币指令》和《支付服务指令》等规定中对电子货币机构设立的初始资金和自有资金都做了硬性的要求。

在对资金持有人的保护方面，欧盟将电子货币机构保管的客户资金纳入电子货币监管体系，实行"账户分离"、"投资限制"和"赎回制度"，确保资金持有人的正当利益。另外，《支付服务指令》对保护资金持有者的知情权和隐私权做了规定，在保证信息披露的同时组织调查、支付欺诈等行为。

（二）美国做法

在对第三方支付的监管模式方面，美国采用的是功能性监管模式，监管重点并未放在第三方支付机构上，而是第三方支付的交易过程。不同于欧盟的做法，美国并未针对第三方支付机构制定一套完整的法律法规体系，而是从监管"货币转移业务"的角度，使用现有的立法对非银行机构汇款活动等"货币服务业务"进行联邦和州的两个层次监管。

在市场准入方面，联邦立法层面上，货币服务商（从事第三方支付业务的公司）必须获得许可证才能执业。货币服务商获取许可证的条件、程序和具体要求则由州立法完成。"9·11"恐怖袭击事件后，美国颁布了《爱国者法案》，规定所有货币服务商必须在美国财政部的金融犯罪执法网络 FinCEN 注册，任何经营货币服务业务的机构在开业前必须通过 FinCEN 的认定。

在对资金持有人的保护方面，《统一货币服务法》规定了第三方支付企业的资本净值，并且要求货币服务商申请者缴纳一定量的特别保证金。此外，《统一货币服务法》规定了货币服务商应当将客户的资金存入专门的信托账户，资金只能投资于银行储蓄、美联储支持的银行承兑汇票、具有较高评级的债券等。最后，与欧盟的做法类似，美国通过制定《电子资金转移法》《真实信贷法》《金融现代化法》《公平信用报告法》等法案全面地保护了资金持有人的知情权和隐私权。在反洗钱方面，美国的《银行保密法》《爱国者法案》等法案，对货币服务商和储值卡发行人的行为进行了约束。

三、构建风险预警与防控体系

随着消费方式的改变、信息技术的发展以及国家监管政策的出台，第三方支付不再仅仅局限于提供单一的支付业务，而正在向集资金流、信息流、物流于一体的综合性金融平台发展。然而，在目前行业供给大于需求的形势下，相关政策制度和监管环境远远滞后于行业发展。那么，如何构建起有效的第三方支付的风险预警和风险防控体系？如何保证虚拟账户、便携支付中的资金安全和信息安全？如何建立风险赔偿机制等？这些都是第三方支付创新发展浪潮中亟待解决的问题。为促进第三方支付平台健康发展，政策部门应立足鼓励金融创新与宏观审慎监管相结合的角度，从宏观监管、行业自律和微观内控三个层次出发构建和完善风险管理与防控体系。

（一）宏观监管

第一，明确监管主体和监管范围。在第三方支付发展比较成熟的美国和欧盟国家中，无论其金融监管体系如何构建，都选择以中央银行或金融管理当局作为对第三方支付的监管主体方面。同时，其在市场准入与退出、服务技术安全、电子货币发行等方面都有严格的规定。因此，我国应建立以人民银行为主、以银监会及相关工商管理部门等为辅的监管体系，从第三方支付机构业务和自身两方面出发加强对其监管。虽然《非金融机构支付服务管理办法》中界定第三方支付机构为非金融机构性质，但是由于目前支付宝、财付通等第三方支付机构存放了大量公众资金，需要对资金来源和用途加以监管保证其安全，同时用户在支付过程中享受托管、代收、存取和清算结算等服务，因此有必要将第三方支付机构纳入非银行金融机构范畴。

第二，建立健全市场准入和退出制度，现场监管与非现场监管相结合。《非金融机构支付服务管理办法》中对第三方支付机构最低注册资本和许可证等市场准入方面有严格限制，同时也需要采取积极主动的模式，按照非银行金融机构标准，从现场监管和非现场监管两方面对支付结算业务进行监管。非现场监管主要指依托科技信息手段建立动态风险监测与预警系统，包括定期搜集与分析第三方支付机构财务会计报表、重大事件报告、纠纷与诉讼案件等，并相应进行窗口指导。现场监管侧重于对第三方支付机构交易风险、沉淀资金风险等进行重点排查，同时建立和完善信用评价体系，利用平台优势将个人信用体系与国家信用体系建设相结合。

第三，建立客户结算资金管理机制。第三方支付机构庞大的沉淀资金是监管重点。一方面，要建立和完善沉淀资金监管制度，严格区分客户资金和自有资金，通过银行专户对资金来源和去向进行监督；另一方面，要建立客户备付金制度，按照一定比例提取保证金并存放于人民银行，提取比例按照资金实际规模、管理等情况差别化制定。

（二）行业自律

第一，纳入支付清算建设体系，构建第三方支付评价标准。应考虑将第三方支付纳入支付清算建设体系，并利用中国支付清算协会的行业自律标准为第三方支付平台提供咨询、监督、协调等服务。第三方支付平台作为支付清算体系中一员，应积极开发建设第三方支付的评价系统，建立统一的信用评级制度和行业支付标准与规范，尽可能实现不同支付平台对接。

第二，行业协同和行业监管。仅仅依靠人民银行单方面监管很难反映第三方支付平台的风险防控效率与质量，因此行业协会应通过定期审核或不定期抽查等方式对平台经营进行监控，将其纳入统一评价系统，协同监管机构进行监管。同时，行业协会在加强与政府部门沟通、协助制定和实施相关行业政策方面积极扮演桥梁的角色，促进产业的积极健康发展。

（三）微观内控

第一，建立严格的内控制度，健全内部信用体系。第三方支付平台内部控制的重点在于对用户身份的识别和资金用途的监测，因此第三方支付机构应在内部建立一套相互制约、相互联系的职责分工，从事前、事中、事后全面防范风险发生。建立严格的审核制度，分层级对客户信息的真实性和合法性进行查验和审核，避免用户利用虚假身份进行洗钱等违法交易。同时，应建立起大额和可疑交易报告制度，对达到某些反洗钱规定标准的交易及时上报并密切跟踪。建立内部防诈骗机制，保证用户和商家信息和交易数据的安全性，避免企业内部随意占用资金以防范自身信用风险和操作风险。

第二，加强信息技术建设，增强软硬件安全。为了有效避免操作风险的影响，第三方支付机构还需要不断加强网络技术的应用与更新，加强用户数据存储、传输和交易的安全性。目前基于 SET 或 SSL 机制进行第三方支付的途径虽然总体比较安全，但是仍存在一些技术漏洞，因此需要不断开发和升级新的安全信息技术与软件，避免木马病毒和黑客攻击，防止客户身份资料和交易记录的丢失、缺损，强化技术风险的抵抗能力。

第三，健全公司治理结构，提高从业人员风险意识。第三方支付平台应建立健全公司治理结构，建立专门的风险管理部门，防止公司管理层的逆向选择和道德风险。风险管理部门根据潜在和当前风险种类、风险大小，对公司内部控制情况和风险防范程度进行独立评估，促进和完善内部风险控制系统。同时，第三方支付机构也要加强从业人员的基本业务素质和风险防范意识，加强员工考核和培训，避免出现内部员工挪用侵占客户资金等操作性风险。

第二部分　网络借贷

一、概述

网络借贷指在互联网上实现借贷，借入者和借出者均可利用这个网络平台，实现借贷的"在线交易"。网络借贷分为 B2C 和 C2C 模式，本文主要研究 C2C 模式。网络借贷中，一切认证、记账、清算和交割等流程均通过网络完成，借贷双方足不出户即可实现借贷目的，而且一般额度都不高，无抵押，纯属信用借贷。

网络借贷平台的模式起源于欧美。美国最大的网络借贷平台是 Prosper，欧洲最大的网络借贷平台是 Zopa。Prosper 在 2006 年 2 月上线运营，其功能同 Zopa 类似，但运营模式有所区别。需要资金的人只需在 Prosper 网站输入需要借贷的金额，就会自动出现最高利率；有钱可供出借的人则可以寻找自己中意的金额与利率，同时参考借贷者的信用，再以自己愿意提供的金额和利率竞标，利率最低者将会中标。从理论上讲，借钱者可以以低于银行的利率借到钱，而出借者则可以以高于银行的利率出借，因此能够实现双赢。Prosper 需要完成的工作就是确保安全、公平的交易，在概念上也秉承着个人对个人的借贷策略。Zopa 于 2005 年 3 月在英国开始运营。在 Zopa 网页上，有钱可供出借的人在网络上列出金额、利率和想要出借的时间，其中有些人提供的利率相对较低，但对借贷人信用度要求较高；而如果利率较高，出借条件可能更有弹性。与此同时，需要资金的人也可以比较各个贷款"产品"，确定适合自己的方案。因为没有中介结构，出借方和借款方都可以找到最符合自身利益的交易。

二、风险

（一）信用风险

信用，包括信用分数和信用等级，信用分数同时对应了相应的信用等级。每一个用户都有自身的信用分数以及相应的信用等级。网络借贷的风险之高不言而喻，假设 P2P 网络中介机构在没有问题的情况下，最大的风险则来自于债务人不能按时还钱。所以国内主流的网络借贷平台都是通过对借款人的信用评估来进行借款额度限制，这样可以有效地规避风险。这也要求借款人在借出资金时要对借款人的信息和背景有更好的了解。

1. 个人信用风险

个人信用风险指借款者未能履行合同，无法按期偿还利息和本金而给网贷平台及出借人经济利益带来损失的风险。P2P 网络借贷平台是在民间借贷基础上发展起来的，主要是为了满足中小型企业等在出现暂时性资金困难时的资金需求。一般由于缺少足够的抵押物，从银行贷款有一定的困难，因此转向民间借贷机构。由于借款者自身的原因使得借款无法如期偿还，就形成了借款者的个人信用风险。虽然很多平台，如宜信贷、红岭创投等都会对借款者的个人信用等级进行划分，以防范信用风险，但都是由借款者向平台提供信息，由平台作出信用等级的评价。由于个人提交信息的真实性还有待确认，其信用等级也仅仅可以作为一个参考，而人民银行的个人征信系统并不完全对网络借贷平台开放，全国性的个人信用评价系统又尚未建立，借款者在其他平台上的信息无法实现共享，这都会影响所发放贷款的质量。此外，P2P 网络上的借款者多为低收入群体或是小型企业，有一部分由于不能向银行借贷而转向网络平台，所贷资金的实际用途难以确定，也增加了逾期贷款发生的可能性。即使有些平台对借款提供担保，但如果发生较大规模的逾期贷款，坏账规模大于其实际资产时，出借人的资金安全同样难以得到保障。

2. 网络平台信用风险

平台信用风险来自于平台对出借者的违约，网络借贷平台对借款提供担保，将借款以债权转让的方式出让给投资人，并承诺一定的收益率，这就形成了一种契约关系。若网站无法履行这些承诺，导致投资人利益受损，就形成了网络平台对出借人的违约，也就是网络平台的信用风险。P2P 网络借贷自 2006 年就进入我国，但相应的监管措施没有同步出现，缺乏有效的监管，市场准入门槛低，各平台良莠不齐，为投资者的资金安全带来了不确定因素。2012 年被披露的优易贷涉嫌"卷款跑路"事件，涉案金额达 2 000 万元，还有淘金贷等诈骗性网站，都为我国的网贷市场敲响了警钟。

P2P 网络借贷平台信用风险的存在大体是由以下原因造成的：首先，虽然 P2P 网络平台每笔贷款的数额并不大，但由于其覆盖面广，参与人较多，总的交易金额较大，这就需要平台有较为雄厚的资金提供保障，但实际上，有些网站的资本实力非常有限。其次，由于网站的收益主要来源于借贷成功的手续费，如果网站收益太小以至于不能覆盖其成本，无法持续运营时，网站被迫倒闭，对投资人的资金安全构成了一定的威胁。哈哈贷和众贷网的被迫关闭就是如此。最后，有些网站更是带有不良企图，利用金融监管的漏洞，骗取投资人的钱财，对网贷中的资金出借人造成极大的伤害。

（二）技术风险

风险一：P2P网站被黑客攻击

攻击形式是黑客天量访问导致网站塞车，从而网页难以访问，进而对网站进行敲诈。人人贷等一些知名度非常高的平台也受到了攻击，2014年网贷第三方网贷之家也遭遇过攻击。

除了敲诈钱财之外，还有一种遭到攻击的情况是同行的恶性竞争。

其实仅仅是网页遭到攻击，而数据库没有受到影响的话，并不可怕。但是实际的情况是，已经有过好几次因为被攻击而造成网站倒闭的情况了。一些小的平台，一旦被攻击，就切断了网站和用户之间的纽带，用户登录不了，自然非常着急，本身对网站的信心就不足，只是冲着高收益去的，再遇到不能登录，用户就迅速撤资了。P2P一旦发生挤兑，资金链就断裂了。

风险二：账户被盗取，资金被提走

曾经发生过一起典型的案例，就是黑客入侵到平台数据库中，盗取了投资人的身份证图片（P2P实名认证时都需要上传身份证正反面图片），然后把此图片打印出来，再做身份证复印件，到银行开户。这时黑客就拥有了一张用投资人个人信息开户的银行卡，而这张银行卡其实是被作案人掌控的。他再将这张卡添加到投资人的P2P账户中，就可以直接用这张卡提现了。当然在这个环节中一些银行的失职最终导致风险出现。不过作为P2P平台是不可能去杜绝银行可能的漏洞的，它们只能想其他的办法保证用户信息安全。

风险三：个人隐私被盗取

网络早已让个人变得没有隐私，而P2P则几乎让投资人变成透明的。要投资P2P，首先要经过烦琐的认证，不仅仅是投资人的姓名、地址、工作单位，投资人身份证号、手机号、私人邮箱等都会被暴露。如果投资人还要从P2P平台上借款，那么将被验证更多个人信息，投资人几乎将自己的全部隐私交给了 P2P 平台。一旦这家平台没有尽职尽责地帮投资人保守秘密，投资人的信息就会落入他人手中。

（三）感知风险

网络贷款所有的契约都是在网站上完成，没有纸质的存根。数据库被盗取对网站来说是最大的问题，一个平台所有的核心数据、投标记录、充值记录都在数据库中。可以想象，如果一个平台的后台数据被格式化，那么平台根本不知道谁投了标，投给了谁。这对于用户来说就存在着感知风险，看不见、摸不着对于普通百姓来说很难给予信任。

尽管资金走账都通过第三方或者银行，按理来说即便网站没有留下数据，银行也会留存打款记录。可是这还远远不够。如果数据库被格式化，再找银行要记录，必须通过相关部门许可，流程非常烦琐；另外，一些人的账户并非是自己充值，而是给亲戚朋友充值，这种情况怎么查；再有，就算是能够查到打款记录，没有投标记录，你怎么知道投给了谁。

因而，一些技术实力较强的平台都做了异地备份，比如一家在上海的平台，它可以在广州建立机房备份数据。这样就算是上海的机房遭到攻击，在广州的机房还会有备份。另外，投资人最好是将自己的投资记录和充值记录截屏，这样留有证据，如果出现类似问题可以有助于提供证据。

三、网贷风险控制方法

风险和收益总是成正比。在金融交易中，要想降低风险，就得加大各方投入，这就会使得成本上升，利润下降。网络贷款行业同样遵循这个规律。目前已经有了一些有效的控制网贷风险的方法。

（一）设立风险保证金

目前很多平台均设立了风险保证金，比例一般为贷款金额的 1%，一旦投资人无法收回投资，由风险保证金提供先行赔付。这一制度看上去有点类似于银行，按贷款余额的 1% 计提风险准备金。但是，P2P 的 1% 计提不同于金融机构的 1%，金融机构是用自身利润来计提的，而 P2P 大都是将 1% 成本加到借款人或出借人身上的，这势必带来更高的融资成本，从本质上加大了贷款的风险。金融机构是多重拨备，且远远超过贷款余额的1%，而P2P的准备金如何持续积累？另外P2P宣称的准备金是否真实到位、有无挪用、如何监管，目前尚无一定之规。

（二）小额分散，将一笔资金分散到若干个借款标的

众多P2P平台将小额分散作为降低风险的主要手段之一。实际上，此种分散在降低单一客户本金风险的同时，也降低了客户的收益率。这种信贷投放越分散，单一客户承担的风险越接近行业平均不良率。就如一个赌徒，将100美元的注分成1注下还是100注下，带来的结果是1注有可能全赢、全输，100注各有输赢，后者在分散风险的同时，也失去了单注全赢的可能，越分散下注，其赔率越接近赌博项目的平均赔率。众所周知，赌场赢的就是那个1%的赔率，也就是说，如果一个赌客将自己的筹码无限分散，那得到的结果肯定必输无疑。P2P与之不一样的地方是，不存在赌场必胜的1%，但最终投资者通过此种方式实现的收益，只能是行业平均毛收益率减去行业平均损失率的最后差额，此差额有可能高于银行存款利率，也可能低于银行存款利率。这种方法在分散单一投资人风险的同时，也分散了单一投资人的收益，当平台平均不良率超过一定比例的情况下，投资人扣除承担的平均风险损失，综合回报率有可能低于存款利率。上述通过小额分散来解决风险的做法，其实本身并不是分散了投资风险的绝对值，而是将损失平摊到每一个投资人身上，它仅仅能减少一个投资人血本无归的机会以及延伸带来的对P2P平台的压力，在宏观层面上并没有改变风险本身。另外，上述P2P行业平均损失率还不仅仅是贷款不良率造成的损失，还有平台操作与道德风险产生的损失，这一点，P2P与当前银行业金融机构是不可比的。一些国资或银行背景的P2P当属另类，但是这类平台的投资回报率也比一般P2P平台要低得多，这其中应理解为官方背书的成本吧。

（三）由担保公司、小额贷款公司等第三方提供担保，由担保公司及小贷公司承担尽职调查成本及代偿风险

目前公开的数据显示，截至2013年末，全国融资担保公司法人机构

总计 8 185 家。银行业金融机构融资性担保不良贷款余额 348 亿元，比年初增加 160 亿元，增长 84.5%。融资性担保贷款不良率为 2.24%，比年初增加 0.95 个百分点[①]。事实上，由于统计数据均来自各家担保公司自报，其真实度无可考量，至于消失与死亡的担保公司也就更不在其中了。真正的担保贷款不良率基本不可能低于 10%，这还不包括这些融资担保公司银行合作外的担保及违规集资的数据。据不完全统计，2014 年通过主管部门年检的担保公司约为 2013 年末的半数，目前仍能够正常开展融资担保业务的公司不超过总数的 20%。另外，相当一部分 P2P 平台合作的担保公司根本没有主管部门授予的融资担保资质，仅是名称上有个担保字样而已，或者直接就是 P2P 平台关联人成立的皮包公司。

至于全国小额贷款（以下简称小贷）公司，因没有统一的不良贷款数据来源，只能根据多方情况进行概括。根据接触到全国众多省份的监管机构及小贷同行，全国的小贷公司良莠不齐，差距极大，如果希望得出一个统一的数据基本不可能，即便是全国十余个小贷行业发展较好的省份，其贷款平均不良率也不可能低于 10%。

综合上述情况，如果仅仅是依靠担保公司、小贷公司来鉴别项目并提供保证，其可靠度可想而知。当然，陆金所依靠的是平安集团旗下的担保公司，其信贷客户据估计基本源于平安银行系或保险系资源，平安实际上承担了风险鉴别成本并提供了隐性的担保；开鑫贷同样也凭借国家开发银行及江苏省金融办背景，拥有江苏省小贷公司统一的 IT 综合业务系统平台支撑，以及多年对全省小贷公司综合实力的优选系统和小贷公司优质股东的延伸担保，这些都不是一般 P2P 平台可以仿效的。

（四）由 P2P 平台运营方提供代偿保证

当下 P2P 平台，除几家银行国资系及获得风险投资的公司实收资本略大一点外，又有几家公司资本金经得住赔付？绝大部分 P2P 平台实收资本与 P2P 贷款余额比例低于 1%，有的甚至早已亏损为负数，根本无法承担代偿责任。高收益对应高风险，即使三两家平台依靠资源、技术或运气可

---

① 中国担保协会统计数据。

能会成为另类的风险控制佼佼者，整个行业却是无法打破这个规律的。

还有其他一些风险控制方法，如用房产提供抵押等，但都不可能完全规避风险。

四、网贷风险控制模型

建立网贷风险控制模型，需要以大数据及网上供应链信息为支撑，来分析借款人信用、控制信贷风险。大数据何来？如何筛选？人民银行征信系统数据尚未直接对接，网贷平台依靠收集企业或个人的一些数据（有些P2P平台甚至仅仅让借款人将相关信息扫描发送到网上即可），套用国外引进的风险分析模型，试图初步分析出借款人的风险度。现在P2P的大数据分析支持者可能唯一能举的例子就是阿里金融。事实上，阿里系的支付宝系统提供的商家应收款变相质押是其风险控制的核心，同时，阿里小贷的线上、线下风控调查手段，与传统银行的小微企业风险控制调查手段相比大同小异，依靠大数据建立的风险控制模型在此其中真正发挥的作用远没有宣传的那么有效。阿里的具体做法是根据商户的经营情况，给予适当的信贷支持。阿里商户的销售款，由于有7天买家保护期，因此阿里商户7天内的销售款是无法拿到的，押在支付宝手里。如果商户需要资金，向阿里申请贷款的批准额度一般为该商户3天左右的销售额，也就是说，阿里用客户7天的应付款作为保证，放3天额度的贷款，其风险怎么可能大呢？这是小商户的信贷做法，至于大商户，由于信贷需求较大，阿里用了另一招，即限制大商户每天自身支付宝汇出的金额，一般每天为5万元，这样导致大商户支付宝余额形成了较大的滞留资金。同样，大商户如果缺少资金，被迫向阿里申请贷款，阿里能批给这些商户的贷款也是控制在其支付宝余额范围内的，其信贷保证方式虽然没有明说是用这些商户支付宝的余额作为保证的，但实质无异。这些情况是阿里系部分商户反馈的，应该是具有相当代表性的。但是，现在大家热议的大数据，在信贷环节来说还过于虚幻，几乎没有哪家P2P谈到大数据分析时能够提供更明确的细节。难点不在于数据分析的模型是否科学及准确，而是根本无法高效取得可信数据，无法面对极为复杂的中国信用环境及中小企业脆弱的生存现状。再大、再全的企业交易数据与现金流数据，也只能说明企业的一部分信息。即使一个纯电商环境的企业数据再真实可靠，也仅能反映其线上情况，其线下经营情况也不能十分精确地加以掌握，这就是中国中小企业、个人信贷不良率居高不下，金融机构对此非常头痛，最后不得不选择房产抵押的原因。

五、P2P 平台的创业理念

依靠互联网的力量，P2P 借贷平台有效地将借款人和放款人联系在一起，为借贷双方创造显著的价值。过去十年间，P2P 借贷服务行业已经在世界各地蓬勃发展。Zopa 作为第一家知名 P2P 借贷平台，到 2012 年末已经促成约 2.9 亿英镑的贷款。截至 2013 年 4 月 2 日，美国两家主要的 P2P借贷平台——Prosper 和 Lending Club，各自促成了 4.47 亿美元和 15.21 亿美元的贷款。

虽然 Zopa、Prosper 和 Lending Club 成立的时间不同，但是它们的创始人却有着相似的创业理念。这几家机构的创始人都不认同银行用同样的方式和要求来对待有着不同需求的金融消费者，无论是借款人还是投资者（放款人）。Zopa 的创始人 Richard Duvall 希望创造一种自由的方式，让已经厌倦大银行僵化体制的消费者在使用资金时有更大的话语权；Prosper 的创始人 Chris Larsen 希望"推进借贷过程的民主化"；Lending Club 的创始人 Renaud Laplanche 希望利用消费者的"同质性"来为借款人和放款人提供更好的交易。

这几家公司成立的时候正好碰上了 Web 2.0 的兴起和 2008 年国际金融危机，前者提供了 P2P 借贷产生的可能性，后者则是 P2P 借贷成长的助推器。Web1.0 的模式将用户视为被动的信息接收者，而 Web2.0 则允许用户参与其中，并且创造内容。

Zopa 和 Prosper 都是在 2005 年成立的，Lending Club 则成立于 2007年。不久之后，国际金融危机爆发了，大型金融机构开始收缩信贷，很多消费者转向 P2P 平台借贷。在国际金融危机中，高风险的个人投资者受到严重冲击，很难申请到无抵押贷款，于是把目光投向 P2P 借贷。很多贷款申请被拒掉的大学生也开始对 P2P 借贷感兴趣。

这几年，P2P 平台的模式发生了一些变化，但是 P2P 平台都很忠实地执行着成立之初为消费者提供价值的目的。

下文以美国为例，介绍一下监管的情况（见表1）。

表1   **美国监管概况**

保护对象	监管要点	法案类型	监管法案	监管机构
投资人	信息披露	证券监管	*1933 Security Law* *Blue Sky Laws*	SEC，州一级 证券监督机构
借款人	利率上限	银行监管	*State Usury Laws*	联邦存款保险公司
	隐私保护	消费者信贷保护	*Fair Credit Reporting Act* *Fair Debt Collection Practices Act*	州一级金融机构部
	公平对待	消费者信贷保护	*Truth in Lending Act* *Equal Credit Opportunity Act* *Fair Debt Collection Practices Act*	消费者金融保护局

SEC 监管要点是信息披露，同时要实现 P2P 监管的三个目标：持续一致的投资人和借款人保护、效率和有效性兼顾、统筹灵活性和适用性。中国作为 P2P 后发的国家，可以在某些方面加以借鉴。

六、外部监管方式

对于涉及公众利益的金融行为，仅有行业自律是不够的，必须有严格的他律。相关部门也应该研究讨论，确定 P2P 网贷平台机构性质，确定监管主体、监管内容和监管形式。从监管内容上看，以下方面应该严格审慎。

其一，资金流动性监管。通过监管资金流的来源、托管、结算、归属，详细分析信贷活动实际参与各方的作用，从而严格避免 P2P 网贷平台介入非法集资或者商业诈骗活动的可能性。对于中间的资金清算结算账户，尤其是专业放贷人与债权转让模式中的专业放贷人账户进行严格流动性监管。若有必要，相关部门可以强制其公布相关审计数据和必要流水。这样的措施可以极大地减小非法集资、欺诈和洗钱等风险，也有利于相关部门进行社会融资统计和监测分析。对此，由权威的第三方支付平台对资金进行托管、结算和监督极有必要，可以效仿证券行业的资金托管和清算办法。中央银行相关人士曾在文章中提出：对于用户因转账而产生的在途资金存入委托监管的银行的无息监控账户中，由银行对网络借贷平台的转账账户"专户专款专用"的情况进行监控，按时出具托管报告，向监管部门提交。但事实上，目前的公共平台或者其他严格审慎的平台对接该第三方支付行为的难度较大。以银行为例，P2P业务体量小，开展业务成本大、收益小，并且要承担监督责任，因此对银行来讲没有吸引力。政策层面上可考虑指定公共平台或者由接受严格监管的平台来负责中间的流动性监管工作。此外，成立专业的认证机构对独立于P2P网贷平台的资金安全进行认证也可以尝试。

其二，机构风险评级机制和控制措施。据媒体报道，曾有机构表示，中央银行曾非正式地透露对P2P网贷行业的要求，包括资本金不能用于放贷，注册资本应全面覆盖坏账风险。表面上看这个条件是矛盾的，平台不放贷，又不能参与担保，没有风险业务，也就没有赔付义务，为什么需要注册资本覆盖坏账呢？但是，在这种审慎的原则下设置行业门槛是有益的。其逻辑在于，注册资本并不用于赔付，而是用于风险控制。平台风险较大的机构需要投入更大的成本来进行风险控制，这个成本需要与风险挂钩。政策部门应该考虑对P2P网贷平台进行机构风险评级，对社会和投资者公布，发布风险警示。同时通过财税政策、资本金注册和补充要求、风险警示窗口指导和投资者保护政策引导进行风险控制。例如，要求其按照风险比率补充资本金用于风险控制。当然，不能要求其补充资本金进入风险准备金和投资者保护计划，否则就改变了平台的性质，使其成了变相担保。

其三，行业准入门槛和末位淘汰制度。目前P2P网贷平台行业的鱼龙混杂现象主要是因为其准入门槛较低，注册资本不受限，业务开展不需要审批，从事类金融业务但是不按照金融机构的要求接受监管；也没有规避风险的政策性的市场淘汰制度。在成熟的市场环境下，机构的淘汰和退出机制应当由市场决定。但是，对于一个草莽而乱象的行业，并且涉及公众的利益和面临较大的商业风险，采用政策指标性的（而非审批性的）风险边界和原则去进行末位淘汰是可行的。而这也极大依赖于第二条所述的机构风险评级机制。在英国的实践中，P2P网贷平台业务由英国金融服务局批准，金融服务局也对网络借贷平台公司的资本指标和风险控制情况进行检查核准。

第三部分　网络众筹

一、概念

众筹的概念源自国外"Crowdfunding"一词，泛指集中大众的资金、能力和渠道，为小企业、艺术家或个人进行某项活动等提供必要的资金援助。众筹最初大多是艺术家们为创作筹措资金的一个手段，现已演变成初创企业和个人为自己的项目争取资金的一个渠道。网络众筹近年兴起，主要是利用互联网和 SNS 传播的特性，通过自身创意获取公众的关注和支持，进而获得所需要的资金援助，成为互联网金融的一个新兴内容。

网络众筹通常分为商品众筹和股权众筹两类（募捐众筹不在此次讨论范畴内）。商品众筹是指项目发起人在众筹网站发布创业项目信息，吸引网民来筹集资金，而众筹的过程同时也成为一个免费、有效的宣传途径。现在很多购买演唱会、书籍、新产品的众筹，有些其实不是缺少资金，而是看重众筹平台的传播与宣传价值，还能提前测评产品的市场反应。股权众筹则是指筹资人面向普通投资者出让一定比例的股份，投资者通过出资入股，获得未来收益的模式。由于涉及资金募集和收益，股权众筹的风险明显更高。

二、风险类型及成因

（一）法律风险

网络众筹自诞生之日起一直伴随着外界对其合法性的质疑，因为众筹平台运营中时常会发生非法吸收存款及非法发行证券等类的问题。

1. 刑事法律风险

（1）非法吸收存款。《最高人民法院关于审理非法集资刑事案件具体应用法律若干问题的解释》第一条规定："违反国家金融管理法律规定，向社会公众（包括单位和个人）吸收资金的行为，同时具备下列四个条件的，除刑法另有规定的以外，应当认定为刑法第一百七十六条规定的'非

241

法吸收公众存款或者变相吸收公众存款'：（一）未经有关部门依法批准或者借用合法经营的形式吸收资金；（二）通过媒体、推介会、传单、手机短信等途径向社会公开宣传；（三）承诺在一定期限内以货币、实物、股权等方式还本付息或者给付回报；（四）向社会公众即社会不特定对象吸收资金"。上述四个条件缺一不可。

在这四个条件中，网络众筹先天就带有前两个要件，因为互联网金融在当前仍无明确监管办法和监管当局，因此也无从谈起"经有关部门批准"；而互联网金融最大特征就是通过互联网进行筹资，一般都会被认为属于向社会公开宣传。此外，为了确保众筹能够成功，发起人往往会承诺一定的回报以吸引投资人，而众筹平台的互联网属性也通常意味着投资人的不确定性。

（2）非法发行证券。股权众筹被普遍认为是一种有价证券，根据我国《证券法》的规定，公开发行证券必须符合法律、行政法规规定的条件，并依法报经国务院证券监督管理机构或者国务院授权的部门核准；未经依法核准，任何单位和个人不得公开发行证券。而判断众筹是否涉嫌违法，通常对"公开"的认定成为主要标准。根据法律规定，向不特定人群或者向特定对象发行证券累计超过 200 人的，均认定为"公开"，因此目前不少平台通过限定投资人资质，限定范围大小，以规避法律风险。

（3）虚假广告犯罪。如果众筹平台应知或明知众筹项目存在虚假或扩大宣传的行为而仍然予以发布，并且造成了严重的后果，达到了刑事立案标准，则涉嫌虚假广告犯罪。

（4）非法经营犯罪。如果众筹平台未经批准，在平台上擅自销售有关的金融产品，并且造成了严重后果，达到了刑事立案标准，则涉嫌非法经营犯罪。

2. 行政法律风险

与刑事犯罪法律风险相对应，就目前看，众筹在中国可能会遇到如下几类行政法律风险：

（1）证券类行政违法行为。如果未经批准擅自公开发行股份，在未达到刑事立案标准的情况下，则构成行政违法行为，依法承担行政违法责任，由证券监督机关给予行政处罚。

（2）非法集资类行政违法行为。如果非法集资行为未达到刑事立案标准，则构成行政违法行为，依法承担行政违法责任，由人民银行给予行政处罚。

（3）虚假广告行政违法。如果众筹平台应知或明知众筹项目存在虚假或扩大宣传的行为而仍然予以发布，但尚未达到刑事立案标准，则涉嫌虚假广告行政违法。

（4）非法经营行政违法。如果众筹平台未经批准，在平台上擅自销售有关的金融产品或产品，但尚未达到刑事立案标准，则涉嫌非法经营行政违法。

3. 民事法律风险

众筹除了可能会面临前面所说的刑事法律风险和行政法律风险之外，由于众筹天然存在的大众参与集资模式涉及人数众多，这必将导致大家利益安排不一致，关切点也不尽相同。所以，必然会伴随如下民事法律风险的发生：

（1）合同违约纠纷。众筹最可能存在的合同违约，主要表现在产品质量不符合约定、交货期不符合约定、不能如期提交约定回报结果、不能如期还款造成的债务纠纷等。

（2）股权争议。股权类众筹还可能引发股权纠纷及公司治理有关的纠纷。此外，对于采取股权代持方式的股权类众筹，还可能存在股权代持纠纷等。

（3）退出纠纷。股权类众筹还涉及一个退出问题，如果没有事先设计好退出机制或者对退出方式设计不当，极容易引发大量的纠纷。

（二）信用风险

1. 平台挪用资金

众筹平台本身的属性为互联网平台，并不具有合法的支付结算及资金清算功能，但在实际操作中担当了支付中介角色，整个资金流转过程未受到监管，完全依靠信用来经营着庞大的资金链。一旦众筹平台出现信用危机，投资者的出资将很难追回。

2. 融资方恶意诈骗

互联网平台普遍存在用户身份不确定性，虽然大多数平台要求实名注册，但并无法律约束，目前仅是众筹平台承担对项目发起者的资质审核责任。而众筹平台的通常做法也只是以格式条款线上审核，甚至是设置电脑程序进行审核，无法像传统银行做到线下逐一人工审核，存在融资人以虚假身份发起项目的风险。对于成功募集资金的项目，众筹平台通常会一次性将款项拨付到众筹项目发起者的账户，在这之后，将不再负有对众筹项目监督的义务。在众筹过程中，出资者和项目发起者双方没有任何实际的接触，一旦该项目成功募集资金，出资者可能无法再次与项目发起者取得联络，更无法获得应有回报。

3. 投资后信息公开

虽然众筹平台承诺在筹资人筹资失败后，确保资金返还给出资人，但没有规定筹资人筹资成功但无法兑现对出资人承诺时，对出资人是否会返还出资。众筹项目在募款成功之后远未结束，但平台往往只提供从项目发起到筹款成功这一段过程的服务，募款成功后的项目信息并未得以存续。有些融资方并非恶意欺诈或违约，但由于计划不周或其他原因，也存在竭尽全力仍无法兑现承诺的情况，令投资者的资金存在风险。对于此类风险，众筹平台均声明不承担任何责任，也正是众筹平台无法控制项目募集成功后的资金流向及项目发起者是否会兑现承诺的缺陷给筹资者以"跳票"的机会，即项目拿了钱却延迟交货或者项目中途夭折。

（三）技术风险

1. 个人信息泄露

众筹平台作为资金托管平台，持有投资人和项目发起人的信息数据，而目前网络金融的最突出问题是"三无"，即无准入门槛、无行业标准、无机构监管，仅作为普通企业要求。为了确保交易双方身份的真实性，互联网平台需要储存大量的个人信息，如姓名、年龄、住址等，在降低交易成本的同时，也就带来了信息安全的道德风险，个人资料泄露等事件时有发生。如果平台没有对客户的个人信息做好保密措施，网站的保密技术被破解，将极容易导致泄露。

2. 交易凭证被篡改

众筹平台的项目完成均在线上，由于互联网金融的业务主体无法进行现场确认各方的合法身份，交易信息均通过互联网进行传输，无法进行传统的盖章和签字，这些过程极容易被黑客、钓鱼网站或病毒侵入，存在可能被非法盗取、篡改的风险。

三、内部风险控制模式（平台自我监管）

（一）限定投资者数量，规避非法集资

互联网平台具有天然涉众性，容易被界定为非法集资中的向不特定对象公开宣传。目前绝大多数众筹平台都会以会员制控制合格的投资人，在核实身份后，向合法数量的特定合格投资者筹资。

（二）加强筹资人审核和管理，建立征信制度

各众筹平台目前在风险控制上均以加强筹资人审核和管理为核心。有利网通过自身开发及合作的小额贷款公司推荐的方式，遴选还款意愿高、还款能力强的优质客户，降低投资者资金风险；众筹网则由人工审核项目，分为初审和二审两道程序，加强对项目资料和筹资人资料的真实性保证。

同时，众筹平台为管理筹资人的诚信，普遍采用保证金制度，要求筹资人缴纳一定比例的保证金，在众筹产品设计时设定缴纳保证金的投资人优先权机制以及保证金的退还机制等。

（三）构建资金第三方托管制度，控制资金安全

筹款、扣除管理费、向项目发起者划款都涉及资金，对资金安全、有序地管理既是平台的应有义务，也是防范其自身法律风险的重要手段。对于众筹平台自身而言，最安全的办法莫过于不直接经手资金，而是通过第三方支付平台独立运作。这种方式能够更好地在项目发起者和出资者之间建立信用平台，同时也从某种程度上保障了出资者的资金安全。

"大家投"在2013年推出一款名为"投付宝"的中间产品，对投资款

进行托管，对项目感兴趣的出资者把投资款先打到由兴业银行托管的第三方账户，在公司正式注册验资的时候再拨款到公司。

"众筹网"的做法则是在项目进入众筹阶段后，以分段打款方式确保对投资人的保护：支持者付款之后，资金直接进入第三方支付平台的众筹网账户，如果项目成功，首先向项目发起人打款 50%，发起人发放给支持者回报后，再打款 30%，待支持者确认收到回报后，再将剩余的 20% 打给项目发起人。如果项目未成功，则将所有资金退给项目支持者。

四、国外众筹监管经验

作为众筹发源地的美国，2012 年 4 月颁布了《2012 年促进创业企业融资法》（JOBS 法案），被称为"众筹法"。有评论认为，JOBS 法案降低了创业公司的融资门槛，使得普通公众也能参与到股权投资中来，突破了以往由投行主导的公开募股模式，其监管思路由强制注册和信息披露，转变为适合中小企业和普通投资人的思路，即对筹资额和融资额进行双重限制，但仍对众筹中介进行严格监管。

（一）美国 JOBS 法案

1. 股权众筹标准及投资人要求

JOBS 法案首先放松了私募资本市场的管制，解除创业企业不得以"一般劝诱或广告"方式非公开发行股票的限制，允许一定条件下的股权融资。同时，法案另对股权众筹标准及投资人分别作出规定，明确监管区间：对每一个项目而言，其融资规模在 12 个月内不能超过 100 万美元。如果投资者年收入和净值均不超过 10 万美元，其出资规模不超过 2 000 美元或该投资者 5% 的年收入或净值（以较大者为准）；如果投资者年收入和净值达到或超过 10 万美元，其出资规模不超过该投资者 10% 的年收入或净值，最多不超过 10 万美元。

2. 众筹平台注册登记义务

JOBS 法案明确免除了众筹平台登记成为证券经纪商或证券交易商的义务。也就是说，众筹平台需要在证券交易委员会（SEC）登记，仍然在SEC 的监管下，即使在一定条件下免除登记注册为经纪交易商，仍然需要众筹平台是一个注册的全国性交易证券协会的成员，或是接受 SEC 检查、执法。

3. 对众筹平台的内部人员限制

JOBS 法案严禁平台内部人员通过平台上的证券交易获利，主要包括两个方面：一是禁止向第三方宣传机构或者个人提供报酬，这是对众筹网站解除公开宣传禁令之后实施的附加经济限制；二是禁止众筹平台管理层从业务关联方获得直接经济利益，这是对众筹平台自身合规性的进一步要求。

4. 众筹平台信息披露

众筹平台的信息强制披露义务包括两个方面：一是对投资者的风险告知义务；二是对交易行为本身的信息披露义务。

风险告知义务源于股权投资的高风险性。JOBS 法案要求必须对投资者给予足够的风险提示，包括：按照证券交易委员会的适当规则，审核投资者信息；明确投资者已经了解所有投资存在损失的风险，并且投资者能够承担投资损失，通过回答问题，表明投资者了解初创企业、新兴企业及小型证券发行机构的一般风险等级，了解投资无法立即变现的风险，按照证券交易委员会确定的适当规则，了解此外其他相关事项。

交易信息披露义务方面，JOBS 法案规定众筹平台应采取 SEC 的规定，降低交易欺诈风险，包括了解每个证券发行机构高管、董事及拥有 20% 可流通股股东的个人背景，以及证券执法监管历史记录，同时在证券销售前 21 天内（或 SEC 规定的其他时间段内），向 SEC 和潜在投资者呈现证券发行机构规定的相关信息。

（二）英国众筹监管规则

英国金融行为监管局（FCA）也于 2014 年 3 月 6 日发布了《关于网络众筹和通过其他方式发行不易变现证券的监管规则》。

1. 投资者限制

投资者必须是高资产投资人，指年收入超过 10 万英镑或净资产超过 25 万英镑（不含常住房产、养老保险金）；或者是经过 FCA 授权的机构认证的成熟投资者。

2. 投资额度限制

非成熟投资者（投资众筹项目 2 个以下的投资人），其投资额不得超过其净资产（不含常住房产、养老保险金）的 10%，成熟投资者不受此限制。

3. 投资咨询要求

众筹平台需要对项目提供简单的说明，但是如果说明构成投资建议，如星级评价，每周最佳投资等，则需要再向 FCA 申请投资咨询机构的授权。

五、众筹监管思路建议

近两年迅猛发展，中国互联网金融成就和风险并存，要求规范监管呼声甚嚣尘上。然而，监管不是维护一方利益，而是在两利相权时，寻找一个平衡，一方面要保护投资人利益；另一方面也要保护发起人的融资意愿，给予其融资的方便。如何兼顾合理性与创新性，既能最大限度地降低风险，又不会扼杀金融创新能力成为监管的最大考验。

美国对众筹立法体现了平衡监管、扶持发展的思路，值得我国监管当局借鉴。鼓励小微企业、小额投融资、快速融资，防范非法集资和诈骗，强化中介监管，完善社会信用体系和司法体系应当是未来众筹的监管方向。具体来说有如下要点。

（一）建立众筹平台准入制度

设置一定条件，采取备案或许可制，使符合条件的众筹平台从事众筹业务，并强化平台的管理义务，如要求平台开设专项救济账户，明确筹资人无法兑现筹资所做承诺之时，筹资人将筹得资金转入众筹平台开设的专项救济账户，将救济账户资金用于弥补出资人损失。

（二）规定众筹项目发起人的资质与责任

为保证众筹项目规范运作，有必要对筹资人作出严格约束。同时，强化筹资人的信息披露义务，因为在筹资人与出资人之间，出资人处于信息弱势地位，因此需要筹资人在固定时间段内在筹资平台向公众公布资金使用情况及对突发情况进行汇报，方便出资人及时、准确地把握投资资金运转状况。一方面，可以增强投资人对这一模式的信任，促进众筹模式的进一步发展；另一方面，也可以有效监督筹资人的资金运行，保障投资人的知情权，减少众筹平台的监管成本，加强众筹平台信用机制的构建。

（三）对投资人数及投资额度作出规定

这是为了避免众筹的非法集资和非法发行证券风险，同时在信用机制还未完成构建的背景下，需要严格限制股权或者资金回报，以规避非法集资。

（四）明确众筹规则

当前众筹规则"百花齐放"，虽多元发展但为监管提出了难题，未来为了避免监管存在灰色地带，有必要对众筹规则和流程作出明确规定，并厘清众筹各个主体的权责。

（五）加强金融普及教育，建立投资人分级制度

在中国，除专业人士外，普通大众对于金融、投资理财都欠缺专业的知识和系统的教育。清华大学五道口金融学院常务副院长廖理指出，"中国民众普遍缺乏金融普及教育，这也是国内金融非法集资和诈骗案频繁出现的一个非常重要的原因"。中国不仅缺少普惠金融体系，也缺少普惠金融教育，因此在提供产品信息服务的同时，附加金融教育是十分有必要的。可借鉴国外经验，设立投资人分级制度，对投资额度高、风险高的项目设立较高门槛，避免风险承受能力差的投资者入局。

第四部分 网络理财服务

自从 2013 年 6 月中旬，阿里巴巴正式推出余额宝后，这种新型的网络理财服务吸引了大量的投资者，同时也对银行传统的理财模式带来了冲击。从余额宝、理财通等金融产品的火爆到各类网贷平台成交规模的持续扩大，网络理财成为越来越多人的投资选择。

一、网络理财的创新模式

近几年，互联网金融领域的新型金融产品层出不穷，以高收益、低门槛、操作简易为特征的网络投资理财已经成为人们进行理财投资的一种新型模式。目前互联网票据理财平台上，包括"金银猫"、"微财富"、"小银票"等，产品年化收益率普遍在7%左右，从各类"宝宝"到P2P理财再到票据理财，网络理财产品也在不断进行创新。

网络理财模式分为两种，一种是单纯利用第三方理财平台购买理财产品的模式，另一种则是利用互联网与基金公司合作推出的碎片化理财模式。余额宝就是碎片化理财模式的典型代表，余额宝是支付宝专为用户提供的理财服务，而账户资金认购的则是天弘基金的增利宝货币基金的份额。相比于传统货币基金，余额宝最大的不同是实现了货币基金的 T + 0赎回，流动性较传统货币基金强。从收益来看，余额宝作为一种本质上的货币基金，其收益根据每日的实际投资收益进行分配，与银行的理财产品相比，收益波动性更大。当市场资金紧缺时，货币市场基金收益率较大，但是一旦遇到中央银行向市场大量投放资金，或者遇到巨额赎回的情况，这类产品收益率的下降也是在所难免的，因此相比于银行理财产品，这类产品主要适用于风险承受能力较强的投资者。余额宝虽然在收益上有着不确定性，但是流动性强、门槛低、操作简单都是它吸引大量投资者的原因。余额宝和银行理财产品面对的客户质量并不相同：银行理财产品主要面对风险承受能力较低、资金实力较强的优质客户；余额宝由于没有门槛限制，吸引了大量小型客户的投资。余额宝低门槛、操作简易、无手续费的投资优势相较于传统理财方式都是一种创新。

以余额宝为代表的货币基金理财方式仅仅是网络理财的开始。网络理财也在不断进行创新，比如网络平台的投资人士将理财资金转入网贷平台，投资者可以通过竞标项目向网络借款人放贷，并获得高额回报。近两年投资网贷也成为新的网络理财方式之一，低门槛起投、高效资金转手、高投资回报率、低风险渠道，这些概念对投资者的吸引力非常大。未来网络投资平台还会出现众筹平台、大数据金融，这些新的网络理财方式都会拓宽人们的投资渠道，带来比传统理财方式更高的回报。新浪微财富和票据包网站推出了票据理财产品，9.8％的高收益率使得产品一上线就被秒购。这种以票据作为投资对象的网络理财方式也是一种创新。腾讯公司也加入到互联网金融中来，借助微信平台发布了类似余额宝产品——微信理财通，合作方包括华夏、易方达、广发和汇添富4家基金公司，相比于余额宝，微信理财通的最大优势在于广阔的用户覆盖面，收益每天发放，并且支持付款。

网络理财随着余额宝的面世不断在进行创新，投资对象也在不断地变化，货币市场基金、票据市场、网络借贷都是网络理财资金的投资对象。未来，网络理财的创新不仅仅局限于投资对象的改变，可能会出现更多方面的创新，比如投资者获得收益的形式、支付理财于一体的模式都可能成为网络理财的创新方式。但是网络理财在获得高收益的同时，也不能够忽视它的高风险。

二、网络理财的风险类型

尽管网络理财产品以高收益、低风险、低门槛等特征吸引众多投资者参与，但由于监管空间的缺乏，网络投资资金骗局、平台倒闭潮及网络欺诈等事件频繁发生，也凸显了网络理财风险无处不在的现实。目前互联网金融发展迅速，对传统金融系统造成巨大冲击的同时，也令众人更为关注其可能存在的投资风险。以P2P为例，刚一出现就进入近乎疯狂的增长状态，但危机也如影随形，一些在投资者眼中有一定知名度的P2P接连出现状况，很多投资者纷纷提现，以网贷为投资对象的网络理财投资者面临着巨大的风险。最近由票据宝网站和新浪微财富推出的创新型票据理财产品也有潜在风险：一方面，存在承兑银行倒闭风险；另一方面，汇票本身存在的风险。汇票本身有两方面的问题：一是虚假汇票无法兑换；二是背书风险，有些票据没有严格背书，出现一票两用，或是多次背书的票据风险也较高。除了汇票的真伪和背书外，银行或因汇票欠规范、资金紧张等原因延迟汇票兑付，也可能对投资人资金按时到账产生影响。所以投资者在享受网络理财高收益的同时也面临着高风险。网络理财的风险主要体现在以下几个方面。

（一）信用违约风险

信用违约风险指网络理财产品能否实现其承诺的投资收益率。例如，阿里巴巴的余额宝当前的收益率低于5%，且余额宝的性质是货币市场基金，但百度百发的预期收益率高达8%，这就不由得让我们想问，百发最终投资的基础资产是什么？在全球经济增长低迷、中国经济潜在增速下降、国内制造业存在普遍产能过剩、影子银行体系风险逐渐显现的背景下，如何实现8%的高收益？

（二）流动性风险

流动性风险指互联网进入服务商无法提供资金来支持流动性而导致投资人损失的风险。造成流动性风险的原因主要有期限错配和最后贷款人风险。

1. 期限错配风险

期限错配风险指互联网理财产品投资资产期限较长，而负债期限较短，一旦负债到期不能按时滚动，就可能发生流动性风险。

2. 最后贷款人风险

商业银行在面对流动性不足的情况下能够获得中央银行提供的最后贷款人支持，这一支持是以法定准备金等为代价，但是互联网金融目前面临缺乏监管，在缺乏最后贷款人保护的情况下，一旦互联网金融产品违约，最终由谁来埋单？互联网金融企业有能力构筑强大的自主性风险防御体系吗？

（三）技术风险

网络技术与网络支付是网络理财存在的基础。目前，由于网络技术问题使得金融产品出现损失的案例层出不穷。技术风险不仅包含了以往金融体系中广泛存在的操作风险，还包括了互联网时代的网络安全与支付风险。技术风险主要包括以下几点：

1. 网页风险

网页是用户购买网络理财产品的窗口，其作用相当于金融机构在网络上的"门店"。当网站服务器被黑客攻陷后可以很轻易地向网站植入黑链接引诱用户点击，或者留下后门程序查看、修改用户资料，甚至篡改网页。

网页木马和钓鱼软件对于老网民来说并不陌生，前者是在网页中嵌入恶意链接或者黑客程序，一旦用户进入此网站，恶意程序将在后台下载；后者是通过 QQ、微博留言、短信等方式向用户发送中奖链接，而链接背后往往都是恶意网站。被植入黑客程序的电脑将会使用户的信息与支付密码完全暴露于网络黑客。

2. 支付方式创新风险

便捷与安全永远是一个硬币的两面。蓝牙支付、二维码支付、NFC 近场支付等多种新型支付方式的创新给人们的生活带来了极大的便利，但同时也暗藏着很多信息泄露与账户盗用的风险。

3. 用户操作风险

目前很多网络理财用户对于互联网金融中存在的风险意识依然很薄弱，对风险源头也没有清楚的认识。随着网络环境的不断发展及无线网络的普及，开放的 WiFi 信号将会使得互联网交易很容易暴露在黑客的攻击之下。此外，网络理财的交易对象是一个个虚无的网站，不再像以前的实体金融网点，这会使得用户容易对理财产品作出错误的理解或者错误的投资操作从而导致失误的投资行为。

（四）法律风险

目前，互联网金融行业尚处于无门槛、无标准、无监管的"三无"状态，这导致部分互联网金融产品（尤其是理财产品）游走于合法与非法之间的灰色区域，稍有不慎就可能触碰到"非法吸收公众存款"或"非法集资"的高压线。与高速网络理财创新相应的却是相关法律制定的滞后，法制建设只能跟在产品创新的后面跑，甚至发生了危险却找不到相适应的法律。同时，随着网络理财概念的兴起，众多电商网站、搜索网站也想在互联网金融时代中分一杯羹，网络理财似乎成了谁都能做的东西。

三、网络理财的风险控制

网络理财作为金融创新的有益探索，应当始终鼓励其创新发展，但同时应当加强有效监管，注重保护金融消费者，防范可能出现的风险。

（一）防范信用危机，改善网络金融环境

由于互联网金融不同于传统金融，有必要加强与网络理财相关技术研发及其管理工作。为了保障用户交易终端环境的安全性，网络理财可以借鉴网上银行采取的身份认证体系，采取安全检测及安全控件等方式。用户在网上进行网络理财时，可以引入电子认证及签名等技术，这样可以对买方和卖方的身份合法性和交易信息的机密性起到很好的保护作用。人民银行征信系统在网络理财中也能起到积极作用，如加强对交易数据和反欺诈系统的建设，这种方式可以有力提高网络理财的征信体系建设水平。

（二）加强行业自律，建立网络理财行业协会

出台《放贷人条例》《电子资金划拨法》《网络购物条例》《网络借贷行为规范指引》等行业规范，充分发挥行业协会的作用，探索互联网金融行业规范发展途径，维护行业良性竞争秩序，自觉接受社会公众监督。加快形成责令退出等惩罚机制，对存在损害投资者利益、导致恶性竞争等行为的市场主体加以惩罚。

（三）加强网络理财内部风险管理，预防系统性金融风险

应该用整体的眼光看待金融体系，强化系统性监测和宏观审慎管理。应特别关注交叉性、跨市场的网络理财产品，对其实施风险监测。金融监管机构应将网络理财产品的规模纳入数据监测分析系统，将相关数据制成报表，加强对互联网金融风险的识别、监测和控制，预防和化解系统性金融风险。建议参考期货公司与证券公司的风险管理模式，强化风险控制。

（四）提高消费者风险辨识能力，加强金融消费者保护

消费者要提高风险意识和投资管理水平，认清互联网金融本质，不轻信所谓承诺高收益率和"零风险"的过度宣传，形成良好的网络使用习惯，提高个人信息保护意识和技能。要注意互联网金融投资理财的资金不能过于集中，要注意分散投资、分散风险。可以借鉴证券公司对投资者进

行风险教育的经验，使人们对互联网金融树立风险意识。

（五）加强网络理财与传统金融理财方式的融合

传统金融理财产品具有自身交易数据历史长、账户信息范围广、数据挖掘潜在收益大等优势。网络理财应多借鉴传统理财方式的优点，准确把握理财的基本规律，加之互联网基因的优势，积极参与、有力推进传统金融业务与互联网金融业务的融合发展，努力提高金融价值。

总之，加强互联网金融管理，规范网络理财的发展，扬长避短，让互联网金融与传统金融相融共生，是金融管理部门的职责，也是经济金融发展的趋势。

四、网络理财的风险评估系统

（一）网络理财风险评估指标的选取原则

网络理财业务涉及金融服务提供商、消费者和商业银行等各种关系，不同参与方相互之间交叉影响。在建立指标体系时，应该遵循科学、合理的指标选取原则。对于互联网金融而言，建立风险评估指标体系应遵循的原则主要有：

1. 科学性

科学性原则是学术研究的基础。进行网络理财风险评估研究的目的就是增强风险控制方法的可操作性，有效地降低风险。在选取指标时，为了保证指标体系的正确性和实用性，就必须要对所选取的指标进行科学的分类、综合及整理。

2. 针对性

对于网络理财所涉及的多方主体而言，每个主体的侧重点必然有所不同。对于不同的主体和不同的环节，风险评估指标的选择也应有所区别。只有综合考虑了各方的意见，才能有效地提高网络理财效用值。

3. 全面性

网络理财是个复杂而完整的体系，涉及多方主体和不同环节。风险的来源可能就蕴藏在其中任何一个小小的方面，所以在选取风险评估指标时，应该努力做到全面，从宏观角度来把握整个流程。

4. 独立性

网络理财是一个错综复杂的系统，在选取指标时应注意各指标间的相关性。评价体系会因为数据的不独立而产生很大的重复性，这种相关性最终会影响到整个模型的计算效率。

5. 定量和定性相结合

在网络理财风险评估过程中，既有主观因素，又有客观因素，它们之间相互交叉。只有通过现代化的建模理论，采用统计、调查、分析等方法，综合主客观因素来进行指标选择，才能保证评价结果的客观性、真实性。

（二）网络理财风险评估指标体系的建立

网络理财风险评估是个多准则决策问题。在多准则决策问题中，应采用模糊数来表示属性值和相关权重。模糊数是一个凸模糊集，用给定的真实数列来表示，从 0 ~ 1 之间划分等级。模糊集的隶属度是光滑的和渐进的。应用隶属函数来表示模糊数的隶属程度。在给定模型中模糊集是用模糊语言来表达的变量，例如"期限错配风险高"或者"法律滞后风险高"等。模糊集的隶属函数表达了每个元素和范围的模糊性，在多数情况下，是单位间距的集合。

建立的模型采用网络理财风险指标等级评分表的形式，不同的风险指数占据不同的比重，分值也不同。在建立模型时，首先确定一级指标及其分值，在每个一级指标下还要确定二级指标，这些二级指标将更加细化。根据二级指标对该项指标的影响情况进行评分，各二级指标的分值加总即为网络理财风险指标的评分分值。二级指标的确定是一项烦琐而复杂的工作，主要依靠对过去研究资料、真实的风险状况以及网络理财专业从业人员的经验判断。在这里选取信用违约风险、流动性风险、技术风险、法律风险 4 个一级风险指标体系及 9 个二级指标来构建互联网金融风险评价指标体系。

第一步，利用模糊 AHP 法[①]确定网络理财风险指标权重。在这里可以采用构建网络理财产品风险评估结构层次的方法。本模型的目标层为网络金融风险评价，准则层包括四个一级指标。在准则层的四个一级指标下，分别设置了若干二级指标，共九个二级指标，构成了指标层。具体情况如图 1 所示。

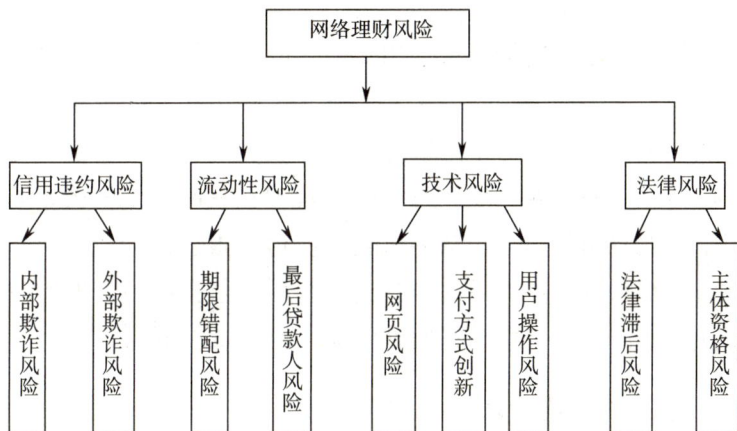

图 1 网络理财风险评估层次

第二步，构造模糊判断矩阵。模糊判断矩阵是指建立递阶层次结构后，判定不同因素影响下一层次各个因素的重要性分值。通过对这些影响因素之间的两两比较来确定一个重要性分值所形成的矩阵。

第三步，检验模糊判断矩阵的一致性。调整不满足一致性的模糊判断的矩阵。根据模糊一致矩阵的性质，对判断矩阵进行一致性检验和调整。

第四步，层次总排序。在层次单排序的基础上，计算指标层各因素相对于目标层的相对重要性权重。权重值为各指标相对于所属准则层的权重与所属准则层相对于目标层的权重之积。

---

① AHP 法即层次分析法，是美国运筹学家 T. L. Saaty 教授于 20 世纪 70 年代初期提出的，AHP 是对定性问题进行定量分析的一种简便、灵活而又实用的多准则决策方法。它的特点是把复杂问题中的各种因素通过划分为相互联系的有序层次，使之条理化，根据对一定客观现实的主观判断结构（主要是两两比较）把专家意见和分析者的客观判断结果直接而有效地结合起来，将一层次元素两两比较的重要性进行定量描述。而后，利用数学方法计算反映每一层次元素的相对重要性次序的权值，通过所有层次之间的总排序计算所有元素的相对权重并进行排序。

结合以上评估方法，可以提出进一步的网络理财风险防范建议。根据这一风险评估指标体系来制定相关措施，构建网络理财风险管理体系的立体框架，对防范网络理财风险、避免盲目投资、保护消费者权益具有重要意义。

五、网络理财的监管重点

金融产品的创新与监管永远是相互博弈的两种力量。如何平衡金融功能与市场稳定，使得市场既发展又不易造成风险积聚，一直是监管的重点与目标。在互联网时代，对于网络理财的监管也是如此。目前，对于网络理财这样可涉足多种金融市场、跨行业经营的互联网金融模式，监管机构和监管规则都没有明确建立，众多风险又使得其很容易造成风险积聚。对于网络理财等互联网金融产品的监管刻不容缓。依据网络理财本身的特点与传统金融理财产品的特性，在监管中应主要注意以下几点。

（一）完善金融监管法规

完善金融监管法规是网络理财监管的基石。目前互联网金融立法还处于空白期，金融理财主要依据的法律有《银行业监督管理法》与《商业银行法》，但对于网络理财的监管机构、卖方资格、业务范围、信息披露制度、法律责任等都没有明确的规定。包括网络理财在内的大部分互联网金融模式游离于监管之外，没有具体的法律法规，行业监管没有坚实的依据。

（二）明确金融监管主体

明确适当的监管主体是实施有效监管的前提。目前我国金融监管体系是"一行三会"的分业监管，在互联网金融的飞速发展下，混业经营已成为不可避免的事实。网络理财又涉及货币基金、银行理财产品、P2P等多种金融产品，分业监管必定会存在监管真空。建议设立专门的互联网金融监管部门，以中国人民银行为互联网金融监管主体，以银监会、证监会、保监会等监管机构为辅助的金融监管体系，协调监管，依法制定相关的法律法规，同时加强金融监管合作。

（三）创新监管模式

互联网金融产品的监管应充分利用互联网技术，将非现场监管作为日常监管的重点。通过大数据、云计算及各平台信息沟通与共享，要求所有理财产品录入数据库，实时监测网络理财产品的运行。监管当局应制定规范化的日常监管程序，设计符合互联网监管特点的统计报表，规定信息提交的频次、时间等。对于非量化信息的处理，应将其标准化，转化为可定量分析、统计、挖掘的信息，以供监测使用。

（四）投资者的教育与保护

对于投资者的保护是监管机构最主要的目的。目前我国网络理财投资者的主要群体是能够熟练用运互联网，并有尝鲜精神的白领、大学生等。首先，应加强网络投资者的投资理财教育，提高投资者的风险防范意识与自我保护能力。其次，要规范化信息披露制度，要求网络理财的卖方提供产品的详细信息与风险提示，做到相互信息对称。

（五）发挥行业自律组织作用

作为正规监管部门与互联网金融企业间的缓冲带，行业自律协会正在发挥越来越重要的作用。行业自律组织最大的优势就在于自觉性更强，监管部门应积极引导自律协会的发展，借助行业协会力量会使得对网络理财的监管更加高效、低成本。此外，规范的行业组织也能提升整个行业的公信力，培养行业的自律精神，并可以对整体的行业风险做到把控。

第五部分　网络保险

网络保险是网民通过互联网浏览保险公司的网站了解保险产品和服务、在线互动和咨询、填写和提交投保单、经核保后通过网上银行转账缴费、生成和打印电子化保单，同时可以进行保单信息查询、批改、续期缴费、到期提醒、出险报案、上传索赔资料、理赔流程跟踪和投诉等全过程的网络化运作。

一、网络保险服务概述

由于保险是无形产品，因此十分适合于网络营销。国内外网络保险的发展进程已经证明，无论从网民的广泛性、新兴渠道的重要性、保险险种和保费规模，还是从网络保险具有的超越时间和地域限制、与网民的互动性等独特优势及从国内电话车险市场迅速发展的态势来看，今后几年，网络保险将会成为保险公司新兴和重要的直销渠道，将会促进保险公司管理的转型升级和保险业务跨越式的发展。

（一）我国发展网络保险的重要优势

1. 网民的迅速增加是网络保险发展的坚实基础

2012 年初，中国互联网络信息中心发布的第 29 次中国互联网络发展状况统计报告数据显示，截至 2011 年末，中国网民规模突破 5 亿人，互联网普及率达到 38.3%，网购用户规模达到 1.94 亿人，占比达到 37.8%；网上支付用户规模达到 1.68 亿人，占比达到 32.5%；手机在线支付用户达到 3 058 万人，占比达到手机网民的 8.6%。由此可见，在中国，网购和在线支付正在迅速普及。这预示着网络保险在未来的诸多商机。

2. 高效便捷和价格优惠是网民选择网络保险的决定因素

一是网上保险互动便捷，不受时空限制，保险客户可以在 24 小时随时方便上网，了解和比较保险产品，与网站互动，投保及理赔。网络保险这些独特优势极大地增强了保险客户和潜在客户网上购买保险的主动性。

二是由于网络保险减少了保险销售的中间环节，避免销售误导，客户可以足不出户获得比其他销售渠道价格低 15% 左右且保障范围更广的保险产品。

三是可以获得更加高质量的附加服务。很多线下不能获得或不宜轻易获得的服务，通过在互联网上与保险公司网站工作人员互动变得轻而易举，避免了许多烦琐的手续。

3. 开辟保险销售新型渠道是保险公司发展网络保险的根本动力

一是网络保险是保险公司开辟保险新型直销渠道的重要途径，有利于保险公司掌握和培养优质客户群，抢占信息时代保险业务的制高点。

二是网络保险使网民直接面对保险公司，减少了保险销售的中间环节，可以降低保险公司销售费用和综合成本。

三是网络保险降低了原有保险市场的进入壁垒，能够让新成立的保险公司通过建立一个完善的网站打破地域限制，进入保险市场；同时，网络保险产品价格信息透明且优惠，可以改变靠"关系"推销保险的传统做法。

四是网络保险有利于提升保险公司管理效率，促进保险新产品的迅速推广。

（二）拓展网络保险的主要途径和对策

提升保险公司对网络保险的认识，建设完善的保险网站和后援中心，加大网络保险产品的开发力度和优化组合，强化网络保险的宣传和推广力度，强化网络保险落地服务和客户信息管理，大力引进和培养网络保险人才。

二、网络保险服务的风险问题

由于网络保险是以互联网和电子商务技术为基础，支持保险活动的经营和管理，所以其面临的风险较普通保险更大。除了普通保险所承担的风险外，网络保险还会承担基于网络方面的系统风险，一旦风险爆发，其影响范围将更大。

网络保险服务的风险主要包括技术风险、信用风险和法律风险。

（一）技术风险

迄今为止，市场上没有完全可靠的电子商务和互联网技术。由于网络保险基于互联网的特殊性，使得技术风险成为网络保险的一个重大风险。电子商务和互联网均存在技术漏洞，易受到非法入侵和破坏，引起网络保险交易信息安全和系统安全问题。交易信息的安全问题，主要包括保险交易过程中信息传输的保密性、完整性、真实性和不可抵赖性。网络系统的安全问题，包括软件系统和硬件系统的安全，网络系统运行环境的安全性问题，如黑客的攻击、计算机病毒的传播等。如果系统出现问题，不仅影响保单的销售，还会造成信任危机。防范技术风险的措施包括聘用高素质的网络安全工程师、利用可靠的技术设备、先进的病毒防火墙、关键连接采用专线、安装备份系统等。

（二）信用风险

与传统的保险公司相比，网络保险的信用风险更大。信用风险主要包括信息不对称风险和道德风险。传统的保险公司面临的信用风险是由于保险人不能够或很难掌握被保险人的私有真实信息，被保险人可能会利用自己的这一信息优势，隐藏自己真实的私有信息，结果给保险人带来高赔付的经营风险。首先，保险人在网络环境中核实投保人的告知内容较为困难，投保人有可能利用这一缺陷隐瞒与保险标的有关的重要事实，进行保险欺诈。其次，保险利益认定的难度增加，易引发道德风险。网络保险较难认定投保人是否对保险标的具有保险利益，易引发理赔纠纷，甚至会出现因难以认定而不进行认定的情况，给保险欺诈提供机会。网络保险则更加凸显了信息不对称所带来的风险。一方面，保险公司并未给客户提供全方位的保单查询平台，客户难以甄别自己通过网络购买的保险是否属实；另一方面，虽然通过各保监局的网站和营销员系统可以查询到中介机构和营销员的资质情况，但由于客户对保险业的相关信息缺乏了解，往往不能有效地查询销售者资质状况。保险网站管理信用风险的手段包括传统核保、勘察、理赔手段的配合，注重客户信息的核查，客户 CA 认证，建立客户信用档案等。

（三）法律风险

法律风险主要包括无法可依和有法难依的情况。我国还没有相应健全的法律规范，而许多已有的法律法规，甚至还与网上保险的发展要求相抵触。整个网上保险的发展面临着无法可依、无章可循和有法难依的尴尬境地。在目前这种法律法规环境下，保险企业开展网上保险势必会使自己处在一个极为不确定的经营环境中，或者遭受竞争对手不正当竞争行为的冲击，或者在不知不觉中使自己卷入到无休止的法律诉讼之中。所以，需要加强电子商务及互联网交易立法工作，建立健全能保护各方交易者权益的法律制度。

三、国外网络保险监管模式

西方发达国家的网络信息技术发展较早，这为其发展网络保险奠定了良好的基础。经过十多年来的不断完善，美国和欧洲国家越来越多的保险公司都主动向现代信息技术靠拢，集中力量拓展网络保险业务。

（一）美国网络保险监管模式

以高科技水平著称的美国不仅是最先出现网络保险的国家，其网络保险业在规模、用户普及率、技术手段等方面也都有着非常明显的优势。

美国监管当局对网络保险的监管是宽松审慎的。在强调网络交易安全、维护网络平台的稳健性及客户隐私和利益的同时，并不直接干预网络保险的发展，而是大力补充、完善相关法律法规，使原有的保险监管规则同样适用于网络平台。

1998 年，美国保险监督官协会（NAIC）发布"Marketing Insurance Over the Internet"，对网络保险的电子签名、资金划拨、隐私保密及合同形式等方面进行了详细阐述；2000 年，NAIC 在"Regulatory Issues Associated with the Provisions of Insurance Electronically"一文中解释了网络保险关于信息方面的基本规则，同时提出"消除准入障碍"、"利用技术与自动化以实现规模经济"及"加强一致性"的网络保险监管目标。另外，美国保险学会（AIA）也在 2000 年提出以"维护系统的完整性、开放市场以促进竞争、保证监管效率并支持为实现系统效率最大化所做的努力"的保险监管宏观目标，重点强调了 12 条网络监管准则。这些法规准则有利于维护良好的网络保险市场秩序，也为其他国家完善网络保险监管提供了参考。

（二）欧洲网络保险监管模式

欧洲各国的网络保险发展势头也相当可观，其中英国是世界上公认的网络保险最为发达的国家之一。不同于美国，欧洲对于网络保险监管采取的是一致性原则，即保险监管部门负责执行统一的行业监督标准，认可电子保单的法律效力，监督控制网络保险产生的新风险，注重加强监管合作以及提高监管效率，旨在为网络保险发展提供透明、完善的法律环境；同时，采取适度审慎的准入原则，坚决维护消费者利益。

针对具体的网络保险业务，欧洲监管的重点是：第一，明确业务活动区域管辖权，如网络保险平台和保险公司之间的合并以及保险产品跨境交易等活动带来的法律纠纷；第二，严控网络安全隐患，如错误操作、网络攻击等；第三，有效提升服务能力，诸如逐步实施保险业务的完全在线化；第四，及时关注由业务规模扩大引发的信用风险和法律风险。

（三）国际监督机构网络保险监管模式

针对网络保险的快速发展以及由此引发的新风险，国际保险监督官协会（IAIS）于 2000 年 10 月提出了基于互联网的保险电子商务和保险活动的监管原则，该原则强调在网络保险活动中，保险监管者主要应对保险人的权限进行监管。与此同时，IAIS 鼓励会员国采用并实施三个基本原则以实现对网络保险的有效监管。

1. 一致性原则

该原则要求对网上保险业务的监管方法应与对保险人通过其他媒介办理保险业务的监管方法保持一致。

2. 公开性原则

该原则要求管辖权限内的保险人和保险中介人确保在网上进行的保险交易行为与通过其他媒介进行的保险交易行为所应用的透明度及披露原则是一致的。

3. 合作性原则

监管者应在网络保险业务监管过程中加强合作。同时，保险监管者应当要求提供网上服务的保险公司有充分的控制系统，确保交易以正确方式执行。

上述国家和国际机构的监管模式与原则，都坚持从保护消费者利益出发，采取适度审慎的监管政策，及时颁布专门的网络保险监管准则，出台相应的具体措施，调整监管机制，更新监管技术，从而不断提高网络保险监管的有效性。同时，上述监管模式与原则也为我国监管当局改革传统保险监管机制、建立符合我国网络保险发展特点的监管模式提供了很好的范例。

四、网络保险的监管重点

网络保险是运用互联网技术产生的新型业务活动和方式。国际保险监督官协会（IAIS）将"一致性原则、公开性原则和合作性原则"确认为网络保险监管的三大原则。基于这三大监管原则，网络保险的监管应当以市场准入条件和标准、经营行为尤其是偿付能力、网络信用体系、国际合作等几大方面为重点。

（一）灵活审批市场准入，确保适度监管

美国网络保险监管的出发点是，相关政策和法律法规的制定不能妨碍和束缚网络保险的发展。同样，IAIS 三大监管原则的目标是有效保护网络客户的合法权益，而非为了提高市场准入条件。因此，我国网络保险监管的第一大重点，也应该是明确如何确保适度监管，尊重市场的自我调节。只有灵活审批市场准入，坚持宽松审慎的原则，不拘泥于过细的监管方法，才能确保我国网络保险监管的有效性。一方面，针对准入主体的内控机制和安全技术，必须设立严格的市场准入条件，使服务供给方最大限度地控制安全风险，包括操作风险和道德风险等。如针对网络保险平台的业务管理制度、操作制度、从业人员的专业资格、安全保障措施、服务质量、网络系统尤其是网上支付平台的安全等方面，必须设置严格的督查监管制度。另一方面，对于保险公司或网络保险平台具体业务的开展，监管部门不宜进行过多、过细的限制，避免给网络保险业务带来负面的影响。具体来讲，对于具体的保险业务创新和技术改革等方面，相关部门应当鼓励和支持网络平台根据自身的相对优势，重点开发、推广某种特定的网络保险业务，这既有利于控制监管成本，又有利于网络保险市场竞争氛围的形成。

（二）突出偿付能力监管，重视经营行为规范监督

突出监管偿付能力，旨在实时跟踪保险公司及其他网络保险平台的真实经营状况，提早发现其在公司经营方面出现的问题，如经营困难导致公司破产及网络客户利益受损等问题。对经营行为规范的监管，旨在保护网

络消费者利益，并维护良好的市场竞业秩序，创造公平合理的竞争环境。具体来讲，可以根据保险公司及其他网络保险平台的风险资本、现金流等财务指标和风控技术指标等多方面反映企业经营行为的指标，分别建立一套追踪系统，最终将多个追踪系统信息综合，形成一个保险监管信息系统，及时发现并定位问题，采取应对措施，维护网络客户利益并稳定市场。

（三）完备网络信用体系，政府监管和行业自律并重

我国信用制度比较落后，网络信用体系更是处于初级阶段。由于保险公司和网络客户的信用信息缺乏，以网络为服务平台的网络保险业务容易滋生道德风险。同时，也由于网络信用体系的不健全，监管部门无法有针对性地、高效快捷地展开监管，对道德风险事件的监管力度受到限制。再者，行业自律方面，由于缺乏完备的信用体系，行业竞争很难保持公平透明，行业自律的效力大打折扣。因此，亟待政府组织相关行业力量，合力推动我国的信用体系建设。

（四）加强地区及国际监管合作，切实提高监管水平

互联网的无地区性、无国界性决定了网络保险在快速发展过程中，会有很多跨区交易、跨境交易。针对以互联网为媒介的网络保险的监管，要求监管部门进行跨地区和跨国界合作，包括信息交流共享、技术合作共进等方面。不断加深国际间网络保险监管合作的广度和深度，才能保证网络保险监管的力度和有效性。

第六部分 数字货币

数字货币是随着互联网技术的发展而产生的，它是电子货币的替代货币，依靠密码学原理来创建、发行和流通。数字货币的特点是运用 P2P 对等网络技术来发行、管理和流通货币，理论上避免了政府机构的审批，赋予了每个人发行货币的权利。目前，世界上不存在任何一家政府的中央银行表示要发行数字货币，数字货币也不一定要有基准货币和中央银行。

一、数字货币与交易

数字货币不同于虚拟世界的虚拟货币，数字货币可以被用于真实的商品和服务交易，而不局限于网络游戏。数字货币目前尽管没有正式的货币地位，但却可以参与正常的经济生活；数字货币通过电子挖掘的方式获得，或与真实货币进行双向兑换。数字货币的典型代表有：比特币、莱特币、Ripple 币等。

当前，数字货币已经形成自己的交易市场，并可与主权货币兑换。以比特币为例，比特币诞生于 2008 年，到 2010 年，比特币开始用于实体交易。当前，世界各地非营利性组织和慈善机构接受比特币的捐赠，全球 1 000 家企业接受比特币结算；同时，比特币突破国际支付系统的封锁，帮助肯尼亚、海地和古巴被封锁地区的互联网用户购买服务。

各个国家目前对比特币的态度不一。德国率先承认比特币是一种"货币资产"；而泰国全面"封杀"比特币。2013 年 12 月 15 日，中国人民银行等五部委联合下发了关于防范比特币风险的文件，将比特币定义为虚拟商品而非货币，并要求各个金融机构和支付机构不得直接或间接为客户提供与比特币相关的服务。

二、数字货币交易的风险

（一）资金风险

数字货币的发行与交易，都是在网络上进行的；数字货币的匿名性特征使得它一旦出现被盗问题很难追查，因此它逐渐成为黑客的理想目标。

下面以比特币为例，进一步阐释数字货币的资金风险。2011 年 6 月，一个黑客成功盗取了价值 500 万美元的比特币，成为首位盗取比特币的人。2012 年，由于网站托管供应商 Linode 的服务器超级管理密码泄露，价值 22 万美元的比特币失窃。仅 2013 年上半年，杀毒软件"瑞星"就截获了 2 204 个与比特币相关的病毒样本。2014 年 2 月，世界最大的比特币交易平台 Mt. Gox 因为被黑客攻击，8.5 万个比特币被窃，该网站被迫申请破产保护。即便是采用了分布式储存，比特币并没有想象中的那么安全，甚至是更加危险了，因为系统中难免有几个组成部分可能存在漏洞。

当前，数字货币诈骗案也频频发生。如在香港注册的比特币交易平台 GBL 负责人携款跑路案，涉嫌虚构网络比特币交易平台，从中诈骗钱财，导致 1 000 多名投资者损失超过 2 500 万元。

（二）价格风险

由于数字货币目前没有和实体经济挂钩，因此其价值难以衡量，价格波动极大，存在极大的不确定性。

比特币诞生之初一文不值，巅峰时期币值曾蹿升至 1 200 美元，目前大约有 60 亿美元的市值。随着比特币牛市见顶，币值逐步下滑。截至 10 月 26 日，比特币交易价格为 346.39 美元（约合 2 119 元人民币），价格下跌幅度超过七成。其他的数字货币跌幅更是惊人：莱特币最大跌幅为 94.2%，质数币最大跌幅为 98.5%，美卡币最大跌幅为 99.1%；还有比奥币最大跌幅为 99.4%，奖赏币最大跌幅为 99.5%，安全币最大跌幅为 99.6%。而且数字货币作为新生事物，缺乏实体经济支持，有可能演变成一场"庞氏骗局"。

（三）道德风险

匿名、无税、无监管等一系列的特性使得数字货币可能大量被用于黑市交易、洗钱活动、赌博等违法犯罪活动当中。

1. 可匿名交易[①]

数字货币的交易各方可以通过随机变化收货地址来隐藏真实身份。同传统的电子货币相比，数字货币通过公开密钥技术，不再依赖于传统的账号系统。交易双方随机生成私钥，而将其对应的公钥告知付款方，即可收到款项。而下一次交易，又可以重新生成一对公私钥。这种方法可以做到完全的匿名交易。

2. 不受地域限制

由于数字货币基于互联网而存在，没有国界之分，跨境交易时不存在

---

① 许井荣. 基于反洗钱视角的比特币风险控制研究 [J]. 中国金融电脑，2014（7）.

汇率问题。使用数字货币的交易双方无须中间人，只要达成协议即可进行支付，这样就绕过了金融机构等第三方机构，给反洗钱工作和资金流向监测带来了极大难度。

3. 交易平台频受黑客攻击，客户身份资料和交易记录存在丢失风险

数字货币由于高匿名性的特征，频繁受到黑客攻击。交易平台的保密技术被黑客破解，或者管理上出现纰漏，会造成信息记录的泄露，不仅会给交易双方带来重大损失，也影响交易记录的完整性，给监管部门监管数字货币交易者和资金流向增加难度。

4. 大额可疑交易识别能力低下

数字货币是新兴事物，目前也尚未形成反洗钱大额可疑交易监测系统，这就给了洗钱行为可乘之机。目前，中国人民银行已经意识到这一点。包括中国人民银行在内的五部委发布的《关于防范比特币风险的通知》（银发［2013］289号）中要求"各金融机构、支付机构及提供比特币登记、交易等服务的互联网网站如发现与比特币及其他虚拟商品相关的可疑交易，应当立即向中国反洗钱监测分析中心报告，并配合中国人民银行的反洗钱调查活动"。

5. 免费交易

目前绝大多数比特币交易是免费的（小部分交易平台每笔交易收取1比特币的交易费）。而且，对于比特币交易当前并没有纳入交税的范围内。这就使得比特币交易成本极低，仅仅包括电费和网络费用。再加上自由跨境匿名交易的特性，使其日益受到包括洗钱者在内的不法分子的青睐。

三、网络数字货币交易服务的规范性

随着比特币影响力的扩大，网络上出现了一系列模仿比特币算法的数字货币，目前受到投资者广泛青睐的有莱特币（Litecoin）、狗狗币（Dogecoin）等。这些数字货币大多以主权货币为标价，可以承担支付实物商品或虚拟商品交易的功能，并且可以与主权货币相互转换。数字货币市场的火热一方面让人们看到了互联网金融发展的新希望；另一方面也说明，数字货币交易服务的规范化刻不容缓。具体来说，数字货币交易服务的规范性主要有以下四个方面。

(一) 市场准入规范化

不同于 Q 币、百度币等虚拟货币，比特币等数字货币的使用范围不受发行机构的限制，只要受到广泛认可，就可以在线上支付几乎所有商品。但是，受到比特币去中心化的发行方式的启发，在对比特币的发行代码进行一定更改之后，各式各样的数字货币出现在市场中。大量的"劣质"数字货币充斥市场，不仅难以管控，而且可能会造成消费者的财产损失。所以，规范数字货币的市场准入是规范数字货币交易服务的首要课题。建议有关部门建立监督核查机制，为数字货币进入市场把关，审核其安全性，将不合规的数字货币拒之门外。另外，定期审查市场内流通的数字货币，筛除违反有关规定的数字货币。

(二) 交易流程规范化

目前，比特币等数字货币都有自己的账户来存储数字货币，数字货币是匿名的，可以保障消费者的安全。但是，由于数字货币的匿名性，可能成为投机者的洗钱工具，尤其是比特币这样有国际影响力的数字货币，更可能成为跨国洗钱的工具。此外，数字货币的账户可能成为黑客攻击、盗取虚拟财产的目标，并且丢失的财产不易追回。

为了制约数字货币参与洗钱等违法活动，应该设立大额转账审核机制，设定一定的转账限额，超过额度或者短期内频繁转账的将被审查数字货币的流向，是否存在洗钱等嫌疑。为了保障数字货币账户安全，建议提高账户的加密等级，使虚拟账户不易被黑客攻破。为每一枚数字货币加入一个独特的编码，使数字货币在保证匿名性的同时，具有追索的可能性。

(三) 交易范围规范化

数字货币的交易范围十分广泛，不仅可以用于支付商品、服务，还可以为非营利机构和慈善组织捐款。数字货币还不受国界的影响，这意味着它成为跨国支付的好选择，可以避免汇率起伏造成的损失。从理论上讲，数字货币的支付范围越广，使用越方便，越受到消费者的青睐。但是，便捷性的实现要建立在保障安全性的前提下。首先，违法违禁的物品应该排除在交易范围之外。其次，数字货币的交易应该在资质良好、证书齐全的网站上进行。最后，交易双方应该有一定的资信评级，并且每一笔交易数据都应该被完整地记录和储存。

（四）监管政策规范化

首先，要明确监管机构，不管是指定现有机构承担监管职责，还是专门成立新机构进行监管，都应该尽快出台相关政策。其次，应进一步完善法律法规，针对数字货币的市场准入、交易流程、交易范围等问题建立相关的法律条款，实现适度的约束。最后，对于数字货币的监管要适度，使数字货币在适当的约束下健康发展。

四、网络数字货币交易服务的监管

通过上文对目前我国网络数字货币交易服务的概述、风险分析及规范性分析，可以发现尽管网络数字货币交易服务在目前来看仍属于小范围服务，但是其对整个货币体系以及金融体系的影响与可能造成的冲击确实是不容小觑的。虚拟货币如 Q 币、人大论坛币以及近两年风头正盛的比特币，虽然形成原因不同，本质也不尽相同，但是均在不同程度上影响了人们的货币使用习惯。Q 币等依托逐年增长的虚拟货币增值服务与网络游戏，已经成为互联网增值服务的主要收入体现形式，也是占据腾讯公司利润较大比重的一个部分。而比特币自 2013 年以后迅速在中国走红，并为众多民众所接受，并进而成为一种新兴的投资行业，不仅有大型的交易平台，交易量及交易频率也逐渐提升。然而，随着这些数字货币的迅速发展，很多问题逐渐暴露出来，而这其中最重要的一点就是相关的监管真空。结合其特征及风险，我国针对数字货币交易服务的监管应从以下几方面完善与改进。

（一）明确法律地位，制定相应法规

虽然我国目前将数字货币定义为虚拟商品，但是它们在不同程度上发挥了部分的货币职能，因此对于数字货币的法律地位究竟该如何确定值得

深入探讨。

我国针对数字货币交易服务的立法相对滞后，到目前为止，只有三份主要的监管文件。2007 年 2 月 15 日，文化部、国家工商行政管理总局、公安部和信息产业部等 14 个部门联合印发了《关于进一步加强网吧及网络游戏管理工作的通知》，主要在于规范网络游戏秩序，并着重强调有关网络游戏中虚拟货币的规范和管理，防范虚拟货币对现实经济秩序的冲击；2008 年 10 月 28 日国家税务总局公布了《关于个人通过网络买卖虚拟货币取得收入征收个人所得税问题的批复》，对虚拟货币交易中的税收问题作出了说明；2013 年 12 月 5 日下午，人民银行等五部委联合发布《关于防范比特币风险的通知》，定义了比特币的属性，并明确了各金融机构和支付机构不得开展与比特币相关的业务，但允许普通民众拥有参与网络交易行为的自由。面对愈来愈大的数字货币使用范围以及愈炒愈热的比特币投资等，这三份文件并不足以应对。因此，需要相关部门在不会阻碍数字货币交易服务发展的同时，对于交易服务的合法性及规范性进行确立，引导相关交易机构或平台合规、合法地提供服务。

（二）交易机构及交易平台资质认定

目前的数字货币交易服务机构及平台鱼龙混杂，进入门槛极低，尽管相关部门不应当进行过多的干预，但仍需要对其有所规范，并制定相应的准入资质标准。针对目前已有的交易机构及平台，首先，应进行全面检查，对其运营情况、资产状况等资料有充分的把握，同时根据交易平台及机构的资本规模、内部制度及资信等级等评价指标建立完善的评价体系，并据此对市场中的交易主体进行核准并给予准入资格。其次，建立统一的清算或交易中心，将所有相关的交易机构及平台纳入清算体系中，保证实时的数据监控及对整个市场进行整体的调控。建立相应的数据传输及同步渠道，保证相关部门可以及时、准确地获得交易信息等。除此之外，目前的数字货币交易机构及平台基本上均缺少第三方信用作为保障，更多的是依靠双方的信用进行交易，因此相关部门可以考虑设立第三方信用机构或者建立一定的保障机制，以应对可能出现的突发事件或者危机。

（三）数字货币持有者权益保护

由于数字货币法律地位的不明确，其持有者的身份界定也存在一定问题，使得其在卷入纠纷或者遭受损失时难以获得相应的法律保障。而且由于相关法律及监管措施的缺失，当数字货币持有者遭受损失时，相关部门由于没有明文规定可能会有所轻视，仅将其作为普通的商品进行处理，这会进一步伤害持有者权益。而且，数字货币交易多通过网络，如没有强力保护，很容易由于网络漏洞造成持有者经济上的损失以及个人信息等的泄露。因此，应尽快确立相关法律法规并加以重视，建立交易透明的信息披露制度，同时开发具有针对性的软件系统对数字货币交易系统进行实时监控与保护。

（四）吸取他国经验，加强国际合作

数字货币现在是一个没有时间限制和空间限制的全球化的领域，不仅在一定程度上对国际资本的流动起到了促进作用，而且对于国际货币体制改革也有一定的推动作用。在经济全球化及金融全球化的背景下，仅凭一国之力对数字货币交易进行监管很难取得理想效果。现在部分欧美国家已经开始了对数字货币交易监管体系的建设，中国在结合其他国家监管经验的同时，可以针对我国特殊的发展阶段建立适合自身国情的数字货币交易监管体系。同时，数字货币交易的全球化也为非法资金提供了交易平台，一定程度上为跨国洗钱及国际恐怖主义融资等提供了渠道。这些问题并非单一国家可以解决，而是需要世界各国联手以防范恶性事件的发生。因此，我国应加强国际间的合作协调机制，并以数字货币交易监管为契机，积极构建在世界范围内的金融交易规则，从而在达到监管目标的同时，保持我国在未来金融创新中的竞争力。

参考文献

［1］邹恒. 构建我国虚拟货币监管制度的思考［J］. 南方金融，2008（5）：40－41.

［2］岳宇君，吴洪. 虚拟货币流通与政府监管问题探析［J］. 经济经

纬, 2012 (6)：132 - 135.

　　[3] 王凯风. 比特币的原理, 作用与监管策略浅探 [J]. 金融与经济, 2013 (11)：64 - 67.

　　[4] 李东卫. 美、欧央行监管比特币的做法及其对我国的启示 [J]. 北京市经济管理干部学院学报, 2013, 28 (4)：30 - 33.

　　[5] 樊云慧, 粟耀鑫. 以比特币为例探讨数字货币的法律监管 [J]. 法律适用, 2014 (7)：8.

　　[6] 朱禹诺, 李奇志. 虚拟货币的使用与监管 [J]. 中外企业家, 2014 (10).

　　[7] 高雷, 杨爱军. 欧美网络保险的最新发展及对我国的启示 [J]. 保险研究. 2010 (11)：75 - 80.

　　[8] 张倩. 完善我国网络保险监管研究 [D]. 湖南大学, 2010.

　　[9] 孙静, 洪蕴慧. 网络保险监管浅析 [J]. 金融电子化. 2007 (2)：82 - 83.

　　[10] 苏雯. 网络理财 VS 银行理财 [J]. 理财, 2013 (11)：60 - 61.

　　[11] 夏志琼. 互联网理财, 当防范风险 [J]. 金融经济, 2013 (11)：46.

　　[12] 周扬. 网络经济条件下的理财创新 [J]. 财经研究, 2013 (12)：26.

　　[13] 网络理财风潮兴起, 投资风险如影随形 [N]. 中国证券报, 2014 (3)：1 - 2.

　　[14] 互联网巨头借理财 "抢" 银行钱 [N]. 南宁晚报, 2013 (11).

　　[15] 曹玲燕. 基于模糊层次分析法的互联网金融风险评估研究 [D]. 中国科学技术大学, 2014 (6)：28 - 30.

　　[16] 贺强. 注意防范互联网金融　促进互联网金融健康发展 [J]. 专家论坛, 2014 (3)：11 - 12.

　　[17] 尚任飞. 对互联网金融发展的几点探讨 [J]. 经济师, 2014 (6)：56 - 57.

　　[18] 魏鹏, 中国互联网金融的风险与监管研究 [J]. 金融论坛, 2014 (7)：3 - 9.

［19］徐明．第三方支付的法律风险与监管［J］．金融与经济，2012（2）．

［20］吴越．第三方支付风险分析与对策建议［J］．时代金融，2009（4）．

［21］张玉彪．第三方支付的金融风险及其防范研究［D］．华南理工大学经济与贸易学院，2011.

互联网金融与国家金融安全

全国金融青联第十跨界别课题组[①]

一、引言

近年来，我国的互联网事业飞速发展，以互联网为代表的现代信息技术对金融业产生了深远的影响。互联网技术与金融业相融合，提高了金融市场的信息透明度、降低了金融交易成本。互联网"开放、平等、协作、分享"的精神也不断渗透传统金融业，使金融市场更具竞争性和开放性，提高了金融服务的覆盖面，使金融变得普惠化和民主化。但是，互联网金融机构缺乏监管、网络金融的高度虚拟化、互联网金融交易的技术标准等问题带来的风险日益显现，给互联网金融的持续发展带来了巨大的挑战，同时也正因为其蕴含的风险和现有监管制度的不足，给国家金融安全也造成了一定程度的影响。因此，研究互联网金融的风险特征和互联网金融对国家金融安全的影响，对保障互联网金融顺利发展、维护国家金融安全具有重要意义。

由于本文是要探讨互联网金融对国家金融安全的影响，因此，对国家金融安全有一个明确、恰当、全面的定义十分重要。

一般来讲，国家金融安全是指在全球化条件下，一国在其金融发展过程中具备抵御国内外各种威胁、侵袭的能力，确保金融体系、金融主权不受侵害，使金融体系保持正常运行与发展的一种态势[②]。齐小东（2010）[③]

---

① 课题组组长：田丰，全国金融青联副主席，中国农业发展银行投资部总经理。课题组主要执笔人及联系人：孙大鹏，全国金融青联委员，大连商品交易所研究中心副主任。

② 审计署金融审计司课题组. 审计机关在维护国家金融安全方面发挥作用的机制与路径 [J]. 审计研究, 2010 (1).

③ 齐小东. 中国金融安全体系：内在逻辑与目标模式 [J]. 西部金融, 2010 (6).

则是从两个方面详细论述了国家金融安全的内涵：一是从金融功能来讲，金融安全是指能够确保金融体系正常运行，有效发挥金融功能的状态和能力。金融体系处于能够有效执行其配置资源、分散风险、便利交易等职能的状态，金融管理部门具有维护这种状态的能力，即当金融体系面临冲击、遭遇压力和发生严重的结构性变化时仍然能够发挥其功能的能力。二是从金融主权来讲，金融安全是指金融管理部门拥有完整的金融调控能力和金融管理能力，能够自主进行利率、汇率等重要金融产品定价，并自主实施对系统重要性金融机构的管制等。

基于上述对国家金融安全的定义，结合互联网金融的现实情况，本文将着重从金融机构的健康发展、金融系统的稳定运行、货币政策的有效实施和金融体系的有效监管四个维度，探讨互联网金融对国家金融安全的影响，其中金融机构健康发展、金融系统稳定运行关系着金融功能的正常发挥，货币政策有效实施和金融体系有效监管则关乎国家金融主权的独立。

二、互联网金融主要模式与风险特征

（一）互联网金融发展历程与趋势

20 世纪 90 年代以来，互联网迅速普及，互联网与金融逐渐结合，移动支付、网上银行、手机银行、云金融等金融创新业务在我国蓬勃发展，一般被统称为互联网金融。目前对于互联网金融的定义与作用尚存在争议，谢平、邹传伟（2012）认为互联网金融是指借助于互联网技术、移动通信技术实现资金融通、支付和信息中介等业务的新兴金融模式，既不同于商业银行间接融资，也不同于资本市场直接融资的融资模式[①]。霍学文（2014）提出互联网金融是一种综合运用大数据、云计算、移动互联网等信息技术，重塑金融支付方式、信息处理、资源匹配等传统功能，提高资金融通与金融服务效率的创新金融模式[②]。但是，戴险峰（2014）则认为

[①]　谢平、邹传伟. 互联网金融模式研究［J］. 金融研究，2012（12）.

[②]　霍学文（北京市金融工作局党组书记）于 2014 年 7 月在北京大学国家发展研究院第一届博士后学术沙龙的演讲。

互联网金融是一个伪命题，并不是新型金融业态。"互联网金融"在中国大行其道，主要源于中国金融体系中金融压抑的宏观背景以及对"互联网金融"所涉及的金融业务的监管空白①。吴晓灵（2014）也认为互联网金融并没有改变金融功能的本质，互联网金融的实质还是金融。但她也承认，由于信息技术的运用，使得金融服务对象能够下沉、深入，过去不在传统金融服务范围内的人群，可以享受到金融服务，并且互联网金融还是金融改革的助推器②。

一般来说，广义的互联网金融主要包括金融机构对线下业务的线上操作和依托互联网对金融业务创新两部分。可以大致将互联网金融的发展分为三个阶段。

第一阶段：1995—2003 年，互联网与金融的萌芽阶段。在这个阶段，互联网金融业态并没有真正形成，主要特征是金融机构通过运用互联网提供的技术支持，使业务能够在网上进行办理。1995 年，世界第一家网络银行——美国安全第一网络银行的出现，被认为是互联网金融诞生的标志，之后全球借助互联网提供服务的金融机构逐渐增多，我国金融企业也开始借助互联网技术开展金融服务，其中招商银行于 1997 年率先推出中国第一家网上银行。

第二阶段：2004—2012 年，互联网金融的初步发展阶段。在这期间，以搜索引擎、移动支付、社交网络、云计算为代表的互联网技术迅速发展，并且深入到金融业领域。2004 年，诺贝尔和平奖得主穆罕默德·尤努斯教授创立的格莱珉银行成功转型为世界第一家 P2P 平台，被认为是互联网金融进入第二阶段的标志。同时，第三方支付机构开始逐渐发展，网络借贷开始萌芽。2007 年，我国第一家网络借贷平台拍拍贷成立，同年 6 月，阿里巴巴集团依托阿里巴巴电子商务平台，将网商的网络交易数据及信用评价作为信用依据。2011 年，人民银行开始正式发放第三方支付牌照，第三方支付机构的发展开始规范化。

第三阶段：2012 年至今，互联网金融快速发展阶段。2012 年，互联

① 戴险峰. 互联网金融真伪 [J]. 财经，2014（7）.
② 吴晓灵（全国人大财经委副主任委员）在 2014 年"两会"访谈上的讲话.

网金融这一概念被正式提出，被认为是这一阶段的起点。而在被称为互联网金融元年的 2013 年，首家专业保险公司——众安在线正式获批并在线开业，众筹融资平台开始逐渐发展，P2P 网络带宽交易额快速增长，互联网金融进入快速发展期。同时，互联网金融这一概念也首次进入了十二届全国人大二次会议的总理政府工作报告中，互联网金融的健康发展引起了政府部门的关注。

我国互联网金融正在呈现三种发展特征和方向：一是越来越多的机构正在充分运用大数据分析，借助先进的工具挖掘分析数据，对用户的行为模式进行提炼和分析，可能为机构的业务发展提供指导。二是线上线下互动营销，即 O2O 模式，这一商业模式模糊了虚拟的互联网世界和现实世界的界限，带动新的营销方式、支付和消费体验方式的涌现。三是大多数金融机构的最终目标则是建立全面支付体系，以及大交易平台，让投资者在平台上实现自助式投资理财、交易融资等一站式的金融服务功能。

（二）互联网金融的主要模式

当前互联网金融的商业模式主要分为四类：一是支付业务类，二是渠道业务类，三是互联网融资平台，四是互联网金融机构。

1. 支付业务类。互联网金融的支付类业务是指互联网公司与各大银行签约，在用户与银行支付结算系统间建立连接的电子支付模式，其最重要的特征是第三方支付和交易担保。目前的第三方支付已不仅仅局限于最初的互联网支付，而是成为线上线下全面覆盖、应用场景更为丰富的综合支付工具。国内有支付宝、微信钱包、财付通等，国外有 PayPal、Amazon、Payment 等。

2. 渠道业务类。互联网金融的渠道类业务是互联网公司或金融机构在互联网销售平台向投资者提供金融理财产品和服务的业务，涵盖了基金、保险、银行理财等产品的销售和赎回。国内有余额宝、定存宝、腾讯基金超市、基金淘宝店、百度理财平台等，国外有 PayPal 和某些共同基金。

3. 互联网融资平台。互联网融资平台是为了满足中小企业和个人的融资需求，利用互联网技术搭建起的资金融通平台。互联网融资平台主要模式有 P2P 融资、自建小贷公司以及众筹等。这类业务在投资方和融资方之间搭起桥梁，其借贷周期短、金额小，体现了方便、快捷等优势，并在帮助中小企业融资、支持实体经济发展等方面发挥着重要作用。国内有阿里小贷、京东供应链贷款、苏宁小贷等，国外有 eBay、Lending Club、Kabba-ge、Funders Club 等。

4. 互联网金融机构。互联网金融机构指对传统运营流程进行改造或重构，实现经营、管理全面电子化的银行、证券和保险等金融机构，主要包括各家商业银行的网上银行和支付系统此外，"淘宝＋支付宝＋余额宝"系统形成了互联网金融门户类型的"网银、金融产品平台、电商"的"一拖三"的金融电商运营模式，也可以归入到新兴互联网金融当中去。

（三）互联网金融的风险特征

虽然各种互联网金融商业模式在业务类型、运营思路、影响力和覆盖面方面有较大差异，但是还是可以从中总结出一些共通的风险特性。

1. 信用风险。与传统商业银行信贷业务相比，网络借贷大多在电子信息构成的虚拟环境中运行，并且缺乏统一开放的信息库，这增加了确认交易者身份信用评价等方面的困难。客户可能会提供虚假信息，致使基于数据分析进行金融活动的风险大幅增加。同时，目前网络借贷平台都未与人民银行征信系统实现对接，加之部分网络借贷公司操作不完善，管理制度风险控制体系不健全，为同一借款者多次抵押、多处借贷、多处违约等行为的出现打开了便利之门。因此，互联网融资中的信用风险都大大高于传统金融的风险水平，这也是导致当前屡次出现网络借贷平台倒闭、贷款方违约现象的主要原因。

2. 运营风险。由于互联网金融属于新兴行业，互联网企业往往缺乏金融市场的运营经验，风险管理意识不强，容易对金融安全产生负面影响。一是流动性管理水平不足，在第三方支付平台中沉淀的交易资金通常会滞留数天至数周时间，如果这段时间平台方把资金用作其他用途，同时又缺乏有效的流动性管理，可能引发支付风险。二是当前互联网金融提供方在主观上对金融风险缺乏应有的重视，疏于业务管理，特别是缺失在制度源头的管理。主要表现为网络贷款公司没有相应的风险准备金，某些第三方支付机构在用户注册时核实客户身份的手续较为简单，有的支付平台在大额资金汇划时无须使用 U 盾等必要的安全校验工具。

3. 法律风险。由于互联网金融交易具有快速隐蔽和复杂多样的特性，在当前缺乏对互联网金融业务全面监管的情况下，不法分子可能利用各种复杂的互联网金融业务进行非法资金操作。比如，随着网络融资平台的发展，部分 P2P 融资网站由最初的投融资交易平台演变为经营存贷款业务的金融机构，这已经远远超出了互联网融资平台的业务范围。而此类 P2P 融资平台的信息披露极不透明，其中一些已经涉嫌进行非法集资、非法吸储、擅自挪用沉淀资金等欺诈活动。并且，一些非法资金操作手段随着互联网金融的发展进一步专业化、隐蔽化，导致对资金活动的监测分析、客户身份和可疑交易识别等日常反洗钱工作难以有效展开。因此，在当前监管不足的情况下，互联网金融滋生了网络金融犯罪活动的空间，产生金融安全漏洞。

4. 技术风险。互联网金融依托的是发达的计算机通讯系统，计算机网络系统的缺陷便构成了互联网金融的风险。开放式的网络通讯系统、不完善的密钥管理及加密技术、TCP/IP 协议的安全性较差，加之计算机病毒以及电脑黑客的攻击，就会导致客户信息被盗取、账号密码等关键信息泄露，导致交易主体的财产损失。技术风险对整体金融系统造成的最大安全隐患在于互联网金融机构的融资支付平台是多边信用网络，不同网络节点相互交织，如果互联网金融技术存在漏洞，任何环节出现风险损失都有可能波及整个网络甚至导致系统瘫痪，造成巨大的经济和社会损失。

三、互联网金融对国家金融安全的积极作用

互联网金融发展至今，给人们的生活方式和经济活动行为带来了很大变化，它不仅催化了传统金融机构自身的变革，提高了金融业的竞争程度，增进了金融业的服务效率，也推动了整个金融市场的改革，对我国金融业健康发展产生了积极的影响。

1. 推动传统金融机构进行业务变革。互联网金融的出现使网上交易、网上支付、移动支付等成为消费者普遍接受的方式，金融服务的可获性、及时性和便利性成为消费者的主要选择，这在某种程度上改变了传统的柜台消费、经理接洽的消费模式。为应对新的变化，传统金融机构不仅将传

统金融业务迁移到网上进行，而且通过对不同渠道、产品和服务之间的组合匹配，创造了许多新的金融产品和业务形态。

2. 提高金融业的竞争程度和效率。金融业是一个资金密集型和技术密集型的行业，准入门槛较高，且发展面临的资金成本约束较多，容易出现大型机构自然垄断的情况。因此，传统的金融业主体大多是大型国有金融机构，整个金融业的竞争程度较低。而互联网金融的投入相对固定，且在交易成本和运营成本方面相比传统金融机构具有明显优势，使得中小金融机构具有更大的生存空间和发展潜力。因此，互联网金融有助于提高金融业的竞争程度，增进服务效率。

3. 促进利率的市场化改革。以余额宝为例，它深刻改变了国内银行业主导的资金供求模式和定价机制，削弱了银行长期享受低资金成本的制度性优势，打破了银行长期享受的较高利差收益，确立了资金供给者提供资金的定价新机制。由于这类互联网金融产品的冲击，不少商业银行也开始推出活期理财产品，放弃活期存款利率带来的巨大利差，事实上开启了存款利率市场化的步伐。因此从宏观意义上看，余额宝最大的功劳就是有力地推动中国存款利率市场化，而这正是利率市场化改革最核心以及最难的环节之一。

总之，互联网金融不仅对金融机构和金融业的良性发展起到了促进作用，也对金融市场化改革产生了积极影响。此外，互联网金融大幅降低了中小企业融资、民间金融所面临的信息不对称和交易成本，在一定程度上弥补了传统金融机构在此方面服务的不足，为实体经济发展提供了更多层面的支持。

四、互联网金融对国家金融安全的不利影响

虽然互联网金融的迅速发展能够在一定程度上促进行业竞争、推动利率市场化改革，加快我国金融体系的市场化进程，但是在这一过程中，互联网金融对现有金融体系的巨大冲击和蕴含的潜在风险更加值得我们关注。

（一）互联网金融对传统金融机构的冲击

从目前我国互联网金融的业务发展模式来看，对传统金融机构的影响

主要体现在对商业银行的冲击上。我国银行业过去主要是依靠国家制度保护，以存贷息差为主要盈利模式，虽然在近些年来通过市场竞争，不断增强自身实力，但是在创新能力、业务模式和服务水平等方面还存在一些不足。而互联网金融作为草根金融，是在完全市场化的条件下发展起来的，创新能力和竞争能力较强，因此在为传统金融业带来发展契机的同时，也对这些机构，特别是商业银行经营，带来了巨大挑战。

1. 商业银行面临着吸储能力下降及成本上升压力。相比传统商业银行，一方面，互联网金融在收益水平和便捷性方面具有明显优势，能够满足广大民众零星的小额资金保值和理财需求，互联网金融在吸收存款方面具有更强的吸引力，使得商业银行的吸储能力下降；另一方面，互联网金融产品高息吸收的资金最终要投放到货币市场，委托银行做资产管理或拆借给商业银行。原来在银行表内的活期存款转变为银行体系之外的货币基金资产，再以协议存款的方式又进入银行的资产负债表，而银行要支付比活期存款高十多倍的成本，面临着很高的吸储成本。

商业银行在面临双重压力的情况下，有可能为提高资产收益而从事高风险业务。互联网理财的及时赎回特性也导致商业银行从事期限较短的投资活动，两种情形叠加导致资金将流向短期高风险行业，增加了信贷资金的风险。

2. 商业银行面临着"脱媒"风险。随着新金融势力涉足并不断蚕食银行的业务领域，金融替代效应日益显现。银行面临着被边缘化的风险，表现为客户流失严重、中间收入渠道受到挤压、资产业务竞争加剧等。从本质上来说，风险的根源在于新金融势力凭借平台的优势获取了大量客户信息，并且培养民众进行网络消费和交易的习惯，在客户资源方面具有很强的竞争优势。然而，目前商业银行对客户信息的搜集和处理能力还难以同互联网金融的技术优势相竞争，从而无法针对客户快速变化的金融需求有针对性地进行创新，和互联网金融竞争客户群体，面临着"脱媒"风险。

3. 互联网金融弱化了证券行业金融中介的功能。媒介资本和媒介信息正是证券行业作为金融中介最为基础的两个功能，而这些功能的发挥在根本上都依赖于各类信息的搜集和处理能力，这正是互联网金融的强项。互联网金融降低了交易双方的信息不对称程度，节约了交易成本，使得证券机构发挥的资本中介作用日益弱化。

（二）互联网金融对金融稳定带来的风险

金融系统稳定运行是金融安全的基础，是经济增长的前提条件，是国民经济健康稳定发展和社会长治久安的保障，其重要性不言而喻。由于互联网金融企业行使了金融中介的部分功能，但其并没有被纳入相应的监管体系中，这导致互联网金融企业蕴含了较大的风险，为金融系统稳定带来一定影响。

1. 互联网金融企业蕴含较高的信用违约风险。在互联网借贷中，互联网平台只为资金供求双方提供一个虚拟的借贷场所，并未对借贷双方特别是借款者的关键信息进行严格核查，也未对借款者将从事的项目进行尽职调查，贷款人无法追踪资金的真实用途，一旦贷款人的资金被挪作他用，或者进行股票、房地产等高风险投资，将增大贷款违约的风险。同时，借贷双方的资金通过网络平台进行交换，资金容易沉淀于网络借贷平台上，这些资金并没有引入第三方监管。如果网络借贷平台出现运营亏损，沉淀于平台上的资金极易被互联网金融企业挪用，从而引发风险。

2. 互联网金融有演化成为影子银行的风险。由于我国资本市场比较单一，商业银行承担了实体经济中的大部分融资功能，这导致商业银行在资金市场上成为卖方垄断者，大量的小微企业因无法满足商业银行的放贷要求转而通过影子银行进行融资。当前互联网借贷的贷款总规模已超过60亿元。有一些互联网借贷公司除了充当民间借贷中介的角色外，还扮演起财富管理专家，为客户推荐理财和信托产品甚至代客理财。互联网贷款企业已经成为中国影子银行系统的一部分。由于互联网金融企业根本无法对每笔贷款的使用情况进行回访核实或实地查看，只要客户能够按时还款即可，这导致对资金使用情况的监管形同虚设，极易引发信用违约风险和洗钱风险。

3. 互联网金融增大了金融风险的扩散能力。互联网金融是网络经济的产物，随着网络经济的发展不断成长，其运行高度依赖计算机系统、网络通信技术和交易软件，互联网金融因此具有高虚拟性特征。此外，各互联网金融企业具有广泛的物理关联特性，极易爆发系统性故障或遭受大范围攻击。作为融资支付平台的互联网金融是由多边信用共同建立起来的信用网络，各网络节点相互交织，相互联动，任何一个环节出现风险损失，都有可能波及整个网络，严重时会导致整个互联网金融系统的瘫痪。同时，高度发达的互联网技术所具有的快速远程处理功能加快了风险积聚的过程和程度，甚至会导致风险的积聚和爆发。

（三）互联网金融对货币政策执行的影响

互联网金融涉及大量的资金流动和借贷业务，其本身的运行会影响货币创造和流通的过程，这就很可能会对货币供应量产生影响，使得社会物价水平发生波动。因此，中央银行不仅需要对互联网金融造成的货币供给量变化作出反应，调整货币政策策略，并且由于互联网金融体系相对原有经济体货币创造和流动能力的差异，货币政策的执行效果还可能受到影响，增加了中央银行货币政策调控的难度。互联网金融对货币体系的影响机制主要包括两个方面：

一是互联网金融增强了货币创造能力。在目前缺乏监管政策的情况下，资金从银行转向新兴互联网金融领域后不需要缴纳存款准备金，并且互联网金融的资产业务不受存贷比限制，可以百分之百使用资金，所以相对于拥有严格准备金要求的银行存款形式，互联网金融拥有更强的信用创造能力，增大了货币乘数。

二是互联网金融加快了货币流通速度。一方面，互联网金融的支付清算采取电子化方式，资金划转瞬间到账，很大程度上会减少社会中流通的现钞数量，不仅支付效率大大提升，更有益于其他资金业务的交易速度，这都会提升货币流通速度；另一方面，互联网金融业务利用大数据等自身优势，大大缩短了业务周期，比如许多网络借贷平台的融资项目从启动到结束大概一周的时间，而传统银行贷款则需要1～2个月，因此也会加快货币的流通速度。

相对于传统的信用创造系统，在基础货币供应量不变的情况下，互联网金融更强的货币创造能力和更快的货币流通速度都造成了经济体货币供应量的增加。一方面，货币供应量的增加会干扰社会信贷投放规模和物价水平，使中央银行不得不对其影响进行调控，增加了货币政策的调整次数；另一方面，这两个方面不仅会加剧货币乘数的不稳定，还会影响货币政策工具的执行效果，增大货币政策调控的难度。

（四）互联网金融对金融监管的挑战

互联网金融在中国最根本的"土壤"，是中国现行金融体系下金融管制形成的套利空间，其本质是打破现有金融制度的金融创新。但是，互联网金融的业务范围逐渐延伸到金融系统的各个行业和市场当中去，混业经营的趋势越发明显，正使得中国的金融市场变得日益复杂。而中国目前的机构性监管构架只适合简单的金融市场，面对复杂快速的互联网金融创新和发展，现有的监管制度往往跟不上其发展的速度，出现不少的监管空白。

以余额宝类理财产品和第三方支付业务为例。余额宝享有 T+0 的赎回流动性承诺，而其真正的收入来源——其背后的货币基金却一般采用 T+1 或 T+2 的流动性限制。这种流动性期限错位就导致余额宝平台在遇到突发事件时面临挤兑甚至破产的巨大风险。但是，这种策略作为余额宝吸引客户的一个重要优势，利用的就是当前对这一运作模式和平台的监管漏洞。

再看第三方支付业务。目前广泛使用的支付宝、微信支付等业务运作模式是，第三方支付平台只需在各家商业银行都开设备付金账户，就可为客户之间的支付做清算，从而绕开中央银行的清算体系。虽然作为防范手段，中央银行规定了非金融机构支付公司只开立一个备付金存管账户。但实际上，支付宝与大量银行产生业务上的资金往来，在理论上仍具有绕开中央银行清算系统的能力，因此对中央银行现有的监管制度和能力提出了巨大的挑战。

中国目前"一行三会"的监管构架在国际上属于 20 世纪 90 年代之前流行的监管体系。这种对银行、保险和证券等机构分别进行的监管，会造成监管在行业或机构间的隔离，只适用于简单的金融市场。而互联网金融在各金融领域作出的大胆尝试，以及混业经营的快速发展，已经使中国的金融市场变得非常复杂。当前监管构架下，监管机构在信息收集、信息处理以及对系统性风险的认定上缺乏协调，产生了诸多监管漏洞。随着中国金融业改革的持续推进以及互联网技术更广泛地运用，金融混业经营的发展会更迅速，金融市场会更复杂，对监管的挑战也就更急迫。中国以互联网金融为代表的金融市场发展已经超前于监管，对中国现有机构性监管的构架构成挑战，在事实上倒逼着中国进行监管创新。

五、政策建议

由于缺乏对互联网金融经营主体性质的清晰界定，目前仍然难以将其对口到现在"一行三会"监管体系中的监管单位，因此出现了较多的监管空白。功能性监管制度则可以较好地解决这一问题。功能性监管是指基于金融体系基本功能而设计的更具连续性和一致性，并能实施跨产品、跨机构、跨市场协调的监管。在这一监管框架下，监管层关注的是金融机构的业务活动及其所能发挥的功能，而不是金融机构的名称，其目标是要在功能给定的情况下，寻找能够最有效地实现既定功能的制度结构。如果采用功能性监管制度，就不必拘泥于机构性质的监管策略，而依据互联网金融各种业务类型和运作模式的实际功能，将其归类于各监管体系之下。

（一）建立健全法律法规

从法律法规层面上规范互联网金融，是实现互联网金融健康发展的基础。目前没有专门对互联网金融进行规范的法律法规。因此，建议尽快从法律法规层面对互联网金融的定义、机构形式、业务范围、监督管理和法律责任等方面进行界定规范。一是完善互联网金融的法律体系，尽快对网络信贷、众筹融资等新型互联网金融建立全面规范的法律法规，从宏观层面上将互联网金融纳入监管视野。二是加快互联网金融技术部门规章和国家标准制定。互联网金融涉及的技术环节较多，如支付、客户识别、身份验证等，应从战略高度协调相关部委出台或优化相关制度，启动相应国家标准制定工作。

（二）加强不同监管主体的合作

确定合适的监管主体、加强监管合作是对互联网金融实施有效监管的前提。应尽快理顺各类互联网金融模式的业务属性，并在此基础上明确互联网金融的监管主体。以分业监管为出发点，充分发挥人民银行、工信部、银监会、保监会等主管机构的作用，彼此加强合作，全面统筹互联网金融行业监管。通过各监管主体的协调定期会晤，协商解决监管过程中存在的问题，逐步由分业监管向混业监管转变。

（三）完善信用体系建设

借鉴国外互联网金融立法的内容，完善对消费者隐私保护、电子合同的合法性以及交易证据确认等方面的规定。一是制定专门的互联网金融消费者权益保护办法，对交易过程中的风险分配和责任承担、机构的信息披露、消费者个人信息保护等作出明确规定。二是成立互联网金融消费者保护机构，负责处理互联网金融相关投诉，解决交易案件纠纷。三是加大信息披露的透明度，建立交易者信息信誉体系，构建更加人性化的计算机网络安全体系。同时加大互联网金融操作规范与流程的宣传力度，形成相互信任的互联网金融交易市场。

（四）采取多种手段加强风险控制要求

针对互联网金融信用违约风险，一是加强互联网金融生态环境建设，推行互联网身份认证、网站认证和电子签名等实名制度，确保互联网金融参与者实名制。二是加强互联网金融主体市场准入注册登记管理。互联网金融业务虚拟化、无纸化，但是可以通过对互联网金融参与主体进行市场准入注册登记管理，并向社会进行公开，力求实现对互联网金融的风险控制。三是对互联网金融机构进行宣传教育，提高其流动性风险意识，规范其资金操作。

附录1

全国金融青联"金青智库"
互联网主题调研活动
领导小组成员名单

组　长

朱鹤新　中国银行副行长

副组长（排名不分先后）

尹　铭　中国人寿财险公司副总裁，中国人寿电商公司副总裁、纪委
　　　　书记、党委委员

尹岩武　银河证券副总裁

朱　健　中国证监会上海监管局党委委员、副局长

肖　星　太平资产管理有限公司党委书记、总经理

谷　伟　中国人民财产保险股份有限公司总裁助理、总核赔师兼理赔
　　　　事业部总经理

张　彦　中国人民保险集团股份有限公司慈善基金会副秘书长兼党委
　　　　宣传部副部长、文化品牌部副总经理

周小全　中原证券股份有限公司总裁、党委副书记

赵宇龙　中国保监会财务会计部（偿付能力监管部）副主任

徐勇力　中国东方资产管理公司党委委员、总裁助理

黄金老　华夏银行党委委员、副行长

谢志斌　中国出口信用保险公司总经理助理，呼和浩特市委常委、呼
　　　　和浩特市人民政府副市长（挂职）

附录2

全国金融青联"金青智库"
互联网金融主题调研活动
领导小组办公室成员名单

主 任

崔智生　国开证券有限责任公司副总裁

副主任（排名不分先后）

王　擎　西南财经大学中国金融研究中心主任兼北京研究院院长

李建军　中央财经大学金融学院副院长

刘莉亚　上海财经大学金融学院副院长

栗　捷　中央金融团工委青联统战处处长、全国金融青联秘书处处长

谢　欣　中央金融团工委办公室主任

成 员（排名不分先后）

甘　煜　中国银监会办公厅正处级秘书

王　恺　中国证监会机构监管部检查三处副处长

王　敏　泰康人寿党群干事

朱　光　中央金融团工委青联统战处副处长

李佳芮　东方资产管理公司审查部高级经理

吴张珺　中国银行业监督管理委员会银行监管一部业务综合处副调
　　　　研员

张雅琳　中国长城资产管理公司资产经营事业部高级经理

卓　贤　国务院发展研究中心发展战略部副研究员

附录 3

全国金融青联"金青智库"
互联网金融主题调研活动调研课题表

序号	课题
一	**互联网金融的基础性问题**
1	互联网金融的定义、模式及其运行基本规律
2	互联网金融产生、存在、发展、演变的逻辑及理论基础
3	互联网金融发展对中国金融格局、体系的影响和利弊
4	互联网支付对中国支付体系乃至货币体系的影响
5	互联网思维及互联网金融本质
6	中国金融发展状况与互联网金融发展之间的关系
7	大数据技术与传统金融的演变
二	**互联网金融的功能与作用**
8	P2P 网络借贷模式在小微融资领域的作用和风险分析
9	互联网金融的金融功能分析
10	互联网金融支持实体经济融资的路径与绩效
11	P2P 网络借贷与小额贷款机构的比较分析
三	**互联网金融中的政策和法律问题**
12	互联网支付备付金的运转模式、托管机制和法律性质研究
13	互联网支付中的实名制、反洗钱问题研究
14	互联网金融业务中的投资者权益保护问题研究
15	互联网金融中的消费者权益保护
16	P2P 业务模式在中国"非法集资"法律体系中的定性问题（以 P2P 网络借贷刑事诉讼为例）

序号	课题
三	**互联网金融中的政策和法律问题**
17	如何构建与互联网金融相适应的工商登记程序、网站设立程序和金融准入程序
18	基于电子商务的网络化信贷可行性研究
19	P2P 网络借贷机构资金托管模式研究
20	互联网金融与传统金融公平竞争的制度保障
21	征信体系建设与互联网金融发展之间的关系
22	互联网金融的法律体系构建
四	**互联网金融的发展趋势**
23	大数据技术与互联网金融发展
24	P2P 网络借贷与保险机制研究
25	信息科技技术发展带来的新型思维模式及其对金融发展的影响
26	金融大数据挖掘与互联网征信体系设计
27	基于大数据手段的信用风险管理研究
28	互联网金融未来发展的重点和趋势
29	网络化银行（无网点银行）的可行性分析
30	互联网理财产品收益与存款利率市场化
31	互联网证券发展模式与规制建设
32	互联网保险发展模式与规制建设
五	**互联网金融中的安全和风险问题**
33	互联网金融对国家金融安全的影响
34	互联网金融中的个人信息保护问题研究
35	互联网技术下金融风险的发生和治理
36	各类新型互联网金融服务的风险和监管重点
37	网络支付身份验证技术研究
38	P2P 网络借贷业务操作风险和内控机制研究
39	互联网金融中系统性风险和非系统性风险的演化规律
40	P2P 网络借贷中的合格投资者和合格融资者机制研究
41	"快捷支付"模式的效率与风险研究
42	互联网借贷的风险控制研究